O Futuro do Eu

O Futuro do Eu

Um estudo da sociedade da pós-identidade

Walter Truett Anderson

Tradução
AFONSO TEIXEIRA FILHO

EDITORA CULTRIX
São Paulo

Título do original: *The Future of the Self.*

Copyright © 1997 Walter Truett Anderson.

Publicado mediante acordo com a Lennart Sane Agency AB.

Todos os direitos reservados. Nenhuma parte deste livro pode ser reproduzida ou usada de qualquer forma ou por qualquer meio, eletrônico ou mecânico, inclusive fotocópias, gravações ou sistema de armazenamento em banco de dados, sem permissão por escrito, exceto nos casos de trechos curtos citados em resenhas críticas ou artigos de revistas.

O primeiro número à esquerda indica a edição, ou reedição, desta obra. A primeira dezena à direita indica o ano em que esta edição, ou reedição, foi publicada.

Edição	Ano
1-2-3-4-5-6-7-8-9-10-11	02-03-04-05-06-07-08-09

Direitos de tradução para o Brasil
adquiridos com exclusividade pela
EDITORA PENSAMENTO-CULTRIX LTDA.
Rua Dr. Mário Vicente, 368 — 04270-000 — São Paulo, SP
Fone: 272-1399 — Fax: 272-4770
E-mail: pensamento@cultrix.com.br
http://www.pensamento-cultrix.com.br
que se reserva a propriedade literária desta tradução.

Impresso em nossas oficinas gráficas.

Sumário

Introdução: A Crise de Identidade de Todos Nós 9

PARTE 1:
A Construção e a Desconstrução do Eu Moderno

1. Uma Breve História do Eu 17
2. O Ocaso do Eu Moderno 33
3. Do Eu Moderno aos Eus Pós-Modernos 42
4. Os Eus e Histórias de Mulheres 57

PARTE 2:
Visões de uma Pessoa Maior

5. O Cérebro Multitudinal 71
6. Os Limites Mutáveis do Corpo 82
7. Quando as Pessoas Não São Elas Mesmas 95
8. A Conexão Química 112

PARTE 3:

Rumo à Sociedade da Pós-Identidade

9. As Aventuras do Eu no Espaço Cibernético 127
10. A Ética da Pós-Identidade 143
11. A Nova Economia da Identidade 161
12. A Política Global de "Não Ser Possuído" 179

PARTE 4:

Os Mapas de uma Terra Desconhecida

13. A Libertação do Eu: O Oriente Encontra o Ocidente 203
14. Os Futuros do Eu 220

    Notas 236

Compreender é inventar.

JEAN PIAGET

Não me pergunte quem eu sou e não espere que eu continue o mesmo. Deixe para os burocratas a tarefa de verificar se os nossos papéis estão em ordem.

MICHEL FOUCAULT

Introdução: A Crise de Identidade de Todos Nós

Todas as sociedades humanas são construídas sobre uma mentira, a mentira do eu, o conceito de que sabemos o que é um ser humano e podemos descrever satisfatoriamente um deles com os nomes, papéis e rótulos de identidade costumeiros, que são o curso da vida de todas as pessoas. Essa premissa fundamental de todas as ordens sociais não é necessariamente uma mentira prejudicial. Ela pode, certamente, tornar-se prejudicial, como acontece quando as sociedades caminham para os extremos do fascismo ou do racismo, mas também pode ser prática, tranqüilizadora, útil, até mesmo nobre, como a "mentira nobre" que contou Sócrates aos guerreiros de sua república ideal: a de que eles, na realidade, haviam sido criados dentro do ventre de sua pátria nativa e, portanto, deveriam defendê-la como defenderiam a própria mãe biológica. Em qualquer caso, é uma mentira, ou aquilo que os estudiosos contemporâneos chamam de construção social da realidade.

Tendo aceito a mentira, o que todos temos que fazer e de fato fazemos, vivemos nossa vida como o eu que acreditamos ser. E o dia todo, todos os dias, falamos a linguagem do eu. Falamos de egoísmo e desprendimento e tomamos cuidado com as pessoas egocêntricas. Ouvimos falar de auto-realização, autoconfiança, autocontrole, autonegação, autodefesa, autodestruição, autodeterminação, auto-estima, autogratificação, autodesenvolvimento, auto-indulgência, autoconhecimento, autopiedade, autocorreção. E é claro que pensamos em nós mesmos o tempo todo. E quem não pensa? As prateleiras das livrarias estão abarrotadas com livros de auto-ajuda de todos os credos. Mas é curioso que raramente ou nunca questionamos de fato o significado da palavra "eu". Não é sempre que olhamos em volta e escrutinamos o conceito que está por baixo de toda a nossa preocupação com o egoísmo e o desprendimento.

Pelo menos à primeira vista, nada no mundo parece mais óbvio, real e sensato do que a idéia do eu. Eu sou eu e você é você. O eu é o que está aqui e o não-eu é o que está lá. Nada parece mais óbvio. No entanto, nada se revela tão enganoso quando você tenta examiná-lo diretamente. Pensamos no eu como um todo, mas o vemos apenas em fragmentos. Pensamos nele como algo distinto do que o circunda, mas jamais o sentimos separado de um ambiente. Pensamos nele como algo duradouro, pelo menos durante uma vida, mas de momento a momento o eu nunca é o mesmo. "Nos mesmos rios nós pisamos e não pisamos" — é um dos mais antigos comentários registrados sobre a questão: "Nós somos e não somos".

Este livro é um convite para refletir sobre o eu. E é mais do que isso. É também um insistente apelo para considerar essa questão, por mais enganosa que pareça; para estudá-la a fundo. Precisamos fazer isso por três razões: primeiro, porque o assunto é da maior importância para cada um de nós; segundo, porque, na verdade, não podemos ir muito longe nas nossas tentativas de desenvolvimento e auto-ajuda sem dar ao menos um pouco de atenção à questão: o que, exatamente, é o eu que queremos ajudar ou desenvolver? E, terceiro, porque o eu, como o compreendemos e aceitamos no mundo moderno, constitui uma espécie em extinção, destinada a desaparecer antes do que qualquer um de nós poderia esperar. Se você está tão interessado em autodesenvolvimento e crescimento pessoal — e quem não está? — precisará de algumas habilidades, informações e de um mapa do mundo social diferentes daqueles que eram necessários há algumas décadas.

A idéia do eu é importante porque está no cerne de muitas coisas que fazemos e pensamos, tanto individual como socialmente:

Ela está no cerne da psicologia e da psicoterapia, que são tentativas institucionalizadas de compreender e manter o eu moderno;

Ela está no cerne da política, pois a identificação com qualquer causa, comunidade, nação ou ideologia é apenas isso — identificação, uma forma de responder à questão acerca do que ou de quem nós somos;

Ela está no cerne da religião, pois todos os credos procuram alguma ligação entre o eu e o universo. Essa é a substância da "preocupação básica" que Paul Tillich acreditava ser a essência de toda espiritualidade.

Em todos esses campos de atuação, temos uma oportunidade muito maior de sucesso se desenvolvermos um pouco mais a percepção dos diferentes tipos de idéias sobre o eu, ou pelo menos da noção de que *existem* idéias diferentes. Deixar de fazer isso é como procurar todas as respostas em um único livro, sem ao menos saber que há toda uma biblioteca à disposição.

Considerando o quanto a idéia do eu é essencial a todos os aspectos da nossa vida, é certamente um acontecimento de enorme importância histórica quando a noção fundamental do eu numa sociedade se altera dramaticamente. E isso está acontecendo agora. O chão está se movendo sob os pés de todos nós.

Cada civilização cria o seu próprio conceito de eu. O conceito moderno de eu nos define como indivíduos, com uma identidade (do latim *idens*, o mesmo) distinta, que permanece a mesma onde quer que estejamos. Essa idéia servia razoavelmente aos seus propósitos, mas está se erodindo rapidamente no mundo pósmoderno, à medida que os seus diferentes aspectos estão sendo minados pelas diferentes correntes de pensamento e ação. A rejeição sumária da identidade por Michel Foucault, isto é, a negativa da sua importância, foi um desafio extraordinariamente explícito. Outros desafios apresentam-se numa forma mais modesta, e são menos dispostos a enfrentar de maneira assim direta uma das nossas mais profundas e fundamentais suposições. A maioria desses desafios apenas roça maliciosamente em alguma *parte* do eu moderno. Moralistas de vários credos lutam contra o que acreditam ser um excesso de individualismo egoísta; querem que sacrifiquemos parte de nossa autonomia e voltemos a ser mais ligados à comunidade. Alguns ambientalistas querem que deixemos de ser "antropocêntricos" (ou seja, deixemos de enxergar a natureza apenas em termos da utilidade que ela tem para o homem) e sejamos mais ligados à Terra. Os psicólogos convergem de diferentes direções para a idéia do eu unitário como um modelo de sanidade mental, e dizem, em vez disso, que a pessoa saudável é mais um bando armado do que um aventureiro solitário. A ciência médica está revisando as regras sobre a identidade biológica, à medida que as pessoas trocam órgãos, pele, sangue e medula óssea, e se habituam a novas técnicas de reprodução, como inseminação artificial e "barrigas de aluguel", que tornam indistintos os limites da paternidade. Antropólogos, historiadores, artistas e filósofos pós-modernos continuam nos dizendo que o eu é *construído* — montado e remontado de formas diferentes pelos indivíduos e sociedades. A revolução da informação e da comunicação cria uma paisagem eletrônica vasta e misteriosa de novos relacionamentos, papéis, identidades, redes e comunidades, ao mesmo tempo que solapa o acalentado luxo do eu moderno: a privacidade. A globalização da economia e da política dispersa as pessoas por todo o planeta, arrancando raízes, desfazendo fronteiras, abandonando as velhas certezas de lugar, nacionalidade, papel social e classe. Enquanto isso, as antigas tradições esotéricas, agora florescendo bem longe de seus esconderijos orientais originais e disseminando seus ensinamentos por intermédio da mídia, sugerem misteriosamente, como fizeram durante milênios, que somos *algo mais*, que essa identidade à qual nos agarramos e pela qual lutamos não consiste realmente naquilo que somos.

Juntemos tudo isso e estaremos diante de uma crise de identidade global.

Sei que a idéia de uma mudança fundamental do nosso conceito social do eu parece difícil ou abstrata para alguns leitores, e tentarei, nos próximos capítulos, torná-la mais concreta. Iniciaremos com uma breve viagem pela História para examinar algumas evidências de diferentes idéias sobre o eu que foram mantidas pelas pessoas no passado. Olharemos depois para o mundo da psicologia, no qual, como era de se esperar, uma vez que o eu é o material de trabalho do psicólogo, as atuais mudanças estão sendo descritas com mais clareza e as questões estão sendo discutidas mais acaloradamente. Nesse trajeto, visitaremos outras arenas nas quais as idéias modernas sobre a identidade estão sendo questionadas e outras maneiras de sentir a vida estão sendo criadas: ciência cognitiva, medicina, espaço cibernético, política global.

Uma palavra a respeito de palavras: neste livro, você ouvirá diferentes vozes, pois ele relata muitos debates que ora estão acontecendo pelo mundo todo. E pessoas diferentes usam as mesmas palavras para indicar coisas diferentes. Pretendo usar os termos "ser humano" e "eu" de formas específicas, e esses usos são fundamentais para tudo neste livro. Quando falo em "ser humano", quero dizer tudo o que você é: biológica e psicologicamente, consciente e inconscientemente. Por "eu", entendo a pessoa que você constrói com palavras e com a ajuda das pessoas à sua volta. O ser humano está sempre mudando, não tem limites definidos e não pode ser descrito na sua totalidade. O eu procura a estabilidade, tem uma noção precisa de limites e mantém sua existência por meio de um contínuo ato de descrição. O seu eu domina a sua consciência, de forma que você o iguala ao ser humano que você é. Você descreve o seu eu usando a linguagem que se usa para identificar várias coisas — sua nacionalidade, profissão, seu papel na família. As pessoas sempre se identificaram, pelo menos desde que existe a linguagem, mas no mundo contemporâneo identificar alguma coisa torna-se uma dificuldade: as nacionalidades mudam, as profissões ficam obsoletas, as famílias desmoronam. Algumas vezes, carecemos de algo com que nos identificar; outras vezes, temos mais identidades do que o necessário.

Neste livro, consideraremos duas maneiras ligeiramente diferentes para responder à questão acerca de como enfrentar a crise de identidade. Eu as classifiquei de resposta do eu-múltiplo e resposta do não-eu.

A resposta do eu-múltiplo, como veremos, já está sendo amplamente escolhida e utilizada. Ela pode ser encontrada nos círculos intelectuais, nos quais os pensadores de muitas disciplinas argumentam que o conceito de eu na era moderna, aquele que a maioria de nós no mundo ocidental aceitou sem questionar e sobre o qual constrói a própria vida, agora está sendo substituído por um conceito pós-moderno, no qual o eu é descentralizado, multidimensional, cambiante. E pode ser encontrado nas ruas, onde muitas pessoas, com ou sem uma teoria específica na cabeça, acham necessário construir eus múltiplos e não únicos, para deixar de lado a questão da identidade e poder mudar radicalmente no decorrer da vida.

Esses esforços de autotransformação são, em geral, estressantes, algumas vezes bizarros, freqüentemente malsucedidos. Mas todos são tentativas de adaptação às circunstâncias do mundo contemporâneo; eles se enquadram naquilo que os biólogos chamam de "lei do requisito da variedade", o que significa que um organismo, para sobreviver, precisa ser pelo menos tão complexo quanto o seu ambiente.[1]

A resposta do não-eu propõe que a crise de identidade do nosso tempo representa uma preciosa oportunidade para uma renovação ainda mais radical da compreensão do eu, na qual você o abandona inteiramente e, no seu lugar, desenvolve uma noção mais profunda do ser humano. Essa idéia está no âmago das tradições espirituais esotéricas da Ásia, mas acredito que seja uma noção lógica e saudável, bem mais do que aquela que atualmente acreditamos ser sensata, e pode ser abordada sem a ajuda de incenso, gurus, viagens ao Oriente misterioso, drogas psicodélicas ou de qualquer outro aparato que acreditamos nos leve ao espiritual.

Assim sendo, suponho que este livro possa ser classificado como de autoajuda, uma vez que pretende oferecer algumas diretivas para se viver feliz e eficientemente no mundo de hoje. Mas ele é, na verdade mais um livro de múltipla-auto-ajuda, e, à medida que se aproxima do final, um livro de ajuda-ao-não-eu. E considerarei válido o meu esforço se todos que o lerem se tornarem um eu diferente, ainda que só um pouco.

PARTE

A Construção
e a
Desconstrução
do Eu
Moderno

Assim, somos naturalmente levados a pensar que temos um eu, do mesmo modo que temos uma cabeça ou braços, e que temos profundezas interiores do mesmo modo que temos um coração e um fígado, como se fosse uma questão factual, que não dá margem à interpretação.

CHARLES TAYLOR[1]

O conceito ocidental da pessoa como um universo coeso, único, mais ou menos integrado, com um objetivo e cognoscível... é, por mais que nos pareça irretocável, uma idéia um tanto peculiar dentro do contexto das culturas do mundo.

CLIFFORD GEERTZ[2]

Como todos sabem agora, foi apenas nos dois últimos séculos que a maioria das pessoas nos países civilizados passou a reivindicar o privilégio de serem indivíduos.

SAUL BELLOW[3]

Uma Breve História do Eu

Como você chegou a ser o que é? Se o eu moderno é uma invenção, quem o inventou?

Nenhum estudioso ainda escreveu a história definitiva do eu moderno, mas sabemos agora que ele tem uma história, bem como uma geografia. Embora todos os seres humanos construam um eu, a maioria das pessoas no passado provavelmente não seria um eu individual no sentido moderno ocidental e, mesmo agora, em algumas partes do mundo, existem pessoas que provavelmente também não o são. Ou seja, elas não se sentem claramente delimitadas, mas sim indissoluvelmente ligadas às suas tribos e a seus ecossistemas; não se vêem como seres únicos, mas como seres mais ou menos idênticos aos outros da mesma espécie; e elas não pensam em si mesmas como seres perfeitamente integrados e, sim, como seres invadidos por espíritos e forças estranhas que as puxam em diversas direções.

Elas também não pensam *sobre* o próprio conceito de eu mais do que nós pensamos; provavelmente pensam bem menos. O estudo dessa questão, na qual estamos engajados aqui, é tanto maldição quanto bênção para aqueles de nós que vivem no mundo urbanizado, globalizado, altamente tecnológico e pós-moderno. Muitas pessoas têm outros tipos de experiência e presumem que esta represente a forma que a vida humana sempre teve e sempre terá. Todavia, algumas daquelas noções inquestionáveis e sensatas do que vem a ser o eu poderão parecer, como diz o antropólogo Clifford Geertz, "um tanto estranhas", do nosso ponto de vista. Durante os anos em que estudou intensivamente a vida dos povos, em lugares como Java, Bali e Marrocos, ele encontrou conceitos de eu bem diferentes da nossa própria realidade:

> Imagina-se que (as pessoas) corram nervosamente à noite, sob a forma de vagalumes. Acredita-se que elementos essenciais da sua psique, como o ódio, estejam alojados em corpos negros e granulosos dentro do fígado e que podem ser descobertos na autópsia. Eles podem compartilhar o seu fado com duplos bestiais (*doppelgänger*), de maneira que, quando a besta adoece ou morre, eles também adoecem e morrem.[4]

Charles Taylor, cujo livro *Sources of the Self* está perto de ser a história definitiva, fez observações acerca de questões parecidas:

> Podemos quase ter certeza de que, em determinado nível, os seres humanos, em todos os tempos e lugares, compartilharam uma noção bem parecida de "eu" e "meu". Naquela época, quando um grupo de caçadores paleolíticos estava cercando um mamute, se o plano dava errado e a fera investia contra o caçador A, algo parecido com: "Agora é comigo", passava pela mente de A. E quando, no último momento, o animal aterrorizado arremetia para o outro lado e esmagava B, um sentimento de alívio mesclado com compaixão por B era o que A sentia. Em outras palavras, os membros do grupo devem ter sentido mais ou menos a mesma coisa que nós sentiríamos se estivéssemos no lugar deles... Mas, paralelamente a esses traços de continuidade, que provavelmente tornariam compreensíveis para nós mesmo os nossos antepassados mais remotos, existem contrastes desconcertantes quando tentamos compreender a atividade humana em sua dimensão moral e espiritual. Isso é confirmado com o nosso assombro ante as três almas dos buriatos, do norte da Sibéria.[5]

Aparentemente, os buriatos acreditam que toda pessoa possui três almas, uma das quais pode sair do corpo e ficar fora por algum tempo.

As realidades mudam, os eus mudam.

O moderno conceito ocidental do eu está sendo elaborado há milhares de anos, e não temos meios de saber precisamente como era a vida das pessoas antes que esse conceito se firmasse. Mas os povos antigos nos deixaram algumas histórias sobre a sua experiência de vida, as quais nos dão uma visão de seres radicalmente diferentes, que viviam num mundo também radicalmente diferente.

O Eu Como Recreio dos Deuses

Tomemos os gregos primitivos, nas eras distantes antes do período clássico de Atenas, no alvorecer da história ocidental registrada. Existem mensagens remanescentes desse tempo: as histórias homéricas da Guerra de Tróia e das aventuras de Ulisses. Embora essas fábulas grandiosas certamente não sejam tratados sobre a identidade pessoal, elas revelam bastante sobre como as pessoas daquela era viam o mundo: um lugar ocupado por seres humanos que faziam muitas coisas, e por deuses, poderosos, misteriosos e caprichosos, que faziam várias coisas para (e com) os seres humanos. E os seres humanos eram mais ou menos como você e eu.

Alguns estudiosos afirmam que, nas obras de Homero, não há realmente nada que possa de fato ser traduzido por "mente" Os pensamentos e sentimentos parecem ter acontecido dentro e em volta das pessoas, algumas vezes em lugares que podem ser identificados como partes do corpo, como pulmões e coração, e algumas vezes nem podem ser localizados.[6]

Nos anos 70, o psicólogo Julian Jaynes apresentou a tese surpreendente de que as pessoas, na era de Homero, não possuíam uma consciência pessoal que possamos reconhecer como tal. Ele argumentou que o estilo de pensamento que chamamos de consciência não floresce espontaneamente no cérebro humano, mas é um processo aprendido, resultado de uma invenção social que começou a tomar forma apenas há cerca de três mil anos, ou seja, algum tempo depois da Guerra de Tróia. Ele chegou a essa conclusão principalmente ao estudar a literatura dos antigos gregos, particularmente a Ilíada, que é um dos clássicos imortais da literatura ocidental, parte lenda, parte história e parte poesia. Jaynes propõe que a consideremos também como um estudo psicológico, o estudo de um caso, uma documentação honesta de como as pessoas viviam e pensavam. E como era isso?

Bem, parece que eles ouviam muitas vozes. Freqüentemente eles tinham experiências do tipo que hoje chamaríamos de alucinações auditivas, mas que eles tomavam como comunicações dos deuses, e às quais obedeciam. "Os personagens da Ilíada não se sentavam para pensar no que fazer", escreveu Jaynes. "Eles não tinham uma mente consciente, como a que nós dizemos que temos, e certamente nem introspecções."[7] Em vez de introspecções, em vez de qualquer um dos termos que significam vontade, conflitos psíquicos, planos, razões, pensamentos e motivos, vemos os deuses dizendo às pessoas o que fazer e como se sentir, manipulando-as livremente, como se elas fossem ícones de algum jogo eletrônico cósmico. E vemos pessoas que não assumiam responsabilidade pessoal pelos seus atos. Assim, quando a guerra estava quase terminada e Aquiles lembra ao rei Agamenon de como este havia lhe roubado a amante, o rei responde: "Não fui eu a causa desse ato, mas Zeus, e a minha porção, e as Erínias, que caminham na sombra; eram eles que estavam na assembléia e colocaram *ate* silvestre sobre mim naquele dia, quando eu arbitrariamente tomei de Aquiles o seu prêmio; assim, o que podia eu fazer? Os deuses sempre conseguem o que querem." Jaynes comentou: "E que esta não era uma ficção particular de Agamenon para se livrar da responsabilidade é algo que fica bem claro quando Aquiles aceita a explicação, pois ele também obedecia aos seus deuses. Os estudiosos que comentam essa passagem dizendo que o comportamento de Agamenon havia se tornado 'estranho ao seu ego', não vão longe o suficiente. Pois a questão é, de fato: qual a psicologia do herói da *Ilíada*? E eu afirmo que ele não tinha nenhum ego."[8]

A teoria de Jaynes não é fácil de aceitar, e muitas pessoas de fato não aceitam. Mas de qualquer forma, aceitemos ou não, penso que temos que concordar com ele quando afirma que o autor da Ilíada (quem quer que ele tenha sido realmente), *queria dizer exatamente o que disse*. O poeta não estava brincando. Sua descrição de como as pessoas se sentiam, do motivo pelo qual faziam o que faziam deve ser levada a sério, da mesma forma que o trabalho de qualquer romancista contemporâneo que use linguagem freudiana para descrever as motivações dos seus personagens. A obra merece ser lida como um relato honesto de como as pessoas da era de Homero compreendiam o mundo e a vida humana. Igualmente dignas de serem levadas a sério são as inúmeras outras pessoas, religiões e civilizações que agiam segundo a crença de que as vozes dos deuses falavam dentro da mente humana e podiam ser ouvidas, e que viam os deuses como agentes externos que influenciavam o comportamento pessoal tão poderosamente quando os agentes interiores, o ego, o superego e o id, o fazem, segundo os psicanalistas modernos. E, se agimos com base nessa crença, não possuímos o tipo de conceito de eu expresso de forma tão memorável, no século XIX, pelo poeta William Ernest Henley, numa época em que tanto o Império Britânico quanto o eu moderno estavam no auge:

> *Não importa o quanto o portão seja estreito,*
> *O quanto esteja carregado de punições o códice,*
> *Eu sou o dono do meu destino;*
> *Eu sou o capitão da minha alma.*[9]

Alguma coisa mudou, durante os três mil anos que separam Homero de Henley, e mudou muito. É claro que não podemos voltar no tempo, entrar na mente das pessoas e sentir essa mudança acontecendo, mas podemos examinar as obras dos filósofos que tentavam compreender o que, exatamente, é um ser humano.

O Rio e a Estátua

Recebemos outras mensagens do distante passado grego pré-socrático, e elas também apontam para idéias sobre o eu bem diferentes da imagem de um eu corajoso e determinado concebida por Henley. Talvez as mais fascinantes sejam os trabalhos do filósofo Heráclito. Escritos por volta de 500 a.C., três ou quatro séculos depois de Homero, eles sugerem uma percepção do eu radicalmente instável, despida de certeza ou permanência, certamente diferente da estrutura de caráter determinada, única e mais ou menos integrada que Geertz descreveu como a essência da modernidade. Os fragmentos de Heráclito têm muito em comum com as idéias que Gautama Buda proclamava em outro lugar do mundo, mais ou menos na mesma época:

> *Nos mesmos rios pisamos*
> *E não pisamos,*
> *Nós somos e não somos.*[10]

Era essa a idéia aceita e convencional do eu para os gregos do tempo de Heráclito? Provavelmente, não. O mais certo é que representasse a visão da minoria, como essas idéias tendem a ser sempre que são expressadas. Alguns estudiosos até duvidam de que a passagem acima tenha sido escrita por Heráclito. Ela pode ter sido a versão registrada por Crátilo, um filósofo menos conhecido e que, segundo dizem, ficou tão obcecado com a idéia da mudança constante que disse a Heráclito que não podemos pisar no mesmo rio *nem mesmo uma vez.*[11] Mas quem quer que a tenha escrito, o fato de ter sido registrada nos informa de que um conceito muito diferente, de um tipo que descreveríamos como místico ou oriental, estava sendo expressado na Grécia, antes do tempo de Sócrates. Se essa idéia tivesse prevalecido como a visão predominante, duvido muito que você ou eu estaríamos vivendo hoje com o mesmo conjunto de suposições sobre a identidade pessoal que aceitamos como realidade. As sociedades modernas vêem as identidades como sendo reais e persistentes. E, em termos práticos, apesar de Heráclito, eu sou a mesma pessoa que o jovem de 17 anos que conseguiu um cartão do Seguro Social para poder trabalhar na mercearia de Leo Bernacchi.

Voltando a Sócrates, a Platão e a Aristóteles, que viveram mais ou menos um século depois de Heráclito, podemos ver o nascimento de partes do eu moderno em suas obras. Sócrates, nos diálogos registrados por Platão, construiu seu sistema filosófico sobre a doutrina de Idéias ou Formas eternas, que tinham uma existência sobrenatural um tanto separada da consciência humana, mas que eram realidades verdadeiras, das quais todas as coisas vistas e sentidas no mundo comum eram apenas reflexos. Assim, de acordo com a doutrina de Sócrates e de Platão, o famoso rio continuaria a ser, pelo menos enquanto houvesse água nele, não apenas o mesmo rio, mas uma manifestação terrena dessa Idéia, ou seja, de uma entidade fluvial essencial, eterna e transcendente. E, para Sócrates, o eu individual, como encarnação de uma alma imortal, era mais do que a consciência etérea do momento. O eu humano tinha a sua própria vida moral. Ele passaria por conflitos entre os desejos mais baixos do corpo e as aspirações mais elevadas da inteligência racional. Esses conflitos foram descritos por Sócrates como uma luta *pessoal* e *interior* pela integração e autocontrole, e não apenas como jogos e brincadeiras entre os superastros do Olimpo, para os quais a mente humana era um local de recreação.

Nos diálogos de Sócrates, os deuses e deusas ainda estavam presentes nos bastidores, mas passavam por uma espécie de metamorfose, transformando-se em personificações míticas de Idéias, abstrações cujo significado poderíamos ouvir Joseph Campbell explicar a Bill Moyers pela televisão. E, ao mesmo tempo, estava-se formando um novo conceito do ser humano, que via as pessoas como agentes ativos e racionais de comportamento ético. Richard Tarnas comentou: "Talvez baseado em seu próprio conceito, altamente desenvolvido, de um eu individual e do autocontrole, Sócrates trouxe à mente grega uma nova percepção do significado essencial da alma, estabelecendo-a pela primeira vez como a sede da consciência individual no estado de vigília e do caráter moral e intelectual."[12]

A sede da consciência da pessoa no estado de vigília... A noção de alma não era nova; ela estava presente na mitologia e filosofia gregas desde tempos imemoriais. Mesmo Heráclito falou sobre a alma. Alguns gregos acreditavam no antigo conceito de transmigração, que geralmente chamamos de reencarnação, na qual uma alma pode vagar eternamente de uma pessoa ou animal para outro, incapaz de lembrar, exceto em raras ocasiões, o que havia sido anteriormente. Essa visão de alma se altera no pensamento socrático, e teremos uma alma que os crentes modernos de diversas denominações reconheceriam: um agente moral, imortal mas *pessoal*, que conserva a própria identidade na outra vida. A alma é um eu, como está claramente descrito em *Fedro*, um relato das últimas reflexões de Sócrates antes de beber aquela fatal xícara de cicuta. Conversando durante a noite com um pequeno grupo de amigos enlutados e que tinham ido visitá-lo na prisão, Sócrates lhes assegurou que a alma sobrevive depois da morte e que, se a pessoa adquiriu virtude e sabedoria neste mundo, sua alma ascenderia ao "mundo real" e viveria feliz em comunhão com os deuses. Sócrates foi preso em parte por ter sido acusado de ir contra a religião, mas na verdade sua visão da existência humana era profundamente religiosa, e ao mesmo tempo uma importante contribuição ao individualismo moderno. De acordo com Sócrates, a alma pessoal tinha não só uma identidade, mas uma identidade imortal, com uma carreira cósmica. Havia muito de ego na virtude de Sócrates, como também há na moralidade judeu-cristã.

Os deuses e deusas tradicionais se retiraram ainda mais para os bastidores no pensamento de Aristóteles, discípulo de Platão, cuja busca pelo conhecimento tinha um espírito mais secular e científico. Aristóteles deu uma nova feição às Formas eternas, que começaram a se parecer com categorias científicas, cuja realidade *não* era separada e nem superior às coisas nas quais estavam encarnadas.[13] A idéia de Aristóteles representou um passo à frente na direção do moderno conceito do eu, pois localizava a consciência do indivíduo observador num *mundo real*, de coisas materiais que podiam ser estudadas e compreendidas em si mesmas — e que não eram apenas reflexos de Idéias, como Sócrates havia descrito —, e afirmava com veemência a capacidade humana de compreender esse mundo real por meio do pensamento racional.

No trabalho de Aristóteles, vislumbramos alguma coisa que começa a se parecer ainda mais com a mente moderna: raciocínio, questionamento, consciência de suas fronteiras e estabilidade. Todavia, partes importantes do eu moderno e individual ainda estavam faltando: a filosofia grega, por exemplo, não tinha um conceito de direitos individuais; não há evidências de que os gregos estivessem particularmente preocupados com a privacidade das pessoas em sua vida cotidiana; e muitos séculos ainda deveriam transcorrer antes que René Descartes aparecesse e colocasse a consciência do estado de vigília firmemente dentro da cabeça, onde agora, naturalmente, todas as pessoas sensatas sabem que ela está. Mas os fundamentos já estavam lançados. A pessoa que surgiu das douradas décadas filosóficas de Sócrates, Platão e Aristóteles, já não ouvia mais as vozes dos deuses como os heróis de Homero, nem tampouco era o evanescente espectro de Heráclito. Ela tinha uma identidade permanente e podia dizer que tinha uma alma só sua.

Os sistemas filosóficos nem sempre tratam explicitamente do eu, mas a questão está sempre presente. Sua visão de mundo e seu conceito de eu estão sempre interligados e, quando um muda, o outro também muda. Os gregos conseguiram expressar sobre ambos idéias que têm sido, há milênios, como monumentos para a mente ocidental, e têm sido aceitas incontestavelmente por inúmeras pessoas como uma realidade inquestionável. As idéias sobre a verdade foram resumidas por Isaiah Berlin:

A visão de que a verdade é uma e indivisível e a mesma para todos os homens, em todos os lugares e em todos os tempos, quer sejam encontradas nos dogmas de livros sagrados, na sabedoria tradicional, nas autoridades das igrejas, nas maiorias democráticas, nas observações e experiências conduzidas por especialistas qualificados, quer sejam as convicções das pessoas simples, não corrompidas pela civilização — essa visão, de uma forma ou de outra, está no centro do pensamento ocidental, que deriva de Platão e seus discípulos.[14]

Assim, de acordo com essa visão, ou uma pessoa conhece a verdade ou pode descobri-la, e a verdade é aplicável a todos, o tempo todo. É essa concordância com relação à verdade que torna as diferenças de crença tão absolutamente importantes. Foi isso que, historicamente, imprimiu uma urgência visceral e ardente aos conflitos entre religiões, mais tarde aos conflitos entre a religião e a ciência e, ainda posteriormente, aos conflitos entre as ideologias políticas. Esses conflitos foram tão importantes porque não eram vistos como meras diferenças de opinião num mundo do tipo "você fica na sua e eu fico na minha". Essas discordâncias doutrinais tiveram um significado tão grande porque as pessoas concordavam quanto à natureza básica da verdade. Elas sabiam que a verdade estava "lá fora", pressupunham que alguém detinha a verdade absoluta e que todos os demais estavam errados e até mesmo tinham sérios problemas com Deus por causa disso. Para os gregos, isso era uma certeza. E a maioria das pessoas tinha também a convicção de que possuía uma identidade que seria sua pelo menos durante a vida e, talvez, por toda a eternidade.

Não creio que hoje muitas pessoas avaliem a força do conceito de Idéias abstratas de Platão, nem reconheçam o quanto ainda estamos em seu poder. Não conheço ninguém que se defina como platônico, mas muitas vezes converso com pessoas que se referem a idéias abstratas — democracia, comunidade, masculinidade, feminilidade, justiça, amor —, como se fossem coisas reais, com existência própria, independente da maneira como as compreendemos e experimentamos na nossa vida. Nesse sentido, os deuses gregos ainda nos governam.

A Máscara do Ator

O sociólogo francês Marcel Mauss, outro estudioso que tentou documentar o surgimento do moderno eu ocidental, acha que os romanos fizeram uma importante contribuição com o seu conceito de pessoa. Esse conceito, que foi essencial para o sistema jurídico romano, ao se desenvolver e passar para as diversas sociedades que evoluíram a partir do Império, parece enfatizar uma noção do eu como fachada, um ser exterior que era apresentado ao mundo e reconhecido pelas outras pessoas. Aparentemente, isso tinha raízes nas antigas cerimônias dos clãs, tanto nos rituais dramáticos quanto religiosos, que utilizavam maciçamente as máscaras. O termo latino *persona* deriva de *per/sonare*, indicando a máscara através da qual (*per*) soa a voz do ator. Perante a lei romana, a palavra "*persona*" assumiu um significado importante, essencial ao ponto de vista romano do eu e da sociedade: ela significava o indivíduo cuja família, posição e privilégios eram oficialmente reconhecidos. O sistema de nomes de família: *nomen, praenomen* e *cognomen*, foi firmemente estabelecido pelo Senado, e as palavras "*cognomen*" (nome de família) e "*imago*" (máscaras ancestrais que eram exibidas nas casas das famílias romanas), estavam estreitamente ligadas. Esses nomes estabeleciam a pessoa como indivíduo, um eu, um cidadão livre. A condição de "pessoa" parece ter sido concebida como uma *coisa* quase palpável, algo que algumas pessoas tinham e outras não tinham. De acordo com Mauss, os escravos não tinham uma *persona*: "*Servus non habet personam*. Ele não tem personalidade. Ele não é dono do seu corpo; ele não tem ancestrais, nome, *cognomen* ou seus próprios deuses."[15] Embora a *persona* romana fosse essencialmente um conceito legal, Mauss acredita que ela tenha se tornado mais tarde também a base de um senso *moral* do eu, sob a influência de filósofos estóicos como Marco Aurélio. Posteriormente, entre os cristãos, evoluiu para a idéia de pessoa como entidade metafísica com uma alma imortal.

O Império Romano, oficialmente, era politeísta e muitos romanos que se voltaram para a filosofia foram mais atraídos pelos estóicos do que pelos platônicos. O elo mais forte que encontramos entre os discípulos de Platão e a mente moderna é a obra de Santo Agostinho, que converteu as idéias platônicas em pensamentos de Deus, e fez uma nítida distinção entre a pessoa interior e a exterior. Para Santo Agostinho, a alma ficava dentro, e o corpo exterior era essencialmente o mesmo que o dos animais. "Não vá para fora", advertia ele; "volte-se para dentro. A verdade reside no homem interior."[16] Não é de surpreender que muitas pessoas vejam em Santo Agostinho o precursor de Descartes, com sua visão de uma mente imaterial que, através de olhos materiais, enxerga um mundo material e até mesmo mecânico. A suposição de que a consciência está dentro de nós é uma das hipóteses mais importantes sobre o eu ocidental, tão importante, na verdade, que raramente pensamos nela como uma suposição, e o trabalho de Santo Agostinho representa um marco dessa crescente interiorização.

O projeto de construção do eu moderno não parece ter feito grandes progressos durante a era medieval. Na Idade Média, as pessoas acreditavam na salvação pessoal e num senso de consciência interior, mas certamente não supunham, como os modernos, que eles fossem, devessem ser ou algum dia viessem a ser, os condutores de própria vida. A identidade pessoal, qualquer que tenha sido, estava profundamente arraigada dentro dos limites do sistema feudal, que tinha definições rígidas de classe e papéis que só mudavam lentamente admitiam pouca mobilidade social e não concebiam um indivíduo fora desse sistema. Eles também não tinham nenhuma idéia de outro modo de vida, pelo menos até que as Cruzadas, aquelas aventuras insanas mas que mudaram o mundo, puseram muita gente em movimento e trouxeram para as pequenas aldeias, fechadas em si mesmas, a notícia de que existiam distâncias e diferenças. A visão de mundo religiosa da época era um fator decisivo na maneira como as pessoas compreendiam o eu. Essa perspectiva não os encorajava a acreditar que o seu eu pessoal tivesse muita importância. Outro detetive estudioso que procurou as origens do eu moderno, Roy Baumeister, afirma:

> A principal razão para a relativa indiferença com relação à individualidade era a firme crença no cristianismo, que encarava a vida na Terra como algo que imitava as realidades fundamentais do outro mundo ou derivava delas. De fato, os particulares da experiência humana individual não tinham muita importância. O que contava era o grande drama cósmico da fé e da salvação. A vida de uma pessoa em particular era apenas uma aproximação, boa ou medíocre, dos padrões arquetípicos dos acontecimentos celestes ou bíblicos. O eu individual era significativo apenas como exemplo da luta generalizada entre o bem e o mal, a virtude e o vício, a fé e a heresia, a honra e a desgraça.[17]

Embora pudesse parecer, na época, que nada estava mudando, nem *poderia* mudar, o mundo ocidental passou por uma tremenda transformação nos séculos seguintes, reviravoltas espetaculares nos sistemas de governo, filosofia, religião e ciência. Não surgiram apenas novas visões de mundo, mas também um novo mundo, enquanto as viagens de Colombo e de outros exploradores descobriam continentes e civilizações até então desconhecidas. E certamente a consciência humana do eu também mudou.

Outro sinal dessas mudanças foi uma crescente preocupação com a privacidade pessoal. A história da vida cotidiana tornou-se uma atividade importante e valiosa nos últimos anos. Voltando nossa atenção para os aspectos mais domésticos das eras passadas, descobrimos que o estilo de vida medieval seria decididamente desagradável para a maioria de nós, modernos:

> As pessoas se amontoavam e viviam em promiscuidade, muitas vezes em meio a uma turba. Nas residências feudais, não havia espaço para a solidão,

exceto talvez no momento da morte. Quando as pessoas se aventuravam para fora de casa, elas o faziam em grupos. Nenhuma jornada era feita por menos de duas pessoas; no caso de não serem aparentadas, ligavam-se por meio de rituais de fraternidade, criando uma família artificial que durava por todo o tempo da viagem.[18]

Philippe Aries, um dos principais pesquisadores desse tipo de história, afirma: "De fato, até o fim do século XVII, ninguém jamais era deixado sozinho."[19] Alguns indícios de mudança podem ser vistos na arquitetura: as pessoas começavam a construir casas com cômodos reservados para dormir e com corredores, para que se pudesse entrar em cada um dos quartos sem passar pelos demais. Outra mudança foi a substituição paulatina dos servos residentes por auxiliares domésticos que não moravam na mesma casa, ou no mesmo quarto, que os patrões.[20] Uma revolução acontecia nessas pequenas mudanças que muitas vezes passavam despercebidas: uma progressão do tempo em que a privacidade simplesmente não existia, nem como ideal nem como parte da vida cotidiana, para o presente, no qual ela é encarada como uma profunda necessidade humana e um direito político.

Outros historiadores chamam a nossa atenção para a emergência da autobiografia como uma nova forma literária, que expressava duas das principais características do individualismo: (1) Valorizar as características exclusivas e as experiências particulares de cada pessoa; (2) Acreditar que cada pessoa tenha uma potencialidade ou destino exclusivos, que podem ou não ser realizados.[21]

Um dos mais famosos escritores de autobiografia de todos os tempos foi Benvenuto Cellini. Theodore Zeldin, em sua *Intimate History of Humanity*, escreveu a respeito desse artista imortal e ego exagerado da Renascença:

> Tendo-se tornado joalheiro e escultor mundialmente famoso, ele acreditava ter encontrado um método para evitar a dúvida sobre si mesmo. Ele aconselhava todas as pessoas a escreverem sua autobiografia, não para se compreenderem, mas simplesmente para afirmar a própria individualidade. Ele chegou a matar as pessoas que, a seu ver, estavam impedindo o florescimento do seu gênio e gabava-se das belas adagas que usava.[22]

Outra indicação histórica da transição da evolução, segundo Baumeister, nos é dada pela crescente atenção dispensada, na literatura e na filosofia, à fraude. Isso talvez não pareça um sinal de progresso, mas está intimamente relacionado com a idéia de privacidade. Do mesmo modo que as pessoas precisavam de espaços privativos em sua casa, elas insistiam em ter espaços privativos no seu eu, que não eram necessariamente idênticos à sua fachada pública. "As pessoas começavam a ver o eu como uma entidade oculta, que poderia ou não se refletir em seus atos exteriores. A crença num eu real que está escondido, que não é mostrado direta ou claramente no nosso comportamento público, pode ser encarada como o primeiro passo para tornar a identidade um problema."[23] O crítico literário Lionel Trilling achava que o século XVI foi "extremamente preocupado com a dissimulação, o fingimento e a aparência".[24] Ele falou sobre os vários disfarces e identidades enganadoras dos personagens das peças de Shakespeare e no manual infame de Maquiavel sobre como ser um estadista astucioso e velhaco.

Na verdade, Maquiavel contribuiu mais para o individualismo moderno do que suas idéias sobre as chicanas da liderança; ele discorreu também sobre as duas grandes forças condutoras dos assuntos humanos, que ele denominou *virtù* e *fortuna*. *Virtù* seria a iniciativa pessoal, o impulso, e *fortuna* as forças impessoais do destino. Assim, para Maquiavel, pelo menos metade da vida consistia naquilo que nós mesmos fazemos dela. Isso já era bem mais do que permitia a maioria dos teólogos medievais, mas quase insuficiente para muitos dos seus contemporâneos da Renascença, que estavam embriagados com a idéia de que a vida de uma pessoa era uma criação própria, uma obra de arte. Essa parece ter sido a maneira de Cellini ver as coisas e é também a exuberante visão de Pico della Mirandola em *Oration on the Dignity of Man*,* na qual Deus diz a Adão: "Você, sendo o seu próprio livre criador e artífice, poderá modelar a si mesmo da forma que quiser."

"Penso, Logo Existo"

De acordo com alguns relatos, o eu moderno nasceu numa sala com lareira — um espaço privado —, numa pequena casa no sul da Alemanha, no início do século XVII. Isso aconteceu durante o inverno no qual René Descartes se isolou e começou a meditar sobre a verdadeira essência da realidade.

Era um tipo de projeto moderno. Ele buscava a certeza e estava preparado para duvidar de tudo, inclusive de tudo o que lhe haviam ensinado, até que encontrasse alguma base para acreditar. A pessoa pré-moderna, calidamente aninhada em sua tribo ou aldeia, não tinha essa necessidade de buscar a certeza e nem qualquer razão para duvidar da sabedoria acumulada pelos ancestrais e contemporâneos. Mas Descartes vivia numa época de muita turbulência política, religio-

---

*No original italiano: *Della Dignità dell'Uomo* (Sobre a dignidade do homem).

sa e filosófica. A velha ordem e as velhas crenças estavam literalmente ruindo à sua volta. A Guerra dos Trinta Anos preencheu a maior parte de sua vida adulta. No decorrer dela, ele serviu em dois exércitos diferentes. A própria guerra foi um complexo emaranhado de ambições principescas e disputas religiosas que se seguiram à Reforma. Foi também — embora, é claro, isso não tivesse sido reconhecido na ocasião — o último estertor do velho sistema feudal, que havia dominado a vida européia durante séculos. A guerra terminou, finalmente, com o Tratado de Vestfália, que legitimou o surgimento das instituições políticas e definições de identidade preeminentes da idade moderna: as nações-estado soberanas.

Outra fonte de turbulência na época de Descartes, e que durou ainda mais tempo que a guerra, foi a disputa em torno da teoria heliocêntrica do sistema solar, formulada por Nicolau Copérnico. Essa teoria havia sido publicada em 1543, mas a pressão intensa contra ela, tanto por parte das autoridades eclesiásticas, que a viam como uma contradição demoníaca à doutrina religiosa, quanto pelos astrônomos rivais, que a viam como um desvio ridículo da verdade científica, ainda era forte na época em que Descartes era jovem. O contemporâneo de Descartes, Galileu, estava no topo dessa reviravolta, olhando através do seu telescópio e descobrindo um sistema solar, na verdade um universo, bem diferente de tudo o que se imaginava até então.

Durante esse inverno na Bavária, Descartes fez uma lista mental de tudo aquilo de que se poderia duvidar e chegou no único fato em que poderia confiar. Não era a realidade do mundo físico — disso se poderia duvidar. Não era o seu próprio corpo — ele poderia ser apenas um sonho. Mas o "eu" que estava duvidando, a consciência de si mesmo, não poderia ser posto em dúvida. Ele pensava, portanto existia. Isso era certo. Sobre essa base, sobre a sua confiança num eu racional e integrado, preparado para questionar todas as verdades recebidas da sua sociedade, ele construiu seu edifício de pensamento. A ciência moderna repousa em parte sobre essa base cartesiana, como também o sentimento moderno de uma consciência crítica que pode se distanciar do mundo e estudá-lo.

Descartes localizou o sujeito humano no centro do mundo reconhecível, e também localizou um centro nesse sujeito humano — um observador do mundo, localizado dentro do cérebro. Essa era a glândula pineal, o processador central de todas as experiências sensoriais e, também, o caminho de passagem do cérebro físico para a mente não-física. Não é de surpreender que tantas pessoas creditem a Descartes a invenção do eu moderno e hoje o utilizem como ponto de referência para descrever visões contrastantes de como a mente funciona. Tarnas descreveu o trabalho de Descartes como "a declaração prototípica do eu moderno, estabelecido como uma entidade totalmente separada, autodefinida, para a qual a própria percepção de si mesma era absolutamente primária — duvidar de tudo exceto de si mesmo, colocar-se em oposição não apenas às autoridades tradicionais mas ao mundo, como sujeito contra objeto, como um ser pensante, observador, mensurador e manipulador, totalmente distinto de um Deus objetivo e de uma natureza externa".[25]

Depois de Descartes, o eu tornou-se um tópico importante para filósofos como David Hume, Immanuel Kant e John Locke. Havia muitas divergências quanto ao sujeito — e com boas razões, pois, de certa forma, o eu cartesiano não era realmente uma idéia tão simples e lógica. David Hume, o escocês cético, algumas vezes lembrava Heráclito, ou um psicólogo pós-moderno, ao apontar os paradoxos. Do seu ponto de vista, o eu é a mente e seu conteúdo; e, uma vez que sempre existem mudanças, não faz sentido pensar numa identidade permanente. Ele perguntava: "Então, o que nos dá tanta propensão... a supor-nos de posse de uma existência invariável e ininterrupta através de todo o curso de nossa vida?" E concluía: "A identidade que atribuímos à mente humana é apenas fictícia."[26] Mas Hume foi uma voz minoritária nessa questão; outros pensadores conseguiam contornar os paradoxos. Kant, por exemplo, fez isso posicionando um "eu numenal", puro e real, diferente do mutável "eu fenomenal" da experiência consciente. Esse era um discurso moderno e, a despeito da divergência de Hume, ele se envolvia na criação do eu moderno, consolidando-o a partir de várias idéias que emergiram ao longo de muitos séculos de experiência histórica. Os filósofos talvez ficassem menos perturbados se tivessem compreendido que isso era uma ficção, uma construção social da realidade. Eles pensavam que estavam *descobrindo* a verdade sobre o eu, em vez de estar *construindo* uma verdade que serviria aos propósitos políticos e científicos da era moderna.

Locke fazia parte desse projeto e era também um dos filósofos mais preeminentes da época junto com Hobbes, Rousseau e Voltaire, que deram ao eu moderno a sua possessão mais valiosa: os direitos. Esses direitos, que eram quase imperceptíveis na visão de mundo medieval, tornaram-se uma força cada vez mais poderosa na vida política, e proclamados em manifestos como a Declaração francesa dos Direitos do Homem e a Declaração de Independência americana. Os paralelos entre os escritos de Locke e a Declaração retórica de Thomas Jefferson são surpreendentes. Em seu *Second Treatise of Government*, Locke escreveu:

> Tendo o homem nascido, como foi provado, com direito à perfeita liberdade e usufruto incontrolável dos direitos e privilégios da lei da natureza, igualmente como qualquer outro homem ou homens no mundo, ele tem por natureza, o poder... de preservar sua propriedade, ou seja, sua vida, liberdade e bens...

A Declaração da Independência afirma:

Temos essas verdades como evidentes por si mesmas, que todos os homens são criados iguais; que foram dotados pelo Criador com certos direitos inalienáveis; que entre esses estão a vida, a liberdade e a busca da felicidade.

Locke escreveu:

Os homens se reúnem em sociedades para que tenham a força unida de toda a sociedade para assegurar e defender suas propriedades...

A versão de Jefferson era:

Que para assegurar esses direitos, governos são instituídos entre os homens, derivando seu poder do consentimento dos governados...

Dessa forma, os direitos tornaram-se uma parte da propriedade do eu, concedidos por Deus e inalienáveis, assim como uma parte do organismo humano, como o coração ou o fígado. O conceito de direitos deve alguma coisa ao antigo sistema jurídico romano; mas, ao explodir na consciência dos europeus do século XVIII, era uma criação claramente moderna. E, embora hoje se discutam os direitos dos grupos, a tendência era que fossem uma criação individual: o detentor dos direitos é o cidadão, o eu individual. Os governos são criados com o objetivo de proteger os direitos, e podem, na visão dos libertários, tornar-se facilmente os inimigos desses direitos.

Todos esses desenvolvimentos marcam a transição do medieval tardio para o primitivo moderno. Existem algumas invenções cujos inventores não as vêem como tal: privacidade, nacionalismo, o conceito de um observador central dentro do cérebro, a idéia de uma vida individual como produto de escolhas pessoais e a convicção de que cada pessoa é possuidora de direitos. Todos esses são os elementos fundamentais da maneira pela qual você e eu pensamos sobre nós mesmos, e agora eles estão sendo ameaçados pela transição para uma era pós-moderna.

A modernidade é uma ordem pós-tradicional, na qual a questão "Como devo viver?" tem de ser respondida por meio de decisões cotidianas sobre como se comportar, o que vestir e o que comer, e muitas outras coisas, bem como ser interpretadas dentro do desdobramento temporal da identidade pessoal.

ANTHONY GIDDENS[1]

A pessoa alterdirecionada é cosmopolita. Para ela, foi demolida a fronteira entre o conhecido e o estranho, uma fronteira claramente demarcada nas sociedades que dependem da orientação da tradição.

DAVID REISMAN

2

O Ocaso do Eu Moderno

Quando foi que o eu ocidental moderno, esculpido ao longo de séculos de experiência histórica, imaginado por eminentes filósofos, como Sócrates, Descartes e Locke, começou a escorregar do seu pedestal? Certamente, quando olho para a minha própria infância e juventude, nos anos 40 e 50, as suposições básicas sobre a identidade pessoal pareciam, em retrospecto, estarem se mantendo razoavelmente bem. Na igreja eu aprendi a respeito dos meus deveres como guardião de uma alma imortal (e pessoal), que seria recompensada ou castigada eternamente depois que eu morresse, dependendo de como eu tivesse conseguido controlar os meus maus impulsos. Eu sabia que tinha direitos — lembro-me de haver dito à minha professora do terceiro ano que eu tinha o direito de bater no menino que se sentava na minha frente, em retaliação a alguma transgressão anterior por parte dele. Quando cresci e estudei psicologia, que havia substituído a filosofia como fonte autorizada de sabedoria sobre a natureza humana, pude escolher entre duas idéias sobre o eu: havia a "skinneriana" predominante, preferida pelos cientistas, que não prestava atenção aos conflitos interiores e via a pessoa como uma simples unidade de comportamento, uma espécie de rato de laboratório glorificado que agia em resposta aos acontecimentos do ambiente exterior; e havia a visão freudiana, mais antiga, mais influente nas artes e na psicoterapia, com sua visão secular mas um tanto socrática de um conflito interior e o seu objetivo de ter um ego forte e saudável. A mensagem parecia ser a seguinte: ou eu já era uma entidade unitária, psicologicamente integrada, ou então eu tinha que crescer depressinha e me tornar uma.

Assim, o centro parecia estar se mantendo. A visão da pessoa como um universo cognitivo, coeso, único e mais ou menos integrado, ainda era o consenso social, a definição oficial de sanidade e identidade. Mas os tempos estavam mudando, naqueles anos do meio do século, embora ainda não tivéssemos Bob Dylan para cantar a respeito.

Algumas das mudanças, bem como sugestões de mudanças ainda por vir, foram descritas no livro de David Reisman, *The Lonely Crowd*, que se constitui num marco. Reisman e seus colegas, ao estudar as tendências do "caráter social" da América depois da Segunda Guerra, relataram que estava ocorrendo uma profunda transição psicológica. Eles notaram um declínio no número de individualistas "intradirecionados", os tipos intrépidos que permaneciam no caminho dos valores e objetivos pessoais, e um aumento correspondente nos conformistas "alterdirecionados", que pareciam carecer daquele giroscópio interior e se inclinavam mais a adaptar-se aos arredores imediatamente circundantes. Ou, como diríamos hoje, ir com a maré e responder à questão de "Como devo viver?" olhando como vivem as outras pessoas, da mesma forma que um convidado inseguro espia os outros antes de resolver que talher deve usar.

Reisman dividia todos os seres humanos em três categorias: tradicionalmente direcionados, intradirecionados e alterdirecionados. A pessoa pré-moderna tradicional vivia num ambiente social relativamente estável, no qual não havia um questionamento fundamental sobre o que era verdade, o que era certo e quem você era. O tipo intradirecionado, conforme Reisman, começou a surgir no mundo ocidental mais ou menos na época em que as sociedades feudais medievais estavam ruindo — no tempo de Descartes. Essa pessoa talvez tivesse que se relacionar com outras pessoas, que se apoiavam em realidades diferentes, mas ela conseguia fazê-lo, pois tinha uma identidade social forte e permanente, baseada em crenças interiorizadas que funcionavam como um giroscópio interior. Os alterdirecionados, abrindo caminho naquilo que estava em processo de se tornar o que chamaríamos hoje de sociedade pós-moderna, pluralista e da informação, não haviam aceitado sem questionar as crenças dos seus antepassados e, conseqüentemente, tinham que procurar continuamente uma orientação sobre como ser — e quem ser. Seu equipamento de controle, afirmou Reisman, era mais um radar do que um giroscópio.

Essas pessoas alterdirecionadas que estavam surgindo nos anos 40 e 50 ainda eram pessoas modernas, mas não totalmente os "individualistas rudes" celebrados no mito americano. A principal diferença entre eles e os intradirecionados, uma diferença que seria mais aparente ainda na geração seguinte, era uma mudança na fonte de aprovação e orientação, que deixou de ser os antepassados e passou a ser os contemporâneos. As pessoas estavam encontrando uma forma diferente de se orientar, enquanto construíam (e ocasionalmente reconstruíam) seus valores e crenças, bem como a identidade pessoal:

> *O que é comum em todos os alterdirecionados é que os seus contemporâneos são fonte de orientação para o indivíduo, quer os conhecidos dele, quer aqueles com quem ele está relacionado indiretamente, por meio de amigos ou da mídia de massa. Essa fonte é, naturalmente, "interiorizada", no sentido de que essa dependência dela para obter orientação na vida é implantada bem cedo. Os objetivos pelos quais a pessoa alterdirecionada luta mudam de acordo com essa orientação — apenas o próprio processo da luta e o processo de prestar atenção aos sinais dos outros é que permanecem inalterados durante a vida.[3]*

Essas pessoas alterdirecionadas viviam sob constante tensão, divididas pela necessidade de ter uma identidade estável ao mesmo tempo em que procuravam manter-se em concordância com a época. Estar em concordância significava revisar tudo, desde a forma de se vestir até as opiniões políticas em resposta aos seus pares. Reisman afirmou que a própria conformidade social, de "copiar os vizinhos", não era nada de novo ou diferente — isso podia ser encontrado em outras sociedades, e a História oferecia muitas evidências de povos antigos, geralmente as elites, é claro, cuja vida era orientada pelas modas e costumes do momento. O que diferia era o grande aumento do número de seguidores da moda. O estilo deixara de ser uma preocupação exclusiva das classes superiores; mesmo os pobres e incultos tornavam-se parte de uma nova cultura de massa, em contínua mutação. Um fator importante desse desenvolvimento foi o alcance sempre crescente dos meios de comunicação, que transmitiam as novidades do que estava na moda ou fora de moda, no momento. Toda a sociedade estava se tornando alterdirecionada, uma multidão solitária de pessoas socialmente sensíveis, ansiosas para se adaptar, embora algumas vezes sem saber exatamente a que deveriam se adaptar:

> A pessoa alterdirecionada é cosmopolita. Para ela, foi demolida a fronteira entre o familiar e o estranho, uma fronteira claramente demarcada nas sociedades que dependem da tradição. À medida que a família absorve continuamente o estranho, e assim se modela novamente, o estranho se torna familiar. Enquanto a pessoa intradirecionada poderia sentir-se em casa mesmo no estrangeiro, em virtude de sua relativa insensibilidade aos outros, a pessoa alterdirecionada, num certo sentido, está em casa em todo lugar e em nenhum lugar, e é capaz de manter uma intimidade superficial com todos e de responder a eles.[4]

E havia ainda um problema mais profundo, criado pela crescente necessidade do alterdirecionado de adaptar-se não apenas exteriormente, mas interiormente também: "A pessoa alterdirecionada, embora esteja de olho nos vizinhos, anseia por igualar-se a eles, não tanto nos detalhes externos como na qualidade de sua experiência interior."[5] Não é de se admirar que os psicólogos começassem a se referir à ansiedade como um dos grandes problemas da vida moderna. Rollo May, num livro publicado no mesmo ano de *The Lonely Crowd*, descreveu a época como a "era da ansiedade".[6]

T. S. Eliot, poeta laureado da cultura modernista de meados do século, captou a essência da ansiedade do conformista em *The Love Song of J. Alfred Prufrock*, cujo rabugento protagonista sente-se angustiado com o medo de fazer algo que pareça tolice ("*Será que devo repartir meu cabelo atrás? Ousarei comer um pêssego?*"), sofre com o tédio da vida artificial ("*Haverá tempo, haverá tempo / Para preparar uma cara para encontrar as caras que você encontra*"), lamenta a sua sensação de falta de propósito: ("*Eu deveria ter sido um par de garras rotas / Disparando sobre os pisos de mares silenciosos*"), e caminha com medo de fazer uma declaração que ele acredita ser verdadeira, apenas para vê-la rejeitada ("*Se alguém, ajeitando um travesseiro sob a cabeça / Devesse dizer: 'Não era isso que eu queria dizer / Não era nada disso'*").[7]

As Três Faces do Eu Moderno

Reisman e outros pensadores dos anos após a Segunda Guerra fizeram um bom trabalho. Eles mostraram as sociedades ocidentais sendo transformadas em sociedades de cultura popular de massa, com os meios de comunicação tornando-se uma força na formação de valores, crenças e identidades pessoais. Eles notaram que isso trazia uma liberdade pessoal inédita, mas que tinha um preço: a ansiedade, o sofrimento das pessoas que tinham tanta liberdade de escolha que viviam cronicamente preocupadas em não fazer a escolha *errada*, nem em dizer a coisa errada ou comportar-se de acordo com o conjunto errado de regras sociais. A pessoa ansiosa acreditava que deveria ter um eu permanente e integrado, mas precisava que a sua identidade fosse constantemente confirmada pelos outros, e, numa sociedade cada vez mais pluralista, nem sempre conseguia isso.

Esse quadro da vida, nos meados do século XX ainda é válido em alguns pontos. O conceito de um eu integrado e permanente permanece ideal para a maioria das pessoas, embora raramente se concretize na vida real. Todavia, como veremos nos capítulos seguintes, mesmo esse conceito está abalado. As últimas décadas trouxeram um vigoroso movimento de afastamento da idéia clássica da verdade, afastamento da idéia moderna de um eu integrado. A pós-modernidade desafia a visão de que a verdade é uma e indivisa, a mesma para todos os homens, em toda parte e em todos os tempos, como afirmou Isaiah Berlin. A nova visão contempla a verdade como algo socialmente construído, contingente, inseparável das necessidades e preferências peculiares de determinadas pessoas em determinados lugares e tempos. Essa noção traz muitas implicações: ela não deixa intocado nenhum dos valores, costumes, crenças ou verdades eternas. Entre essas baixas, está o conceito ocidental do eu, que começa a parecer apenas mais uma realidade socialmente construída. Esse foi o ponto de vista a partir do qual Michel Foucault, com irritação, disse a uma pessoa que o questionou que não lhe perguntasse quem ele era, nem esperasse que ele continuasse o mesmo. Ele estava tentando ser aceito como um ser humano e não como um eu.

Estes tempos são fragmentados. Múltiplos discursos, como os pós-modernos gostam de dizer. Existem até mesmo diferentes formas de acreditar na verdade absoluta e no eu unificado. Em nossa sociedade, altamente pluralística, temos agora não apenas uma ruptura entre modernistas e pós-modernistas, mas quatro comunidades de crença distintas: os neo-românticos, os social-tradicionais, os científico-racionais e os pós-modernos.[8] Acho que, se tivesse que caracterizar ou fazer a caricatura desses quatro tipos, eu faria o neo-romântico como uma figura andrógina, calçando sandálias Birkenstock e meditando no mato; os social-tradicionais como um casal do Meio-Oeste, respeitavelmente trajado a caminho da igreja, e o científico-racional como um pesquisador de jaleco branco, num laboratório. Não estou bem certo de como eu representaria um pós-moderno (voltaremos a ele no próximo capítulo), mas provavelmente imitaria o estilo de colagens de David Hockney — um pastiche eclético de imagens e estilos.

As três primeiras comunidades de crença concordam em aceitar o conceito tradicional de verdade, mas discordam fundamentalmente no modo como ele é encontrado. O neo-romântico encontra a verdade em harmonia com a natureza, ou explorando seu eu interior por meio de práticas espiritualistas ou drogas psicodélicas. O social-tradicional encontra a verdade em sua herança cultural. O científico-racional a encontra pela inquirição metódica e disciplinada. Todas essas três comunidades de crença mantêm a imagem moderna de um eu pessoal como um universo coeso, único, mais ou menos motivacional e cognitivo. Simplificando, elas acreditam que existe um Eu Verdadeiro. Mas elas divergem profundamente em como viver segundo essa crença.

Os neo-românticos de hoje, uma substancial subcultura na Europa, nas Américas e em alguns lugares da Ásia, têm fortes raízes no Romantismo dos séculos XVIII e XIX. Aqueles primitivos românticos eram definitivamente modernos, herdeiros da Renascença e do Iluminismo, apesar de profundamente alienados daquilo que viam como os males da modernização, especialmente a mecanização e a urbanização, e extremamente nostálgicos com relação ao passado. O Romantismo algumas vezes é descrito historicamente como uma reação contra o lado racionalista do Iluminismo, com sua fé no progresso. Um historiador do movimento romântico escreveu: "Não há evidências de que três séculos de novo nascimento, novo aprendizado, novos continentes, nova ciência, nova ideologia humanista — os frutos da ciência compartilhados por todos — tenham realmente acentuado a dignidade e o valor da vida humana."[9] Descrentes com relação aos rumos que o progresso estava tomando e críticos com relação às manifestações exteriores da sociedade moderna, os românticos procuravam o passado, a solidão e a poesia. Principalmente, eles buscavam a natureza, que deveria ser tomada como a origem definitiva da verdade, e que poderia estar localizada tanto na profundidade da alma quanto nas vastidões selvagens. Muitas vezes os heróis da sua literatura eram apaixonados errantes e abatidos pela tempestade, em desacordo com os tempos. E o Eu Verdadeiro do romântico era, e ainda é, o eu interior — natural, selvagem e, todavia, inerentemente bom.

O Romantismo do século XIX não terminou realmente e voltou com exuberância nos anos 60 do século XX, entre um surto psicodélico de *hippies*, movimentos de protesto, primitivismo, música e danças selvagens, e a redescoberta do ambiente natural. Hoje, ele coexiste, com relativa tranqüilidade, com a principal corrente da sociedade ocidental secular. Ele possui como ideal um tipo diferente de eu intradirecionado, que não carrega as idéias respeitáveis dos pais e da sociedade, mas é guiado interiormente pela sabedoria da sua própria natureza. Consideremos, por exemplo, os princípios básicos que Abraham Maslow, um dos fundadores da psicologia humanista, propôs nos anos 60:

> Temos, cada um de nós, uma natureza interior essencial biologicamente baseada, que é, em certo grau, "natural", intrínseca, concedida e, de forma limitada, imutável ou, pelo menos, não mutante... A natureza interior de cada pessoa é, em parte, exclusiva dela e, em parte, extensiva à espécie... Essa natureza interior... parece não ser intrinsecamente má; é antes neutra ou positivamente "boa". O que denominamos de comportamento mau parece, geralmente, ser uma reação secundária à frustração dessa natureza intrínseca. Uma vez que a natureza interior é boa ou neutra, e não má, é preferível trazê-la para fora e encorajá-la, e não reprimi-la. Se pudermos guiar a nossa vida, cresceremos saudáveis, fecundos e felizes.[10]

O seguidor dessa linha de pensamento está confiante de que possui um eu interior verdadeiro e que este pode ser descoberto e levado a florescer, por meio da meditação ou comungando com a natureza, e que a sociedade, como um todo, ou ignora esse eu interior ou está ativamente organizada para reprimi-lo.

Para os social-tradicionais, que ainda constituem um segmento grande, saudável, poderoso e ativo do mundo moderno, embora, a longo prazo, possam tornar-se uma espécie em extinção, é precisamente dentro da sociedade, dentro de suas normas, papéis e formas de comportamento, que o verdadeiro eu pode ser encontrado. A identidade saudável está arraigada na comunidade, no país, na igreja, na família e na ocupação, e o eu é definido nestes termos: como vizinho, americano, cristão, judeu, mãe, pai, trabalhador, médico, advogado etc. Longe disso, você não é ninguém e está perdido. Assim, Phyllis Schlafly, arquiinimiga da libertação feminina, alertou sobre os perigos de se desviar do caminho feminino tradicional:

> O casamento e a maternidade têm, é claro, os seus problemas e tribulações. Mas que estilo de vida não tem? Se você encarar o seu lar como uma jaula, você também se sentirá aprisionada num escritório ou numa fábrica. A fuga de casa é uma fuga de si mesma, da responsabilidade, da natureza da mulher, para perseguir falsas esperanças e ilusões passageiras.[11]

A mentalidade científico-racional contrasta agudamente com os neo-românticos. Para um bom racionalista, o eu é um tema passível de pesquisa científica, e a introspecção é altamente suspeita, por não poder ser objetiva. De certa forma, a resposta do racionalista à questão de como encontrar o seu verdadeiro eu é quase a oposta à do romântico. Em vez de olhar para dentro, olhe para fora: procure especialistas, faça uma bateria de testes e chegue aos *fatos* sobre qual o tipo de pessoa que você é. Está estabelecido que cada pessoa tem certas características, que se expressam consistentemente no comportamento e podem ser estudadas objetivamente, até mesmo medidas e quantificadas, por outras pessoas que possuam conhecimentos precisos para fazer isso. Compreende-se, também, que há uma certa faixa de características e comportamentos normais, bem como vários anormais fora dessa faixa. As anormalidades podem ser tratadas com terapias e, como afirma o estudo de Sheila McNamee sobre o papel social da terapia:

> Embora existam múltiplas possibilidades de tratamento terapêutico à nossa disposição hoje, a maioria é baseada na suposição de que um determinado tratamento é ou poderia ser o correto, pelo menos para uma população em

particular. Essa crença é um subproduto do pensamento modernista, no qual a ênfase no progresso nos conduz para um objetivo utópico de "saber" como compreender e agir melhor no mundo.[12]

Mesmo os grandes exploradores das regiões inconscientes do eu, Freud e Jung, eram racionalistas que descreviam o seu trabalho como ciência e ofereciam suas teorias como mapas acurados das partes do eu que não conhecemos.

Existem eus românticos, eus tradicionais, eus racionais, e provavelmente outros tipos de eus também, se procurarmos bem. Todos são subterfúgios, formas de se agarrar ao senso moderno de identidade e de resistir à forte maré de idéias e acontecimentos que está nos arrastando.

O eu moderno era, e é, uma das mais nobres criações da mente humana, e uma das conquistas mais inspiradoras da evolução no nosso planeta. Ele foi uma construção de pensamento que libertou as pessoas da tirania dos papas e reis, expandiu os horizontes da vida, abriu a mente para as vastas possibilidades da ciência. Foi uma grande conquista evolucionária, mas a evolução está muito acelerada hoje em dia, e começamos a nos perguntar se os pensamentos libertadores dos últimos séculos não criaram outro tipo de prisão para o espírito humano.

Emerge um espaço aberto no qual as pessoas podem inscrever, apagar, reescrever suas identidades, como uma rede de convites ou permissões relacionais sempre cambiantes, sempre em expansão e incoerentes.

KENNETH J. GERGEN[1]

Aquilo que chamamos de eu — o nosso senso inclusivo (ou simbolização) do nosso próprio ser — é altamente sensível ao fluxo da História.

ROBERT JAY LIFTON[2]

Hoje, está sendo questionada a própria existência daquele sujeito falante que declarou a morte de Deus há cem anos.

PAUL KUGLER[3]

3

Do Eu Moderno aos Eus Pós-Modernos

A despeito de todas as facções existentes no mundo da psicologia, a maioria dos teóricos e terapeutas tende a aceitar o eu moderno tanto como uma descrição da consciência humana quanto como um modelo de sanidade mental. As idéias ocidentais sobre o desenvolvimento humano têm sido muito influenciadas pelo relato de Erik Erikson de como uma pessoa, de maneira ideal, cresce, atravessa suas crises de identidade, evita os perigos da "difusão da identidade" e se torna um adulto estável, com um "senso assegurado de continuidade interior e uniformidade social que fará a ligação com o que ele era na infância e aquilo que está prestes a se tornar, e reconciliará a sua concepção de si mesmo com o reconhecimento da sua comunidade".

A psicologia, afinal de contas, é um agente da ordem social. Os propósitos civilizatórios das sociedades sempre foram desenvolver seres humanos responsáveis, capazes de manter sob controle as suas necessidades, vozes e energias divergentes, bem como de assumir seu papel na vida econômica, social e política da comunidade. Sociedades estáveis precisam de pessoas estáveis. Uma sociedade com limites, que é o único tipo de sociedade que existe, precisa de pessoas também limitadas.

Assim, os problemas dos pacientes em geral são encarados como insucessos em desenvolver essa "continuidade interior e uniformidade social", e a prescrição terapêutica provavelmente será: "Integre seus impulsos e descrições obstinados num todo coerente." Mesmo Carl Jung, que proclamou que "a assim chamada unidade de consciência é uma ilusão", baseou sua terapia no objetivo de desenvolver um eu pessoal "individuado" e maduro.[4] Robert Assagioli, que fez um extenso estudo das "subpersonalidades" que residem em todos nós, criou não obstante uma terapia de "psicossíntese", que significa localizar o "verdadeiro eu" e construir à sua volta uma personalidade que seja "coerente, organizada e unificada".[5] E assim continua a ser. Embora as terminologias, os mapas da mente e as abordagens terapêuticas variem bastante, a mensagem geral tende a ser a mesma: "Chegue a um acordo consigo mesmo; seja constante, integrado, autêntico e íntegro."

Mas esse consenso se ampliou. Agora, muitos psicólogos afirmam que o caminho para a sanidade e a felicidade, no nosso mundo descentralizado e pluralista, é *ser* descentralizado e pluralista. Kenneth Gergen, um dos principais defensores desse ponto de vista, resumiu-o, há alguns anos, no título de um artigo: "O ser humano saudável e feliz usa diversas máscaras."[6] Essa psicologia pós-moderna constitui-se, em parte, numa resposta aos tempos: se as sociedades estáveis precisam de pessoas estáveis, as sociedades rapidamente mutantes precisam de pessoas que também estejam mudando rapidamente, bem como a busca por uma nova imagem das nossas possibilidades, uma visão mais ampla do ser humano do que as regras de qualquer sociedade conseguiram criar até agora. Estamos caminhando rumo a uma compreensão das pessoas como sistemas abertos, sempre à procura de novos contatos, preparadas para absorver novas informações, ansiosas por alargar as fronteiras e sem medo de mudar.

Para termos uma idéia do que significa a psicologia pós-moderna, damos um breve resumo do que os psicólogos dessa linha afirmaram recentemente sobre o eu. Analisaremos três termos que surgem com freqüência nesses diálogos: multifrenia, proteiforme e descentrado. Cada uma dessas palavras indica uma qualidade da psicologia pós-moderna, e nos convida, na verdade nos desafia, a cogitar pensamentos fundamentalmente novos e diferentes sobre quem e o que somos.

O Desafio da Psicologia Pós-Moderna

Não existe uma doutrina central, uma liderança reconhecida ou uma sede central organizacional para a psicologia pós-moderna, e provavelmente jamais existirá. Um dos principais pensadores sobre o papel da psicologia no mundo pós-moderno, Steinar Kvale, da Universidade de Aarhus, na Dinamarca, afirmou: "O próprio conceito de uma disciplina unitária discorda do pensamento pós-moderno."[7] Mas, mesmo que o campo da psicologia pós-moderna seja, no mínimo, pluralístico, podemos facilmente abordar sua essência com a ajuda de duas proposições defendidas pela maioria de seus porta-vozes. A primeira, por si mesma não muito controvertida, é que a identidade é um produto social e que as pessoas, em diferentes tipos de sociedade, passam por diferentes experiências formadoras de identidade. A segunda, mais passível de provocar polêmicas, é que a maioria de nós vive hoje em sociedades "pós-modernas", nas quais é difícil, se não impossível, criar e manter uma identidade pessoal única e estável.

Dessa forma, continua a argumentação, nas sociedades pré-modernas — do tipo que antigamente existia em todo o mundo e que ainda persiste em alguns lugares remotos — de que as pessoas poderiam ter muitos problemas, mas pelo menos elas se sentiam seguras por viver numa única cultura. Elas sabiam o que era verdade, porque todos em sua aldeia ou tribo compartilhavam os mesmos valores e crenças; elas sabiam, com a mesma certeza, quem e o que elas eram, pois todas as interações, durante as atividades diárias ou ao longo de toda a vida, reconheciam e reafirmavam o nome delas, suas relações familiares e seus papéis sociais.

Mas, nas sociedades modernas ou em fase de modernização, as pessoas viviam em espaços sociais muito mais amplos e tinham maiores probabilidades de ouvir falar ou de entrar em contato direto com outras pessoas cujos valores e crenças eram muito diferentes. Elas também tinham que lidar com outros tipos de subdivisão em sua própria sociedade, tal como a separação entre as esferas pública e privada da vida. Essa "pluralização dos mundos de vida", como a denominou Peter Berger, sempre causou tensão e sempre provocou reações.[8] As pessoas achavam necessário desenvolver instrumentos psicológicos para manter a fé na correção de seu modo de agir, para se manterem, em alguns aspectos, em sistemas fechados, mesmo quando em ambientes muito mais amplos e complexos. Um desses mecanismos foi o que Reisman, e Freud antes dele, descreveu como a "interiorização" tão forte de uma cultura que o indivíduo a carregava consigo e continuava a seguir suas regras e afirmar seus valores e crenças mesmo quando estava distante e rodeado por estranhos, que pensavam e agiam de maneira diferente. Esse tipo de intradirecionamento pode ser facilmente confundido com arrogância, ignorância ou insensibilidade, mas tem, pelo menos, alguma importância para a sobrevivência. Ele se mostrou útil para os exploradores, antropólogos, missionários e construtores de impérios.

O Império Britânico produziu alguns dos espécimes mais representativos desse tipo de pessoa intradirecionada, que continuava a ser inquestionavelmente britânica onde quer que estivesse. Essa característica foi amplamente admirada, causou muitos ressentimentos e foi extensamente satirizada pelos humoristas. Eu tenho a cópia de uma caricatura clássica do *New Yorker*, que mostra, num safári, três cavalheiros impecavelmente trajados, jantando numa mesa à luz de velas defronte à barraca, enquanto um outro, com roupas esportivas e capacete, está sentado sozinho, a certa distância, equilibrando o prato nos joelhos. "É uma pena que aquele leopardo tenha roubado o *smoking* de sir Roger", diz um dos que estavam à mesa.[9] Foi a literatura inglesa que nos deu, no livro *Heart of Darkness*, de Joseph Conrad, um retrato imortal do que espera um homem civilizado que se mete a ser nativo: o infeliz mr. Kurtz, que se embrenhou demais na selva e se entregou à selvageria, selvageria tão indescritível que o autor a manteve fora da narrativa, deixando ao leitor a tarefa de adivinhar em quais devassidões primitivas Kurtz poderia ter caído, para, no final, morrer murmurando apenas: "Que horror!"

E a era moderna oferecia uma miríade de instituições "externas", tais como religiões organizadas, ideologias políticas, altas culturas de arte e literatura, para ajudar as pessoas a formar e manter determinadas crenças sobre o mundo. Sempre podemos ter certeza de quem somos, se permanecermos dentro do âmbito da Igreja Católica, ou se ingressarmos em algum movimento político. O teatro e as histórias não ofereciam apenas entretenimento, mas retratavam como as senhoras e cavalheiros se comportavam — modelos úteis para todos nós. A era moderna também teve, conforme a muito citada análise do filósofo francês Jean-François Lyotard, "metanarrativas" históricas, tais como a história do progresso do Ocidente, que emoldurava os grandes acontecimentos da vida de uma maneira que todos poderiam aceitar e compreender. Cada uma delas, de forma diferente, oferecia às pessoas respostas prontas para as antigas questões acerca de quem elas eram e o que seria a verdade.

No mundo pós-moderno — ou seja, os países industrialmente avançados a partir dos anos 60 em diante, bem como cada vez mais o restante do mundo —, as estratégias da era moderna para construção da realidade e formação da identidade não parecem estar funcionando tão bem quanto antes. Dizem os psicólogos pós-modernos que a maioria de nós não é fortemente intradirecionada e poucos conseguem envolver-se numa comunidade de crença que nos proteja completamente das mensagens desconhecidas e conflitantes. Vivemos num contato praticamente infinito com o outro. Quando viajamos, ou simplesmente quando abrimos os olhos e ouvidos aos meios de comunicação, somos bombardeados o tempo todo por valores, crenças e realidades diferentes.[10]

O pensamento pós-moderno, influenciado pela obra de Ludwig Wittgenstein e de outros filósofos do século XX, coloca muita ênfase no papel da linguagem na vida humana. Enquanto as gerações anteriores viam a linguagem como um meio "transparente" que *descreve* o mundo real, os pós-modernos a vêem como um meio ativo que *cria* o mundo real. Nós vivemos na linguagem. Assim, quando os teóricos sociais pós-modernos falam sobre a "construção social da realidade", estão provavelmente chamando a atenção para as maneiras pelas quais usamos a linguagem para dar significado e valor aos objetos à nossa volta. E quando os psicólogos pós-modernos falam sobre a "construção do eu", estão chamando a atenção para as formas pelas quais usamos a linguagem, falada, escrita ou diálogo interior, para manter nossa idéia de quem e do que somos.

"Multifrenia" é o termo criado por um dos principais pós-modernistas, Kenneth Gergen, do Swarthmore College, para descrever o "povoamento do eu, a aquisição dos múltiplos e díspares potenciais para ser", que é o quinhão que cabe às pessoas que vivem em nossa época.[11] Ele afirma que multifrenia é a consciência de todos nós que estamos "saturados" com mensagens que fluem para a nossa mente a partir das experiências diárias de uma civilização móvel, multicultural e rica em meios de comunicação, e cujo senso de identidade pessoal pode ser tão transitório quanto as imagens de um caleidoscópio. Gergen declarou: "As tecnologias emergentes nos saturam com as vozes da humanidade, tanto harmoniosas quanto estranhas. À medida que absorvemos suas várias rimas e razões, elas se tornam parte de nós e nós, delas. A saturação social nos oferece uma multiplicidade de linguagens, incoerentes e não relacionadas, para o eu. Para tudo aquilo que 'sabemos ser verdadeiro' sobre nós mesmos, outras vozes interiores nos respondem com dúvidas e escárnio. Essa fragmentação dos conceitos de um corresponde a uma multiplicidade de relacionamentos incoerentes e desconexos. Esses relacionamentos nos puxam em inúmeras direções, convidando-nos a atuar em tal variedade de papéis que o próprio conceito de um 'eu autêntico', com características familiares, desaparece de vista." No mundo pós-moderno, como Gergen o descreveu, nós simplesmente não nos tornamos um alguém singular e consistente, porque não temos um ambiente social no qual todas as nossas interações e relacionamentos, todas as vozes que ouvimos e as imagens refletidas pelos outros, apóiam unanimemente uma visão consistente de quem e do que somos.

Muitas forças ajudam a construir esse mundo novo. Eis quatro delas:

1. A MOBILIDADE DAS PESSOAS. Antigamente, a norma era permanecer no mesmo lugar, enquanto a migração era um desvio. Agora, conforme revelam as estatísticas, a migração é a norma. As pessoas estão se movimentando em números sem precedentes, em todas as direções e por muitas razões. Os movimentos são do rural para o urbano, do urbano para o rural, entre regiões e entre países. As pessoas se mudam, movidas por esperanças e oportunidades econômicas, ou obrigadas pela fome, por desastres e guerras. Elas se movem temporariamente e se movem per-

manentemente. Esses movimentos ocorrem em todo o mundo, em todos os níveis econômicos e sociais. E, à medida que as pessoas se movimentam, elas não abandonam simplesmente sua casa e a rede social anterior, trocando-as por novas. Mais e mais, elas se tornam "pessoas multilocais", que possuem ligações em mais de um lugar, em mais de uma comunidade. Elas podem ser viajantes internacionais do *jet-set* ou profissionais itinerantes e empregados domésticos, que trabalham em países distantes mas enviam dinheiro para seu país de origem e muitas vezes voltam para lá.

2. A MOBILIDADE DOS SÍMBOLOS. As palavras e imagens visuais são a matéria-prima da qual são feitas as nossas realidades, e elas ziguezagueiam por todo o mundo, como jamais ocorrera anteriormente, transportadas pelo rádio, pela televisão, pelo telefone e, é claro, pelas novas redes do espaço cibernético.

3. O PLURALISMO CULTURAL. Muitas partes do mundo, que antes eram étnica e culturalmente homogêneas, agora são cosmopolitas, com grandes colônias de residentes de outros países, muitas vezes permanentes.

4. MUDANÇAS CULTURAIS. Agora, no Ocidente, supomos que, não importa o que façamos, se vamos a outros lugares ou não, as condições mudarão. Os valores, crenças e estilos de vida mudam. Algumas vezes, ordens políticas inteiras caem à nossa volta. Há muita mobilidade social, com os recém-chegados tendo acesso à riqueza, *status* e poder. Alguns dos primeiros sociólogos do conhecimento sugeriam que as pessoas que vivem em sociedades com grande mobilidade social "vertical" são menos suscetíveis à intra-orientação e, portanto, mais propensas a mudanças, devido à "mobilidade horizontal" das viagens. A rigidez social, segundo Karl Mannheim, aumenta a força de união das construções da realidade de uma sociedade, e torna mais fácil para o indivíduo ver outras culturas como meramente primitivas ou erradas. A fluidez social torna as pessoas mais realistas, mais propensas a ficar receptivas a outros valores e crenças quando vão para o exterior.[12]

Qualquer que seja a razão, a maioria de nós, em vez de carregar um conjunto de valores solidamente estabelecido ao qual podemos nos agarrar, a menos que soframos lavagem cerebral ou percamos o nosso *smoking*, está sintonizada nos sinais culturais à nossa volta e, à medida que as mensagens mudam, também mudamos.

De certa forma, a análise pós-moderna se aproxima bastante daquela que David Reisman ofereceu ao mundo em *The Lonely Crowd* duas décadas antes, e a qual Gergen descreve em *The Saturated Self* como "uma avaliação modernista das… primitivas emanações da mentalidade pós-moderna".[13] Mas, embora Gergen, de modo geral, pareça concordar com a descrição de Reisman de como a sociedade ocidental estava mudando, ele discordava da tendência conformista que se evidenciou na obra anterior e que se tornou uma grande brincadeira entre os cientistas sociais e autoridades da mídia durante a década de 50 e início dos anos 60: a nostálgica elevação do indivíduo intradirecionado, o homem com a "coragem de suas convicções", à categoria de modelo de sanidade mental e probidade moral. A multifrenia, conforme descrita por Gergen, é em parte problema e em parte solução. Essa é, na verdade, a mente dos controversos e atormentados, dilacerada em todas as direções por compromissos conflitantes; apesar disso, é também potencialmente a chave para uma forma de ser mais espaçosa e flexível, uma vida interior e exterior mais rica. Ele citou pesquisas que contradiziam diretamente Reisman e mostrava que as pessoas alterdirecionadas seriam psicologicamente mais saudáveis em diversos aspectos: "mais positivas em suas atitudes para com os outros, menos tímidas, menos perturbadas pelas inconsistências, mais aptas a guardar informações sobre os outros, mais expressivas emocionalmente e mais influentes", do que seus semelhantes com o famoso giroscópio interior.[14]

A essa altura, deveria ser óbvio o que está em questão aqui, ou seja, bem mais do que apenas uma teoria psicológica com bons argumentos. Não estamos falando apenas de um novo modelo de sanidade mental, o que em si já não é pouco, mas também questionando algumas das principais suposições sobre a moralidade humana e o comportamento social. Estamos considerando uma forma drasticamente diferente de avaliar a sua vida e a minha, bem como a vida das pessoas que conhecemos. Estamos participando de uma revolução mental igual àquela que teve lugar quando os gregos deixaram de acreditar que sua vida pessoal era dirigida pelos deuses do Olimpo.

Os Transformadores da Forma

Robert Jay Lifton, cujo pensamento se aproxima bastante do de Gergen, mas que enfatiza e aborda o assunto por um ângulo um tanto diferente, apresentou uma outra perspectiva para essa revolução. Lifton relatou que havia identificado em seu trabalho psiquiátrico, alguns anos antes, um novo tipo de pessoa, que ele denominou "eu proteiforme", ou seja, alguém que assume com facilidade diferentes formas ou aspectos. A pessoa proteiforme não tem medo de mudar, passa de bom grado por inúmeras metamorfoses durante a vida. Essas mudanças podem ser traumáticas para a pessoa que está passando por elas, e desconcertantes para outras, mas elas não são simplesmente sintomas de patologia ou fraqueza. Ademais, afirma Lifton, esse padrão se estende a todas as áreas da experiência da pessoa. Ele pode incluir alterações na postura política e no comportamento sexual, mudança nas idéias e nas formas de expressá-las, transformações na forma de organizar a vida.

A primeira contribuição de Lifton à literatura sobre psicologia, e sua primeira análise do eu proteiforme, embora ainda não sob essa denominação, havia-se dado bem mais cedo. Isso foi em seu estudo revolucionário sobre a lavagem cerebral praticada em prisioneiros políticos durante a Revolução Cultural na China.[15] Um dos argumentos mais comuns contra a psicologia pós-moderna é a acusação de que ela descreve apenas os problemas dos intelectuais pós-modernos e outros semelhantes no mundo ocidental contemporâneo, e fala muito pouco sobre a humanidade em geral. Mas o que Lifton documentou foi uma profunda *mutabilidade* da consciência humana, algo universal, que pode ser encontrado em todas as pessoas: quando as pessoas são manipuladas com suficiente habilidade e crueldade, elas podem literalmente "mudar a mente delas", não apenas sobre o que é verdade, isto é, sobre o que é certo e errado politicamente, mas também sobre quem elas são. Isso foi explorado pelos que aplicavam a lavagem cerebral, como havia sido feito por vários inquisidores e propagandistas antes deles, mas não foi criado por eles. Isso era inerente à consciência humana. Acredito que era também para isso que a maioria das instituições culturais humanas, desde os rituais das sociedades tradicionais às ideologias do mundo moderno, foi criada, ou seja, para manter a situação sob controle, para que as pessoas permanecessem nos trilhos, sentindo-se seguras em sua identidade e dentro das suas crenças.

Quando deparei pela primeira vez com as idéias de Lifton sobre o eu proteiforme, num trabalho publicado em 1970, tive a impressão de que ele falava principalmente de conversões no tempo.[16] Mas, numa outra obra mais abrangente sobre o assunto, dos anos 90, ele afirmou que, embora a pessoa proteiforme possa de fato mudar seqüencialmente, trocando seu estilo pessoal, personalidade, papel ou sistema de crenças, essa facilidade de mudar também pode ser simultânea, "na multiplicidade de imagens e idéias variadas e mesmo antitéticas, aceitas em determinado momento pelo eu, cada uma das quais pode estar mais ou menos pronta para atuar...".[17]

Embora as idéias de Lifton sejam radicalmente diferentes daquelas da principal corrente da psicologia moderna, deveríamos saber onde ele fixa a linha divisória, pois é aí que reside outra diferença, esta dentro das fileiras dos psicólogos pós-modernos não regimentados:

Devo separar-me... daqueles observadores, pós-modernos ou não, que igualam multiplicidade e fluidez com desaparecimento do eu, com uma ausência completa de coerência entre seus vários elementos. Eu diria o contrário: o proteanismo envolve uma busca por autenticidade e significação, uma asserção do eu que procura uma forma... O eu proteiforme procura ser tanto fluido quanto firme, por mais estranha que pareça essa combinação.[18]

A Morte do Eu

Outros psicólogos pós-modernos, com os quais Lifton não concorda, questionam a idéia de *qualquer* eu ser uma entidade estável e contínua, separada de suas próprias descrições efêmeras de si mesmo. Essa visão "descentrada" é especialmente popular entre os intelectuais franceses pós-estruturalistas, e geralmente toma a forma de negação da existência de um sujeito falante, o "eu" da nossa consciência pessoal. Para o psicanalista Jacques Lacan, o sujeito não é quem usa a linguagem, mas a sua criação. "Eu não sou um poeta, mas um poema", escreveu ele. Essa visão do sujeito como produto do seu próprio discurso é expresso de forma diferente por Jacques Derrida e pelos desconstrucionistas. Para intelectuais com uma orientação mais política, tais como Louis Althusser e Michel Foucault, o sujeito ainda é uma ficção, mas uma ficção imposta sobre nós pelos interesses de forças exteriores — um eu sólido, centrado e identificável pode ser controlado ou punido com mais facilidade e é mais capaz de se sentir culpado. Não é de surpreender que Foucault, que rivalizou com Franz Kafka em suas descrições da esperteza diabólica da sociedade para encontrar formas de privar o indivíduo de sua privacidade e liberdade, é o mais determinado a rejeitar os esforços de qualquer pessoa para saber quem ela é ou esperar que continue a mesma.

Para esses Heráclitos contemporâneos, o eu, pelo menos aquela parte que sentimos como o "eu" subjetivo, é a sua própria descrição de si mesmo no momento presente. Quem nós somos é, sem mais nem menos, aquilo que somos no processo de *dizer a nós mesmos*, ou aos outros, quem somos.

Paul Kugler, um junguiano contemporâneo, afirmou:

Hoje, está sendo questionada a própria existência daquele sujeito falante que declarou a morte de Deus há cem anos. O sujeito falante não é mais aceito inquestionavelmente como a origem da linguagem e da fala, da existência e da verdade, da autonomia e da liberdade, da unidade e da integridade, da identidade e da individualidade. A transcendência do "*cogito*" de Descartes não é mais tão certa. O sujeito falante parece ser, não um referente que está por trás do pronome da primeira pessoa, mas sim uma entidade fragmentada, produzida pelo ato de falar. Cada vez que o pronome da primeira pessoa é pronunciado, ele projeta uma entidade diferente, uma perspectiva e identidade diferentes. Ele é colocado numa localização diferente.[19]

Isso é o máximo que podemos nos afastar do conceito do eu integrado que dominou a sociedade ocidental até algumas décadas atrás, e que ainda domina as suposições sensatas sobre a identidade pessoal. Afastamo-nos tanto, na verdade, que chegamos perto do não-eu do misticismo oriental.

O Caso do Elefante Invisível

O eu multifrênico, o eu proteiforme, o eu descentrado, cada um desses termos é uma tentativa de descrever a qualidade de vida na nossa época e o tipo de pessoa que nos tornamos. Cada análise é persuasiva, à sua maneira, mas cada uma aponta para características diferentes, como os famosos cegos ao descrever um elefante. O primeiro enfatiza sua multiplicidade, o segundo sua mutabilidade, o terceiro a qualidade ilusória da sua própria consciência subjetiva.

De todos os conceitos da psicologia pós-moderna, a declaração de que o eu nada mais é do que a sua descrição *de si mesmo* num determinado momento, parece ser a mais difícil de aceitar. As pessoas com quem discutimos a questão acham-na particularmente problemática por muitas razões, uma das quais é que ela os leva a não apenas pensar de maneira diferente sobre a vida, mas também *sentir* de forma diferente. A maioria não tem dificuldades para aceitar o eu multifrênico e proteiforme como descrições de como as pessoas vivem hoje, e há muitas, inclusive, que acham isso positivo, apesar das dificuldades óbvias que traz. Mas, se testarmos mais profundamente, na nossa própria consciência, a proposição de que o nosso senso subjetivo de nós mesmos é a nossa atual descrição dele, provavelmente sentiremos algo parecido com aquilo que os psicólogos denominam estado alterado de consciência. Algumas pessoas acham a experiência agradável, que traz uma certa sensação de alívio. Outras relatam sensações de vertigem, confusão e até mesmo pânico. Algumas dizem que sentem como se estivessem morrendo.

Ernest Becker escreveu sobre a negação da morte, sobre o medo de não-ser, os quais, afirmou ele, fazemos o possível para evitar, mas que "assombra o animal humano como nada no mundo".[20] Já é bastante difícil admitir que morreremos algum dia; quem é que está preparado para pensar que, num sentido bem real, estamos morrendo a cada segundo, à medida que abandonamos a consciência do segundo anterior? É claro que podemos nos consolar com o fato de que também estamos nascendo a cada segundo, mas isso parece ser um tanto otimista demais e nem de longe tão reconfortante quanto a ilusão de que aquilo que somos agora tem uma certa permanência, é o que fomos e o que seremos; a ilusão do eu moderno.

Existem formas positivas de lidar com essa morte onipresente, vencer sua negação, torná-la uma fonte de sabedoria e mesmo de alegria. De fato, existem muitas dessas maneiras, inclusive a psicoterapia e várias atividades como as práticas religiosas. Elas se apresentam em diferentes formas, mas todas exigem que se leve a sério e se respeite a negação. E isso, a meu ver, é algo que a maioria dos teóricos pós-modernos não consegue. Proclamando estusiasticamente a morte do eu, eles revelam uma singular falta de compaixão pelas pessoas reais, que sentem que o seu eu *está* morrendo e não gostam nem um pouco disso.

À Procura dos Limites

Muitas vezes, nas discussões sobre psicologia pós-moderna, quando palavras como "multifrenia" e "proteiforme" começam a esvoaçar pelo ar, alguém pergunta sobre os limites. Não existem limites, impostos sobre nós por velhos favoritos como hereditariedade e ambiente, quanto ao número de personalidades que conseguimos abrigar numa única consciência individual? Não existem limites quanto à freqüência com que podemos trocar nossos papéis, opiniões, crenças, estilo de vida ou características pessoais? Não existem limites sobre quão radicalmente podemos nos afastar de nossa identidade costumeira?

A resposta pode ser sim e não:

Sim, existem limites. Os genes nos dão a forma do corpo, bem como do nosso cérebro, que recebemos com determinadas predisposições já embutidas, coisas que somos levados a fazer e coisas que simplesmente não conseguimos fazer. E as nossas experiências de vida deixam suas marcas em nós, interior e exteriormente. Até certo ponto, os freudianos têm razão quando insistem que passamos grande parte da vida adulta reprocessando a nossa infância. A folha não está totalmente em branco. A pesquisa de Lifton sobre lavagem cerebral mostrou não apenas que as pessoas podem ser forçadas a fazer alterações espantosas naquilo em que acreditam seja a verdade sobre o mundo e mesmo naquilo que acreditam que são, mas também revelou que as pessoas são capazes de resistir a essas pressões, embora não com tanto sucesso.

Por outro lado, não. Realmente não sabemos quais são os limites. A questão está longe de ser resolvida no sentido científico, e mais distante ainda na opinião da maioria das pessoas. O mundo pós-moderno contemporâneo é um circo colossal de pessoas empurrando os limites para todos os lados: trocando de identidade, de aparência, de sexo, de papel social e mesmo de consciência, de maneira que as pessoas no passado jamais julgariam possível. Neste livro, examinaremos alguns exemplos específicos desse tipo de expansão dos limites, pois é só por meio da experiência de pessoas reais, e não no corpo de teorias abstratas, que podemos perceber quais são os limites, ou, pelo menos, quais eles são agora.

Historicamente, os limites mais fortes, mais visíveis e mais numerosos sempre foram os sociais: os "não faça isso", as normas, os papéis reconhecidos, as tradições, os rituais, os sistemas de autoridade, a exigência dos outros para que sejamos eus consistentes. Esses são os limites que estão perdendo muito de sua força e que estão sendo testados e questionados em todo lugar.

Como Atravessar a Crise de Identidade

No mundo da psicologia, discute-se muito os pós-modernistas e suas idéias. O debate não é sobre se a vida contemporânea tende ou não à fragmentação do eu. Ela, de fato, leva a essa fragmentação, e todo mundo sabe disso. A questão é sobre como está a situação, se ela é inerentemente patológica e sobre como as pessoas podem lidar com isso. Na primavera de 1994, e novamente na primavera de 1995, a revista *American Psychologist* publicou uma série de artigos sobre essas questões, com Kenneth Gergen defendendo os pós-modernistas e Brewster Smith, da Universidade da Califórnia, em Santa Cruz, como principal crítico.

Smith inclinava-se a apontar os pontos negativos da vida pós-moderna: "o predominante cinismo em relação à política, na verdade em relação à maioria das instituições sociais; a superficialidade da mídia de massa e o caos dos esforços contemporâneos em arte e literatura; o inevitável clima de sensacionalismo, concentrado no sexo e na violência; o conflito inegociável entre fundamentalismo e absolutismo, de um lado, e o relativismo niilista, de outro; a incerteza quanto a todos os padrões, quer em relação ao conhecimento, à arte ou à moral, ou então a total rejeição de padrões; e a sensação de turbilhão e Juízo Final, típicos do *fin de siècle*."[21]

Gergen, num tom mais otimista, insistia que o mundo pós-moderno é perigoso mas também promissor; que ele "não milita contra as práticas de pesquisa ou deliberação moral. Pelo contrário, ele nos convida a colocá-las num contexto cultural e histórico mais amplo. Ao arriar nossas bandeiras da verdade e da moralidade, poderemos viver com os outros, neste mundo, com menos agressividade, com mais tolerância e até mesmo com mais criatividade".[22]

Para enfrentar e agüentar isso, temos duas alternativas básicas. A primeira é tornar a nossa própria vida, e talvez a sociedade como um todo, menos multifrênica. A segunda é tornar-se bom em multifrenia.

Brewster Smith defendia a primeira alternativa, e sua prescrição agora é extremamente popular: torne-se membro de uma comunidade, seja menos individualista e mais compromissado com a sociedade. Ele citava aprobatoriamente a popularidade da obra *Habits of the Heart*, do sociólogo Robert Bellah *et al.*, de Berkeley, que descreve a sociedade ocidental como um lugar no qual "o individualismo tornou-se canceroso" e defendia uma "vida moralmente coerente", com base num sentido de cidadania e responsabilidade social.[23] Ele mencionava, também favoravelmente, o manifesto sobre "comunitarismo" redigido por outro sociólogo, Amitai Etzioni, e que, desde então, adquiriu a posição de um movimento social organizado que advoga a necessidade de raízes mais profundas na vida cívica.[24]

É surpreendente a força com que a moda mudou, numa guinada de 180 graus, desde a celebração do individualismo intradirecionado e a condenação da obediência às regras, que eram o pensamento dominante entre os intelectuais liberais poucas décadas atrás. Hoje, o mesmo tipo de pessoa condena o individualismo e celebra a vida no seio de uma comunidade, um tipo de vida que só pode ser adotado se nos conformarmos às normas e valores da comunidade.

Gergen está bem menos inclinado a contemplar a situação pós-moderna com alarme, ou a caracterizar o estado mental multifrênico como uma forma de doença mental. Embora ele tivesse dedicado boa parte do seu livro *The Saturated Self* a descrever os perigos, insatisfações, confusões e pressões da vida no mundo pós-moderno, sua posição pessoal parece ser a de que essa vida oferece grandes oportunidades:

> Se administrarmos adequadamente a nossa identidade, a recompensa pode ser substancial: a devoção dos amigos, filhos felizes, sucesso profissional, conquista de objetivos comunitários, popularidade, e assim por diante. Tudo isso é possível, se evitarmos olhar para trás à procura de um eu real e duradouro, e simplesmente agirmos com toda a potencialidade no momento presente. Simultaneamente, os tons sombrios da multifrenia — a sensação de superficialidade, a culpa por não se sentir à altura dos múltiplos critérios — cedem lugar a uma sensação otimista de enormes possibilidades.[25]

Há muito a ser dito a favor do comunitarismo como um incentivo a uma melhor cidadania, mas ele não oferece uma solução real para o problema pessoal: a inexistência de um único ambiente social que nos ajude a definir uma identidade única e consistente. A vida mudou de maneira radical para a maioria das pessoas, e nenhuma moralização pode recriar o idílio de uma conexão íntima e familiar com uma única cidade ou vizinhança. Todos estamos nos tornando pessoas multicomunitárias, habitantes de mundos de vida múltipla e sempre cambiante. Precisamos de uma compreensão diferente do eu e da sociedade, e isso nos apresenta novos problemas. Algumas vezes, os conflitos entre as exigências de comunidades diferentes, tais como a comunidade profissional e a familiar ou da vizinhança, devastam os casamentos. Outras vezes, as pessoas não conseguem decidir a qual comunidade mais desejam pertencer e gastam tempo e energia escolhendo entre igrejas, grupos de auto-ajuda e outras sociedades, em busca de um lar verdadeiro e totalmente satisfatório. Com freqüência, as comunidades tornam-se possessivas e fazem exigências descabidas a seus membros, solicitando mais tempo, lealdade, energia ou dinheiro. As pessoas precisam aprender novas habilidades, saber escolher entre as reivindicações feitas pelas diferentes comunidades, as quais também competem para definir quem e o que somos nós.

Da maneira como a herdamos, a noção de um "eu" não parece ajustar-se à experiência das mulheres... Então, surge uma pergunta: Apenas os homens, e não as mulheres, possuem um eu?

JEAN BAKER MILLER[1]

Uma grande transformação sem precedentes aconteceu, uma mudança que poucas instituições, no Ocidente ou em qualquer outro lugar, já começaram a assimilar, uma mudança que ninguém compreende inteiramente. Essa transformação está dentro da cabeça das mulheres — não apenas dentro da cabeça das mulheres ocidentais, que foram das primeiras a senti-la, mas dentro da cabeça das mulheres em outros lugares do mundo também.

PAMELA McGORDUCK E
NANCY RAMSEY[2]

As mulheres sempre viveram vidas descontínuas e contingentes; mas hoje, pela primeira vez, os homens estão vulneráveis, o que torna a tradicional adaptação das mulheres uma vantagem.

MARY CATHERINE BATESON[3]

Os Eus e Histórias de Mulheres

4

À lista dos três conceitos fundamentais da psicologia pós-moderna que mencionei: a multifrenia, o eu proteiforme e o eu descentrado, temos que juntar um quarto: o eu relacional. Essa idéia deriva da teoria feminista, mas ela tem algo a dizer a todos e sobre todos. Ela nos ajuda a compreender que, no mundo de hoje, as pessoas reais não enfrentam uma simples escolha entre ser individualistas solitárias ou membros arraigados de uma única comunidade.

A proposição básica é que as mulheres tendem a depender mais de um contexto ou a ser mais voltadas para os relacionamentos do que os homens, e que a maior parte da psicologia ocidental derivou dos gabinetes de teóricos do sexo masculino. As mulheres dizem que esse ponto de vista masculino coloca muita ênfase no individual, tende a descrever o crescimento do eu como um processo de integração interior e de separação dos outros: "tornar-se o seu próprio dono", como Daniel Levinson definiu.[4] Elas dizem que essa perspectiva define o caráter apenas em termos de impulsos, que residem em algum lugar no interior do indivíduo, e se expressam a despeito de onde o homem esteja, do que ele esteja fazendo ou com quem ele esteja. A psicóloga Janet Surrey escreve:

> O nosso conceito do eu-em-relação envolve o reconhecimento de que, para as mulheres, a experiência primária do eu é relacional, ou seja, o eu é organizado e desenvolvido no contexto de relacionamentos importantes. Para compreender essa asserção básica, temos que usar como contraste algumas

asserções correntes sobre o desenvolvimento masculino (algumas vezes generalizado para humano)... Dá-se muito valor à autonomia, à auto-suficiência, à independência, à auto-realização, a "ouvir e perseguir" os nossos sonhos, destino e realizações... Em vez disso, a nossa teoria sugere que, para as mulheres, o caminho primário e contínuo é diferente, é relacional, embora o seu ponto central possa estar "escondido" e não reconhecido.[5]

Não creio que a psicologia e a psicoterapia ocidentais já tenham sido um dia tão *marcadamente* individualistas como querem alguns críticos. A acusação anterior cabe mais aos incentivadores do intradirecionamento do que a psicólogos como Harry Stack Sullivan. Este, uma voz divergente mas respeitada da psicologia ocidental, sempre insistiu em dizer que uma personalidade "jamais pode ser isolada do complexo de relações interpessoais nas quais a pessoa vive e tem o seu ser".[6] Mas havia, definitivamente, uma tendência entre os psicólogos de orientação mais científico-racionalista, de pensar em características, valores e formas de comportamento como propriedades do indivíduo e não como expressões da situação e do momento. E, se olharmos para algumas das celebrações da pessoa intradirecionada, temos a nítida impressão de que os vigorosos individualistas louvados são homens. É esse preconceito que as mulheres estão tentando mudar na psicologia, e, ao fazê-lo, estão mudando também as nossas idéias sobre os eus masculinos. Idéias como as de Sullivan estão sendo ressuscitadas; terapeutas de todas as linhas afirmam que toda a compreensão de uma pessoa deve ser baseada no contexto tanto quanto no caráter, e contexto não significa comunidade abstrata, mas o ambiente social real em que vivemos, trabalhamos e atuamos. A idéia do eu-em-relação junta-se aos outros temas pós-modernos que tentam fazer com que olhemos a nossa vida por um novo prisma.

Mulheres Proteiformes e Multifrênicas

As condições da vida pós-moderna exigem que criemos não uma auto-imagem apenas, mas várias. Algumas vezes, precisamos de mais de uma ao mesmo tempo, para nos relacionarmos adequadamente com as situações multifacetadas nas quais nos encontramos; outras vezes, temos que abandonar identidades e auto-imagens familiares e moldar outras novas, para poder enfrentar as mudanças do mundo. As mulheres, em geral sensíveis às indicações sociais e capazes de se ajustar ao seu ambiente, podem criar eus novos e espantosamente diferentes; a vida das mulheres, enquanto lutam para se adaptar às expectativas dos pais, às fantasias masculinas e aos ridículos caprichos da moda, exige hercúleos esforços proteiformes.

Consideremos a experiência de Dorinne Kondo, uma jovem antropóloga americana que foi ao Japão fazer um trabalho de campo sobre parentesco e economia. Como descendente de japoneses, muitas vezes ela era confundida com os nativos. Mas, logo em seguida, esses encontros tornavam-se embaraçosos e até mesmo desagradáveis, quando se tornava evidente que ela não dominava totalmente a língua e muito menos todas as expressões e gestos sutis que compõem o discurso social diário. Ela hospedou-se com uma família japonesa e aos poucos, porque parecia que as pessoas ficavam satisfeitas quando ela se ajustava às suas maneiras e tornavam a vida mais difícil quando ela não se adaptava, ela aprendeu a se comportar de maneira mais apropriada para uma jovem mulher japonesa. Ela passou a usar frases e costumes polidos, e com o tempo modificou até mesmo sua linguagem corporal para que seus movimentos ficassem mais ao gosto dos japoneses e menos americanizados. Ela assumiu sua parte nas tarefas femininas da casa, aprendeu a cozinhar missô e peixe. Ela se adaptou tão bem, na verdade, que o reconhecimento do quanto ela havia mudado lhe veio na constatação traumática que ela fez certo dia, durante as compras domésticas:

> Quando olhei para a superfície metálica brilhante da vitrine do açougue, notei alguém que me parecia terrivelmente familiar: uma típica dona de casa jovem, calçando sandálias japonesas e com um vestido solto de algodão, chamado "roupa de casa", uma mulher que caminhava com o típico andar japonês, com os joelhos um pouco dobrados e um leve arrastar dos pés. De repente, agarrei o carrinho de compras para me segurar, enquanto uma onda de vertigem tomava conta de mim, pois percebi que tinha visto nada mais nada menos que o meu próprio reflexo. O medo de que talvez eu jamais conseguisse sair daquele mundo no qual entrara invadiu a minha mente e, teimosamente, recusou-se a ir embora, até que resolvi mudar para um novo apartamento, para me distanciar da minha casa japonesa e da minha existência japonesa.[7]

A mudança não foi totalmente satisfatória, pois Dorinne Kondo descobriu que se havia ajustado a papéis japoneses apenas um pouco diferentes, como inquilina e profissional. Ela resolveu voltar aos Estados Unidos, tornar-se novamente uma antropóloga americana e escrever, de uma distância segura, um livro bem-sucedido sobra a construção do eu no Japão.

Uma dimensão das existências particularmente multifrênicas de algumas mulheres nos tempos de hoje é o fato de que aquelas que optaram por carreiras não-tradicionais muitas vezes descobrem que não se livraram dos eus tradicionais de esposa e mãe, mas que precisam mantê-los ao mesmo tempo que adicionam novos papéis ao seu repertório. Consideremos a história, que me foi contada por um psicoterapeuta, de uma jovem brilhante que chamaremos de Lupe. Ela foi criada por uma tradicional família de Oaxaca, no sul do México, emigrou para os Estados Unidos, alistou-se na Marinha e teve a oportunidade de cursar uma faculdade de enfermagem e ser comissionada. Ela era oficial, mas durante o serviço naval conheceu um jovem alistado do Meio-Oeste americano, descendente de alemães protestantes, e se casaram. Nessa época os casamentos entre oficiais e soldados rasos não eram permitidos e, por isso, eles tiveram que manter em segredo o casamento. Juntos tiveram três filhos.

Não era uma vida das mais diferentes; essa mulher não se destacaria numa multidão. Mas ela estava de fato vivendo múltiplas identidades: como oficial, esposa de um soldado raso, mãe e filha devotada dos pais que ela visitava de vez em quando no México.

Atualmente as mulheres, especialmente aquelas que têm uma carreira profissional ou que se casam fora do grupo religioso e étnico a que pertencem, muitas vezes descobrem que precisam desenvolver uma grande flexibilidade. Mas, no caso de Lupe, havia bem mais coisas envolvidas que a mera flexibilidade. Seus vários papéis, e as expectativas que as pessoas tinham com relação a ela em cada um desses papéis, tinham poucos pontos de contato. Uma vez que o seu casamento violava as regras da Marinha, ela tinha que enganar seus superiores e colegas. Ela não escondia dos pais as circunstâncias de sua vida nos Estados Unidos, mas bem que poderia. Seus pais eram pessoas simples que não compreenderiam o quanto ela havia mudado psicológica e culturalmente por estar nos EUA e, quando ela os visitava, eles achavam que ela ainda tinha os mesmos valores de quando era criança. Ela tentava ser a pessoa que eles esperavam que fosse, e sentia-se profundamente desonesta por causa disso. Em outras ocasiões, ela tentava ser a pessoa que o marido e os parentes dele queriam que ela fosse e que enxergasse o mundo à maneira deles e sentia-se fracassada, algumas vezes ressentida e outras inadequada, quanto a isso também. Ao mesmo tempo, ela tentava ser uma esposa e mãe suburbana, numa moderna comunidade americana, que era diferente não apenas da aldeia na qual ela havia sido criada, mas também da cidade natal do marido. Assim, sua luta, seu desespero, seu sofrimento era por tentar manter todos esses diferentes aspectos da sua vida separados, enquanto acreditava que deveria mantê-los todos integrados. E, realmente, não havia opção para Lupe ser uma pessoa intradirecionada, dentro da linha dos caçadores ingleses da caricatura: ela não poderia se comportar como uma camponesa mexicana de Oaxaca enquanto trabalhava vestida num uniforme, nem como oficial da Marinha, em casa com o marido.

"As pessoas acham que esperam que elas sejam consistentes", explicou o terapeuta de Lupe. "Elas sentem essa exigência por parte dos outros e recebem mensagens sutis, e algumas vezes não tão sutis, dos vários subgrupos a que pertencem, de que, se não forem sempre a mesma pessoa o tempo todo, estarão traindo as pessoas que as vêem de determinada forma. A resolução dos problemas de Lupe começou quando ela viu isso como um mapa ético desfavorável, uma ideologia à qual ela não precisava se conformar. Teve que dizer a si mesma que ela podia ser diferente em Oaxaca do modo como ela era oficial da Marinha. Depois disso, a coisa se tornou um problema de administração e não de identidade. Ainda era uma tarefa difícil, por vezes, mas ela começou a sentir que estava lidando melhor com as pessoas com as quais convivia, o que era muito importante para ela!"

Terapias Para o Eu Disperso

Mesmo correndo o risco de fazer uma profissão muito complexa parecer bem mais simples do que realmente é, eu gostaria de dizer qual a chave para a terapia bem-sucedida com pessoas, homens ou mulheres que se sentem inadequadas ou mesmo mentirosas quando descobrem que a vida exige que elas mantenham dois ou mais eus. A chave está em encontrar uma história melhor.

E há muitos problemas. Pessoas do mundo todo sentem-se divididas, e muitas vezes dilaceradas, entre a crença de que deveriam ser eus integrados e a suspeita de que não conseguem fazer isso, ou nem mesmo desejam mais fazer isso.

Aqui, o modelo de sanidade mental torna-se bem mais do que simplesmente uma questão abstrata para ser exposta numa conferência sobre psicologia, pois uma das grandes influências sobre a sensação de bem-estar cotidiano de uma pessoa é a confiança que ela tem em sua própria normalidade. Se uma pessoa está consciente de ter múltiplas subpersonalidades, em vez de um único centro, ou de ser uma pessoa diferente em situações diferentes, ou de mudar dramaticamente (e freqüentemente) no decorrer da vida, e acha que esse jeito de ser é maluco e desonesto e que ninguém mais é assim, ela pode muito bem ser terrivelmente infeliz por causa dessa maneira de avaliar a si mesma. Muitas vezes, a maior parte do trabalho do psicoterapeuta limita-se a revisar essas avaliações, dar ao cliente uma idéia melhor do que está se passando na vida das *outras pessoas*. Essa, também, é uma parte de se viver na História, pois agora mesmo os tempos estão um tanto fora de esquadro, e há uma enorme lacuna entre as idéias predominantes sobre o eu e a experiência real da maioria das pessoas.

E, se a consciência é um processo descritivo, ou seja, se a significação humana é construída na linguagem, então certamente o processo de viver a vida de maneira satisfatória deve envolver a aquisição de certa habilidade para contar histórias melhores, mais ricas e mais amplas sobre ela mesma. Um terapeuta que defende essa idéia disse:

> Como profissionais da arte e da ciência da terapia, o trabalho que fazemos, quaisquer que sejam os modelos teóricos que adotemos, constitui-se em encorajar as pessoas a nos contar sua história e ajudá-las a desconstruir e reconstruir essas histórias, de forma a lhes dar poder. Nesse trabalho, parece-me que temos uma inevitável afinidade com os poetas e escritores, embora, para ser mais exato, façamos mais o papel de editores.[8]

Ele continua, dizendo que, de certa forma, os eus estão sendo substituídos pelas histórias. Os eus são sempre abstrações, mas as histórias que contamos a nós mesmos e aos outros, os épicos, comédias e tragédias que criamos para fazer sentido naquele momento, isso nós podemos sentir. E talvez possamos melhorar a criação dessas histórias, mesmo reconhecendo que o mundo não nos dará completa licença poética.

Uma das histórias sobre o nosso tempo, que está sendo contada por muitos críticos sociais, relaciona-se com o individualismo. É a história da ruptura de comunidades e de pessoas, forçadas a viver vidas perdidas, fragmentadas e alienadas. Há verdade suficiente nesses relatos para torná-los parte importante do diálogo público, mas não acho que sejam uma boa história. De certa forma, as pessoas estão se tornando mais individualistas; mas, por outro lado, quase não são indivíduos. Todos nós somos criaturas profundamente sociais, que reagem e, de certa maneira, se ajustam aos contextos sociais nos quais nos encontramos. Mas hoje esse contexto se revela maior, mais amplo e também mais confuso do que aquilo que é comumente descrito como comunidade. Esse é o mundo e é onde todos vivemos agora; ele contém muitas comunidades e muitos de nós vivem em várias delas; todos nós somos eus-em-relação.

O narrador de F. Scott Fitzgerald em *The Great Gatsby* pondera: "Talvez a vida seja melhor se for olhada através de uma única janela", algo curioso para ser dito num livro que pretende ser um tributo poético a um herói proteiforme, que ele próprio criou a partir dos próprios sonhos. Nem Fitzgerald nem Gatsby olhavam o mundo através de uma única janela, e, no mundo pós-moderno, ninguém mais faz isso também. Olhamos a vida através de muitas janelas: as janelas de vidro dos edifícios; as janelas eletrônicas dos aparelhos de TV e dos monitores dos computadores; as janelas conceituais dessas diferentes maneiras de ver o mundo que, por mais que tentemos nos limitar, invadem a nossa mente e nos levam a enxergar e compreender o mundo de formas diversas e muitas vezes conflitantes. Aprendemos a contar histórias mais complexas, o que muitas vezes pode parecer terrivelmente difícil. Mas talvez tenhamos uma propensão natural para isso, pois possuímos um cérebro complexo que parece ter a capacidade maravilhosa e multifacetada de contar histórias. Mais ou menos da mesma forma que a autobiografia atendia às necessidades dos eus renascentistas egocêntricos, como Benvenuto Cellini, hoje a narrativa ajuda as pessoas a organizar suas vidas multifrênicas, proteiformes, descentradas e relacionais.

Sem dúvida nenhuma, a popularidade do livro *Composing a Life*, de Mary Catherine Bateson, se deve em grande parte à crescente tendência das pessoas em pensar a vida em termos de narrativa. Nesse livro, Bateson menciona a importância da história das mulheres, expressa principalmente em biografias e autobiografias e por aquelas que defendem uma visão meio autobiográfica da própria vida, mas que pensam nela mais como a arte de improvisar, continuamente recriando a trama, à medida que as coisas mudam.

> Agora é hora de explorar o potencial criativo de vidas interrompidas e conflitantes, cujas energias não estão concentradas numa única ambição ou permanentemente voltadas para ela. Essas não são vidas sem compromisso, e sim vidas nas quais os compromissos estão sendo continuamente reformulados e redefinidos. Temos que investir tempo e paixão em objetivos específicos mas, ao mesmo tempo, reconhecer que esses objetivos são mutáveis. As circunstâncias da vida das mulheres, agora e no passado, oferecem exemplos de novas maneiras de pensar sobre a vida, tanto de homens quanto de mulheres.[9]

É claro que nem todas as mulheres que têm questões de múltiplos eus para resolver podem consultar um psicoterapeuta de estilo narrativo ou escrever sua autobiografia. Mas o tipo de pensamento que informa as abordagens narrativas à vida, o que significa assumir um papel mais ativo na construção das histórias de criação do eu, estão se infiltrando na cultura.

Como Construir o Mundo e Imaginar o Futuro

De acordo com um grupo de cientistas sociais associados ao Stone Center, do Wellesly College de Massachusetts, muitas mulheres estão passando a ter uma compreensão mais sofisticada de como a realidade é construída, ao mesmo tempo que aprendem a ter um papel mais ativo nesse processo. As pesquisas desse grupo classificam as mulheres em cinco diferentes "categorias epistemológicas", ou seja, cinco estilos de pensar e de ser:

silêncio, posição na qual as mulheres se sentem como seres sem pensamento e sem voz, sujeitas aos caprichos de uma autoridade externa;

conhecimento recebido, perspectiva a partir da qual as mulheres se vêem como seres capazes de receber, e mesmo reproduzir, o conhecimento das autoridades externas oniscientes, mas sem capacidade para criar seus próprios conhecimentos;

conhecimento subjetivo, perspectiva na qual a verdade e o conhecimento são vistos como compreendidos ou intuídos de maneira pessoal, particular e subjetiva;

conhecimento processual, uma posição na qual as mulheres são envolvidas em procedimentos objetivos de aprendizado e aplicação, para obtenção e transmissão de conhecimento;

conhecimento construído, posição na qual as mulheres vêem quaisquer conhecimentos como contextuais, sentem-se como criadoras de conhecimento e valorizam as estratégias, subjetivas e objetivas, para obter esse conhecimento.[10]

Cedo ou tarde, as mulheres que têm a oportunidade de crescer, refletir e aprender chegam à posição de conhecimento construído, que se constitui numa evolução para além do eu moderno. Com relação aos critérios apresentados no segundo capítulo, as mulheres na posição de silêncio e de conhecimento recebido são social-tradicionalistas; aquelas na posição de conhecimento subjetivo são neoromânticas; as que estão no nível de conhecimento processual são científico-racionalistas; finalmente, as mulheres na posição de conhecimento construído são pós-modernas, não necessariamente pós-modernistas, nem imbuídas das obras, algumas vezes misteriosas, da teoria feminista pós-moderna, mas simplesmente mulheres que chegaram a uma forma de compreensão da realidade social que as leva para além do mundo moderno.

O "movimento das mulheres" é atualmente um fenômeno global, um dos mais importantes movimentos políticos da nossa época, e talvez até mesmo de todos os tempos. Ele é tão forte, em parte porque carrega, na sua essência, uma das descobertas mais fundamentais e revolucionárias jamais feitas: a de que os costumes de qualquer sociedade são construções da realidade, inventadas por pessoas específicas, em épocas e lugares específicos e por motivos específicos e que podem ser reinventados sempre que necessário. E ele também é forte porque afeta todas as pessoas. Afeta todas as mulheres, de todos lugares e, é claro, todos os homens também.

Mudanças fundamentais estão ocorrendo em todo o mundo à medida que as mulheres começam a despertar para a descoberta revolucionária de que *as coisas podem ser diferentes*. Todavia, ninguém que apóie essas mudanças tem motivos para estar muito otimista. Há recuos, resistência, inimigos ferozes, alguns dos quais do sexo feminino, à causa feminista, e um progresso terrivelmente lento, mesmo em lugares nos quais a causa parece ter maior força e impulso. Há pouco tempo, um grupo de futuristas escrutinou os desenvolvimentos nessa área e esboçou quatro cenários, dos quais apenas um mostrava progresso significativo rumo à igualdade global real para as mulheres. Dentre os outros três, um revelou um recuo maciço, outro uma mistura de avanços e retrocessos, e o terceiro descrevia um mundo de separações, não apenas de pequenas sociedades étnicas (geralmente tradicionais e autoritárias) com relação às suas nações-estado multiculturais, mas também entre os sexos, quando os homens continuam suas atividades tradicionais e as mulheres canalizam suas energias para negócios e organizações sociais criadas por e para mulheres.

A única visão otimista nesse quadro desanimador é a de uma "idade de ouro da igualdade", a ser alcançada no princípio do século XXI, quando um contínuo progresso econômico e tecnológico, aliado a um "profundo deslocamento da consciência", abre um amplo leque de novas oportunidades para as mulheres atingir e se desenvolver em termos de igualdade, embora não sendo necessariamente "iguais" aos homens. Um dos fatores que tornariam possível essa visão, segundo os autores, seria o triunfo, em todo o mundo, dos direitos individuais sobre os direitos dos grupos.

Nem todas as mulheres se entusiasmam com a perspectiva de um regime global de direitos individuais. Isso significaria uma diminuição correspondente na autoridade das comunidades locais para defender seus valores, crenças e rituais. Nos debates sobre a mutilação genital feminina, por exemplo, encontramos mulheres em ambos os lados da discussão, algumas profundamente comprometidas com a perpetuação do doloroso ritual pelo qual elas mesmas já passaram, enquanto outras lutam para extingui-lo. O mesmo aconteceu com o hábito de enfaixar os pés; e também com a tradição hindu de queimar as viúvas na pira funeral do marido. As tradições antigas colidem violentamente com as novas histórias, que mudam a visão de quem e do que são as mulheres.

Guerras de Fronteira

O feminismo não é mais unificado do que qualquer outro movimento político e intelectual — não sabemos como poderia nem por que deveria sê-lo —, e há muitas divergências. Uma das preocupações mais importantes é a de estabelecer a fronteira entre o homem e a mulher, se é que ela existe.

Caso você leia alguma obra de teóricos feministas, ou mesmo de qualquer pensador pós-moderno, esteja atento para a palavra "essencial". Toda proposição de que alguma qualidade seja inerente, eterna e *essencialmente* feminina, provavelmente será contestada. Para os pós-modernistas, essas proposições parecem socráticas: realidades abstratas, mais reais do que a nossa experiência mundana e além dela. E existem muitas idéias essencialistas por aí. Elas estão no centro da maioria das sociedades tradicionais e de crenças religiosas nas qualidades "essencialmente femininas" ordenadas por Deus. São mantidas pelos cientistas que procuram características masculinas e femininas nos genes. A noção de que os homens e as mulheres nascem diferentes e acabam inevitavelmente se comportando de modo diferente pela vida afora está profundamente arraigada na história humana. A maior parte das teorias feministas rejeitou essa suposição e insiste numa visão mais andrógina de eus masculinos e femininos. Mas as velhas variedades de essencialismo persistem, e novas estão surgindo, tais como o ecofeminismo, que propõe que as mulheres estão inerentemente mais próximas da natureza. As tendências essencialistas se infiltram insidiosamente até mesmo na teoria feminista pós-moderna: serão as mulheres *inerentemente* mais relacionais, ou isso é produto de condicionamentos sociais? Alguns teóricos feministas de orientação esquerdista ficaram desapontados ao ver as novas idéias relacionais tomadas, e essencializadas, pelos conservadores, assim como uma conferencista sobre Maioria Moral, que relatou à sua aprobatória audiência de direitistas: "A natureza da mulher é alter-orientada... Para a mulher tradicional, o autocentrismo continua a ser tão feio e pecaminoso como sempre foi. Quanto menos tempo as mulheres gastarem pensando em si mesmas, mais felizes elas serão... As mulheres são obrigadas, pela sua natureza, a passar o tempo atendendo às necessidades dos outros."[11]

Uma maneira popular de resolver a questão essencialista é fazer uma distinção entre sexo e gênero. Isso corresponde a dizer: "Está certo. Nascemos com um corpo que é ou masculino ou feminino. Isso não se discute. Mas o *gênero*, ou seja, os papéis que as pessoas adotam na vida e a forma pela qual se comportam, é construído socialmente, e se as mulheres são mais voltadas para os relacionamentos, é porque as condições nas quais elas foram criadas é que exigiram que elas fossem assim."

Há muitos argumentos a favor dessa teoria, mas infelizmente as linhas que separam os sexos nem sempre são tão claras assim. Elas certamente não são definidas no caso do crescente número de "transexuais" que, com ajuda de cirurgia, cosméticos, hormônios e novas roupas, passam de homem para mulher ou de mulher para homem. Para eles, o sexo, bem como o gênero, é uma questão de construção e escolha. As linhas divisórias entre os sexos também não são claras para as pessoas que nascem hermafroditas. Hoje em dia, o hermafroditismo está saindo de dentro do armário, principalmente graças aos esforços de diversos autores que relataram notícias surpreendentes e perturbadoras, não apenas sobre os hermafroditas, mas também sobre o que acontece com eles e com o nosso conceito, socialmente construído, de um mundo ordenadamente dividido entre masculino e feminino. A historiadora Anne Fausto-Sterling relatou, há alguns anos, que um número cada vez maior de crianças nasce com variedades de cromossomos marcadores de gênero e aparato físico que não se encaixam nos padrões tradicionais para cada um dos sexos: um útero e um pênis ou um ovário e um testículo, ou uma série considerável de outras variações, algumas vezes denominadas de "genitália ambígua". Ela propõe que reconheçamos pelo menos cinco sexos: masculino e feminino normais e três tipos de "intersexuais".[12]

De acordo com outros autores, os mesmos avanços cirúrgicos que permitem que algumas pessoas troquem de sexo também possibilitam que os médicos efetuem operações radicais em crianças para "corrigir" esses desvios físicos e transformá-las em algo que se pareça com homens e mulheres comuns. Os críticos dessas cirurgias afirmam que são bárbaras e brutais, nada melhores do que a mutilação genital de mulheres, agora amplamente divulgada e condenada e, em alguns lugares, proibida por lei. É claro que os médicos se ressentem dessa argumentação e afirmam que seu objetivo é apenas produzir crianças felizes e bem-ajustadas. Mas todos esses debates sugerem que os limites sexuais, que marcam a distinção física entre masculino e feminino, conquanto não tão tênues e fictícios quanto as fronteiras dos gêneros, estão abertos para um reexame.

PARTE

Visões de uma Pessoa Maior

Os dados sugerem que a nossa vida mental corresponde à reconstrução das atividades independentes dos diversos sistemas cerebrais que todos possuímos. Uma confederação de sistemas mentais reside dentro de nós. Metaforicamente, nós, seres humanos, somos mais uma entidade sociológica do que uma única entidade psicológica unificada. Temos um cérebro social.

MICHAEL S. GAZZANIGA[1]

"Você", suas alegrias e tristezas, suas memórias e ambições, seu senso de identidade pessoal e livre-arbítrio, são, na verdade, nada mais do que o comportamento de uma grande assembléia de células nervosas e de suas moléculas associadas.

FRANCIS CRICK[2]

5

O Cérebro
Multitudinal

Nossa idéia sensata e moderna acerca do eu, desse universo coeso, único, motivacional, cognitivo e mais ou menos integrado, está intimamente ligada às nossas idéias sobre nosso cérebro e nosso corpo. O "órgão do pensamento" do eu moderno é o cérebro, que espia o mundo externo através do seu olho mental. Nossa *persona* física é o corpo que mostramos ao mundo e que existe separadamente do nosso ambiente, com a pele servindo de fronteira viva para marcar o lugar onde termina o nosso eu e começa o nosso ambiente. Numa frase que ainda não foi possível aperfeiçoar, Alan Watts descreve o eu ocidental como "um ego separado, envolto num saco de pele".[3]

Mas essas idéias sobre o nosso cérebro e corpo, da mesma forma que as idéias sociais e psicológicas sobre nossa identidade, também estão mudando e se dissolvendo no mundo pós-moderno. O homúnculo, o "homenzinho dentro da nossa cabeça" que alguns psicólogos costumavam considerar como o centro da consciência, parece ter desaparecido ou mesmo jamais ter existido. Os cientistas contemporâneos que estudam o cérebro estão alegremente trinchando o eu cartesiano numa confederação meio solta de partes e processos. Eles estão se aperfeiçoando na definição de alguns desses processos em termos químicos precisos e, dessa forma, tornando possível a outros cientistas a invenção de produtos químicos que podem alterar sua disposição e caráter, até mesmo o seu conceito do eu, de maneira a irem mais adiante daquilo que considerávamos, até há pouco tempo, nossos limites naturais. Enquanto isso, muitas pessoas, como você ou eu, estão mudando de idéia sobre os limites do corpo, até mesmo alterando-o e, com isso, alterando sua auto-imagem, de maneiras novas e até há pouco tempo impensáveis. Todas essas idéias e experiências contribuem, algumas mais e outras menos, para a crise de identidade contemporânea.

O Paradoxo Freudiano

A moderna crise de identidade, assim como o eu moderno, vem sendo construída há muito tempo. Boa parte da história científica e intelectual dos dois últimos séculos consiste numa série de desafios ao "eu" cartesiano. Esses desafios vieram de muitas direções, e seus autores nem sempre estiveram de acordo. Não estamos falando daquelas comportadas mudanças de paradigma. Nenhum campo da investigação humana tem sido mais contencioso do que o estudo do conhecimento do homem. Mas os muitos que propuseram esses desafios, à sua maneira diversa e beligerante, ajudaram-nos a alcançar uma nova compreensão do nosso próprio processo de pensamento, e todos contribuíram com alguma coisa para o estabelecimento de uma ciência da mente que, acredito, ainda está na sua infância.

Um desses que propuseram desafios foi Sigmund Freud, que, por um lado, confirmou o moderno conceito do eu e, por outro, o solapou. Ele ofereceu um ideal um tanto convencional de sanidade mental: o ego integrado e objetivo, dono do seu destino e capitão da sua alma, mas esboçou um quadro novo e nada convencional da psique humana, no qual essa meta admirável parecia diabolicamente difícil, senão impossível, de ser alcançada na prática.

A teoria psicanalítica de Freud foi construída sobre uma trindade mental de id, ego e superego. O id, desordeiro e auto-indulgente, escreveu Freud, "contém tudo o que é herdado, que está presente no nascimento e fixado na constituição — acima de tudo, portanto, os instintos..."[4] O ego surge num nível mais elevado e posterior do crescimento pessoal, e serve como ator maduro, realista e social. "Sua função construtiva consiste em interpor, entre as exigências do instinto e a ação que o satisfaz, uma atividade intelectiva..."[5] Até aí, essa idéia não é muito diferente daquelas mais antigas sobre eu inferior e superior, sobre instinto e razão; a novidade, caracteristicamente freudiana, era o superego, o agente interior da civilização, "o sucessor e representante dos pais e educadores, que supervisionam as ações do indivíduo em seus primeiros anos de vida; ele perpetua suas funções quase sem alterações".[6] O superego era mais ou menos a mesma coisa que o giroscópio interior de Reisman e, é claro, o modelo dele, embora nos escritos de Freud ele muitas vezes se pareça menos com um aparelho de navegação e mais com um imperador despótico.

O mapa do eu freudiano, e suas diversas descrições de como o id, o ego e o superego lutam, dançam, brincam de esconde-esconde e, às vezes, cooperam entre si, ajudou a preparar o caminho para a visão bem mais descentralizada do eu que está surgindo agora. Ele nos faz pensar em nós mesmos como sendo povoados, misteriosamente, por forças que operam de acordo com uma lógica e motivos próprios. A visão freudiana é quase igual à imagem homérica de uma pessoa guiada pelos deuses. A diferença é que, se você for ao psicanalista se queixar de estar ouvindo vozes, ele lhe assegurará que não se trata de divindades transmitindo do Monte Olimpo, mas de mensagens vindas da sua própria mente inconsciente. O conceito de inconsciente de Freud é uma das idéias novas mais poderosas introduzidas no mundo no século XX. Embora agora ele tenha caído na categoria de jargão cotidiano, ainda não assimilamos totalmente esse conceito. Freud sabia como a sua contribuição era importante historicamente. Numa conferência sempre citada, ele, sem modéstia, descreveu o seu trabalho como um golpe na vaidade humana comparável àquele dado pelas descobertas de Copérnico e Darwin. Copérnico havia demonstrado que a nossa Terra não é o centro do universo; Darwin nos revelou que somos descendentes do reino animal, e Freud, segundo ele mesmo, "procurou provar ao ego que ele não é dono de sua própria casa, e deve se contentar com as escassas informações do que está acontecendo inconscientemente na mente".[7]

Esse era o beco sem saída da visão de mundo freudiana. Embora ele prescrevesse a terapia analítica como um processo integrativo no qual o ego poderia crescer em força e sabedoria, haurindo energias do indisciplinado id ("Onde havia id, haverá ego"),[8] ele não se sentia otimista quanto à possibilidade de um final feliz, tanto para seus pacientes quanto para a humanidade como um todo. Certa vez ele disse a uma paciente que, com um pouco de sorte, uma psicanálise eficaz poderia "transformar a sua miséria histérica numa infelicidade comum".[9] Em seu livro *Civilization and Its Discontents*, obra um tanto sombria escrita já no fim da vida, ele especulava que, no futuro, os níveis de culpa sentidos pela maioria das pessoas "talvez alcancem uma intensidade que o indivíduo não consiga tolerar".[10] Freud foi uma das primeiras pessoas a pensar seriamente sobre O Futuro da Personalidade, e o cenário que ele antevia era desolador.

Localismo e Holismo

Enquanto Freud e os psicanalistas estavam formando um quadro no mínimo tripartido da mente, outros exploradores dissecavam o cérebro humano, por vezes literalmente, em busca de novas descobertas acerca de como ele funciona e lançando os fundamentos da ciência cognitiva e da neurologia contemporâneas. Eles encontraram muitas coisas interessantes, mas não descobriram um único centro de comando.

Alguns dos primeiros pesquisadores do cérebro achavam que existem vários centros, enquanto outros achavam que não existe centro nenhum, que o cérebro todo funciona como uma unidade sem hierarquia. Eles argumentaram dessa forma por todo o século XIX e no princípio do século XX. Os "localizadores" acreditavam que o cérebro era subdividido em regiões especializadas, que controlavam funções diferentes, tais como a fala, o movimento e a visão, bem como diversos tipos de memória. Essa era a tese do renomado anatomista austríaco Franz Gall, como também da quase-ciência da frenologia, cujos praticantes afirmavam poder identificar os talentos e características específicos de uma pessoa estudando as bossas da sua cabeça. O principal porta-voz da postura "holística" oposta era o neurologista francês M. J. P. Flourens, que acreditava ter demonstrado conclusivamente, principalmente por meio de experiências com cérebros de pássaros, que o cérebro funciona como um todo e que jamais seria possível predizer qualquer defeito específico resultante de danos sofridos numa determinada parte dele.[11]

Infelizmente para Flourens e sua considerável reputação, seu compatriota Paul Broca relatou, em 1861, os casos de dois pacientes que haviam perdido a capacidade de falar como resultado de danos sofridos no hemisfério esquerdo do cérebro. Relatos de casos e experiências posteriores pareciam confirmar isso e localizar outras funções cognitivas em lugares específicos. Todavia, outros relatórios e experimentos de cientistas da linha holística revelaram evidências que refutavam os localistas. E assim foi, e ainda é para alguns dos membros mais contenciosos da profissão, embora hoje a maior parte das pesquisas nesse campo seja orientada pela visão de síntese, formulada em 1949 por um neuropsicólogo canadense, Donald Hebb. Segundo essa teoria, a organização do cérebro é considerada extremamente complexa e flexível, pelo menos nos primeiros anos de vida, de forma que ambos os padrões, localístico e holístico, podem ser encontrados, dependendo de como e de quando sejam procurados.[12]

Mesmo a mais famosa dessas localizações, a distinção entre cérebro esquerdo e cérebro direito, não é tão clara nem tão simples quanto a maioria das pessoas acredita. Há algumas décadas, Roger Sperry e seus associados do California Institute of Technology demonstraram que o hemisfério esquerdo do cérebro humano é normalmente dominante para a linguagem e funções conceituais semelhantes, e o hemisfério direito é dominante para processos não-verbais, como as funções espaciais, e a discriminação auditiva e visual com cada um dos hemisférios controlando as funções corporais do lado oposto. Posteriormente, Robert Ornstein, psicólogo da Califórnia, retomou essa idéia e a levou bem mais adiante do que os neurocientistas poderiam esperar. Em seu livro *The Psychology of Consciousness*, ele descreveu o cérebro como duas personalidades distintas: à esquerda, o "gramático verbal-lógico, que também pode ser o cientista, o lógico, o matemático comprometido com a razão e com provas 'exatas'"; do outro lado, "o barqueiro, desengonçado e ignorante em termos formais, que representa o artista, o artesão, o bailarino, o sonhador, cujo desempenho em geral é insatisfatório para a mente puramente racional".[13] A capa de uma das edições do livro de Ornstein mostra uma imagem do cérebro vista de cima, com o lado esquerdo sobreposto por desenhos de cientistas e matemáticos de olhos atentos, e o direito com uma montagem de artistas trabalhando e uma mulher num movimento sinuoso que pode ser balé ou ioga. Principalmente devido à popularização de Ornstein, criou-se um truísmo, largamente aceito, de que o mundo está dividido em pessoas racionalistas, de lado esquerdo, e pessoas artísticas e intuitivas, de lado direito. Todavia, esse não é o consenso dos cientistas cognitivos. Na verdade, o principal pesquisador das funções do cérebro esquerdo/cérebro direito, Michael Gazzaniga, foi levado a indagar: "Como é que algumas descobertas de laboratório, de generalidade limitada, puderam ser tão escandalosamente mal-interpretadas?"[14]

A ciência cognitiva e a neurociência contemporâneas são campos fervilhantes, com todo tipo de conceitos concorrentes, mas não conheço ninguém atualmente que defenda um modelo cartesiano clássico de cérebro/mente. Descartes é citado muitas vezes, mas geralmente como uma combinação de figura paterna e alvo fixo. O autor inicia, de forma típica, com uma saudação a Descartes, como uma espécie de pioneiro do estudo sistemático do pensamento (Howard Gardner o chama de "o antecessor filosófico prototípico da ciência cognitiva"),[15] e depois prossegue rejeitando muitas de suas idéias, implícita ou explicitamente. O livro de Gilbert Ryle, *The Concept of Mind*, de 1949, foi um ataque poderoso e influente ao dualismo cartesiano de mente-corpo, ou seja, o conceito de um cérebro material e uma mente ou alma imateriais. O materialismo agora prevalece na ciência cognitiva. Recentemente, Daniel Dennett afirmou que, uma vez que abandonamos o conceito de um campo não-físico ao qual o pensamento esteja ligado, "já não há mais lugar para uma passagem centralizada, ou mesmo qualquer centro funcional para o cérebro. A glândula pineal não é o fax da Alma e não é o Salão Oval do cérebro, e nenhuma outra porção do cérebro o é também".[16] Francis Crick, o geneticista pioneiro que se voltou para a neurociência, escreveu que a "falácia do homúnculo", o homenzinho dentro do cérebro, deve ser evitada a todo custo.[17] Todavia, a neurociência continua cartesiana e moderna em um aspecto: — ela ainda localiza os nossos pensamentos dentro do cérebro.

Mas, se formos acreditar na maioria dos pesquisadores contemporâneos do cérebro, o homenzinho não está mesmo lá. Nós não temos um observador no centro da cabeça, e nem um cientista de um lado e uma bailarina do outro. Em vez disso, temos um cérebro bem mais multicêntrico, no qual diferentes funções são distribuídas de formas complexas, mas não localizadas simplesmente num único lugar.

Cérebros Modulares, Rascunhos Múltiplos

Essa visão multicêntrica está bem apresentada em dois livros, com títulos semelhantes: *The Society of Mind*, de Marvin Minsky, e *The Social Brain*, de Gazzaniga. Ambos expressam idéias parecidas, mas os autores chegaram a elas partindo de direções diferentes.

Minsky partiu do campo da inteligência artificial, do famoso laboratório do Massachusetts Institute of Technology, pioneiro naquilo que ele chama de estudo "de como as máquinas podem fazer aquilo que antes só a mente fazia". Nessas pesquisas, ele, como outros estudiosos de computadores e robôs, passou muito tempo analisando o cérebro humano, o modelo com o qual inevitavelmente comparamos as nossas máquinas pensantes. E chegou à conclusão de que o cérebro humano é mais bem entendido como uma sociedade de "agentes mentais" do que como um ator unitário, com os agentes mentais não necessariamente localizados num lugar específico.

Minsky não é localista nem holístico, embora seja francamente pluralista. Em seu relatório, os processos da mente parecem fluir num único fluxo de consciência, semelhante ao famoso monólogo no final do *Ulysses*, de James Joyce. Mas eles podem ser descritos mais acuradamente como a atividade sempre recombinada de muitos sistemas de pensamento diferentes. Minsky afirmou que a idéia de uma única corrente de idéias fluindo da mente tem alguns argumentos a seu favor, principalmente a conveniência e simplicidade, mas é uma comodidade que temos que abandonar se quisermos compreender como a nossa mente funciona realmente. Ele afirma que existem "fortes razões pelas quais é mais fácil ver a nós mesmos como objetos isolados", e acrescenta:

> Ainda assim, cada um de nós precisa aprender também que não apenas as pessoas têm a sua própria identidade, mas que a mesma pessoa pode ter planos e disposições diferentes ao mesmo tempo. A imagem de um único agente tornou-se um grave impedimento na busca de novas idéias sobre psicologia. Compreender a mente humana é certamente uma das mais árduas tarefas que alguém pode enfrentar. A lenda do Eu único apenas nos desvia do objetivo dessa investigação.[18]

A formação de Gazzaniga deriva da neurociência experimental. Ele foi aluno de Roger Sperry no Cal Tech e, mais tarde, fez pesquisas pioneiras com pacientes epiléticos, com "cérebro dividido", nos quais o *corpus callosum* (sistema neural que liga os dois hemisférios) havia sido cortado cirurgicamente. Ele usa o termo "módulos" em vez de agentes para descrever as diversas redes cerebrais, mas também estava convencido de que existem muitos deles:

> Por modularidade eu entendo que o cérebro está organizado em unidades funcionais, relativamente independentes, que trabalham paralelamente. A mente não é um todo indivisível, operando de uma única forma para resolver todos os problemas. Ao contrário, há na mente muitas unidades, específicas e identificáveis, processando todas as informações a que estão expostas. A vasta e rica informação despejada no cérebro é dividida em partes e diversos sistemas começam a trabalhar nelas ao mesmo tempo. Essas atividades modulares muitas vezes ocorrem separadamente do nosso eu verbal consciente.[19]

Vamos voltar e dar mais uma olhada nos dois pronunciamentos acima, pois cada um deles, à sua maneira, nos diz alguma coisa sobre as atividades do cérebro que é ainda mais estranha do que uma multidão de agentes ou módulos, e ainda mais ameaçadora ao conceito do eu unitário. Gazzaniga falou de vários sistemas começando ao mesmo tempo a processar uma nova informação; ele afirmou que muitas dessas atividades "ocorrem separadamente do nosso eu verbal consciente". Minsky declarou que "a mesma pessoa pode ter diversas crenças, planos e disposições ao mesmo tempo". Não é simplesmente uma questão de diferentes sistemas do cérebro atuando juntos para construir a nossa visão de mundo, mas diferentes sistemas que podem estar construindo *diferentes visões* ao mesmo tempo, histórias diferentes sobre o que é real nesse mundo e imagens diferentes do eu que está olhando para ele.

Assim como a neurociência desafia o "eu" cartesiano, agora temos aquilo que Daniel Dennett denomina de teoria dos "rascunhos múltiplos", segundo a qual o cérebro é uma rede descentralizada de unidades de processamento, que constroem e reconstroem continuamente os dados coletados pelos órgãos dos sentidos. Essa idéia subverte muitas das nossas suposições tradicionais sobre como pensamos, e oferece uma visão de memória particularmente ameaçadora para o eu. No modelo de "múltiplos rascunhos", diferentes áreas do cérebro registram diferentes versões de cada acontecimento. Em vez de armazenar uma única lembrança oficial, podemos lembrar das coisas de forma diferente, em ocasiões diferentes e em condições diversas, ou mesmo não lembrar de nada. Não existe um registro central da memória a que possamos nos ligar para revelar a lembrança mais acurada do passado, nem um único fluxo de consciência no presente:

> Esses conteúdos-discriminações distribuídos produzem, ao longo do tempo, algo mais ou menos parecido com um fluxo narrativo ou narrativa, que pode ser considerada sujeita a uma contínua edição pelos diversos processos distribuídos em volta do cérebro, e que continua indefinidamente pelo futuro. Esse fluxo de conteúdos se parece com uma narrativa apenas devido à sua multiplicidade; em qualquer ponto do tempo existem múltiplos "rascunhos" de fragmentos narrativos, em vários estágios de edição, em diversos lugares do cérebro.[20]

Os cientistas cognitivos mostram-se céticos não apenas em relação a um único fluxo de consciência, mas também quanto à distribuição entre processos de pensamento conscientes e inconscientes, como têm sido aceitos de modo geral, ao menos pelos leigos, desde a época de Freud. De certa maneira, os cientistas ampliam os limites do inconsciente. Um psicólogo, Carl Lashley, chega ao ponto de afirmar que "nenhuma atividade da mente é consciente".[21] O que ele quis dizer é que, embora existam processos de pensamento dos quais estamos conscientes, na verdade não temos acesso ao processo em si. Se alguém perguntar quem foi Sigmund Freud, somos capazes de responder, mas não sabemos de que maneira procuraremos a informação. Da mesma forma, não sabemos como resolvemos um cálculo matemático ou decidimos qual a próxima jogada numa partida de xadrez. Nem sabemos como buscar as palavras e idéias para formar uma sentença que será considerada, com um pouco de sorte, um produto do pensamento consciente. Todas essas coisas surgem misteriosamente na mente consciente, depois de muita atividade subterrânea, que jamais vemos. Mas a maioria dos cientistas cognitivos, sendo cientistas, também acredita que todos os processos inconscientes são passíveis de ser estudados em experiências controladas e, assim, tornados conscientes.

Os cientistas cognitivos também são céticos em relação à idéia de uma única memória autorizada de um acontecimento, armazenada na mente como um livro numa livraria ou um arquivo num disquete. É verdade que houve ocasiões em que, no decorrer de uma cirurgia cerebral ou experiência de laboratório, um estímulo no cérebro produziu algo como a memória de um acontecimento, mas a maioria dos cientistas cognitivos ainda acredita que a memória está armazenada em vários lugares. Outras autoridades no assunto, como Israel Rosenfield, da City University of New York, acreditam que "a suposição fundamental de que a memória existe no cérebro como impressões fixas, cuidadosamente classificadas e armazenadas, pode estar errada".[22]

Hoje em dia, a questão da memória está em evidência nas páginas dos jornais e revistas, em histórias sensacionalistas de crianças relembrando abusos sexuais, ou até mesmo como na história de uma mulher que se lembrou de haver testemunhado um assassinato cometido pelo seu próprio pai quando ela era criança. Essa teoria oferece argumentos a ambos os campos da atual discussão sobre "memórias reprimidas" da infância: ela sugere que podemos realmente ocultar memórias, como também sugere que podemos criá-las.

Como Criar Memórias

Há alguns anos, eu tentava escrever um ensaio sobre honestidade e incluí uma pequena anedota que achei que ilustrava as contradições dos valores e práticas da nossa cultura sobre o assunto. Contei que ouvira uma vizinha chamando a atenção da filha que tinha sido apanhada numa mentira, dizendo: "Mary Beth, lembre-se de que as menininhas que mentem não são aceitas no jardim da infância." Uma ironia maravilhosa, pensei, contar uma mentira para ensinar a honestidade. Acontece que a ironia era ainda mais profunda do que eu imaginava. Minha mulher leu o manuscrito e comentou:

— É muito interessante essa história sobre a Mary Beth, mas você não ouviu a mãe dela dizer isso. Fui eu que contei a você!

Esse incidente aconteceu há mais de dez anos. Mas ele ficou alojado na minha memória como um bom material, da maneira que todos nós, e não apenas os escritores, relembram determinadas coisas que as pessoas dizem, sentenças ou frases que nos parecem particularmente significativas, ricas ou úteis. E, nesse ínterim, eu havia esquecido que alguém o tinha contado para mim. Em vez disso, eu havia construído uma nova memória, com uma imagem visual, a qual, a propósito, ainda tenho guardada, de Mary Beth e sua mãe, num domingo ensolarado em Berkeley, em frente da casa onde estávamos morando. Mais tarde, para alívio meu, eu li que as pessoas, com muita freqüência, esquecem a origem das coisas que elas lembram.

De qualquer forma, eu não uso mais essa historieta para ilustrar a honestidade. Agora eu a uso para falar sobre a memória.

Sabe-se agora que a memória envolve atos de criação, bem como atos de lembrança. Os novos conceitos que estão surgindo, apoiados por amplas pesquisas, perturbam algumas das nossas assunções mais profundas sobre quem somos, o que somos e o que é verdade. Mas, mesmo enquanto estou aqui sentado escrevendo, sobre o trabalho de muitos cientistas cognitivos e obviamente concordando com eles, que me dizem que a mente é múltipla e que as memórias do passado são falíveis, eu me sinto como um "eu", tão certamente como Descartes no seu bangalô na Bavária, e continuo confiante em que a minha preciosa coleção de memórias reflete coisas reais que de fato aconteceram. Bem, talvez não aquela sobre Mary Beth, mas decididamente eu me lembro do meu pai dobrando a perna sobre o arção de uma sela e acendendo um Lucky Strike. Como um achado científico pode ser correto se ele viola a minha própria experiência consciente?

A resposta é muito simples e está relacionada com o tempo. Em um dado instante, eu me sinto como um "eu" e posso evocar uma horda de memórias que corroboram a imagem daquilo que algumas vezes é chamado de "eu autobiográfico"; mas o "eu" poderá sentir, pensar e comportar-se diversamente em ocasiões diferentes. E está bem claro agora que, em situações diferentes, se eu estiver, por exemplo, respondendo às perguntas de um hipnotizador charlatão, ou de um advogado astuto, ou num ambiente social que me pressiona, eu poderei lembrar das coisas de maneira diferente. Eu talvez reveja alguns pontos da minha autobiografia, esqueça coisas antes lembradas e lembre de coisas antes esquecidas. Ou, no decorrer de uma psicoterapia bem-sucedida ou simplesmente por estar ficando mais maduro, eu possa deixar os dados fatuais intactos, mas alterar bastante o significado e as interpretações dos acontecimentos que fazem a história da minha vida. Nas mesmas memórias, eu piso e não piso, eu sou e não sou.

*Eu poderia ser tomado por uma grande
e móvel colônia de bactérias que
respiram e operam um complexo sistema
de núcleos, microtúbulos e neurônios,
para o prazer e sustento de suas
famílias, e que, no momento, está
usando uma máquina de escrever.*

LEWIS THOMAS[1]

*No fundo, chegamos a todo um novo
modo de pensar sobre o nosso eu físico
— o corpo, não mais como uma forma
fixa, que herdamos dos nossos pais e no
qual envelhecemos a contragosto, mas
como uma massa maleável, um trabalho
em andamento.*

CHARLES SIEBERT[2]

Os Limites Mutáveis do Corpo

6

Na nossa vida diária e num modo de pensar sensato, o corpo e o eu são mais ou menos a mesma coisa. À medida que o corpo muda, quando crescemos e envelhecemos, nossa imagem mental de quem e do que somos também muda. Para a maioria de nós, a maior parte do tempo, as mudanças são graduais e não estamos muito atentos a elas. De vez em quando, algum de nós se vê entre os poucos, afortunados ou desafortunados, que passam por uma repentina, dramática e significativa mudança física, tais como perda de peso, amputação, transplante de órgãos, cirurgia plástica, e então, nesses momentos de profunda transformação da identidade, entendemos como é realmente íntima a harmonia entre o corpo e o eu, o quanto é profundamente físico o eu que sentimos e apresentamos ao mundo.

Hoje estão acontecendo dois importantes desenvolvimentos ao longo desse eixo do corpo/eu: o primeiro é que as idéias *sobre* o corpo estão mudando, à medida que as pesquisas científicas nos forçam a rever algumas das nossas suposições sobre o que é uma parte integral do corpo e o que não é; o segundo é que o próprio corpo está mudando bem mais rápida e prontamente do que antes, quando se torna mais fácil transplantar órgãos, remodelar rostos e, de outras maneiras, mexer na estrutura viva que habitamos e que mostramos aos outros.

Ambos os desenvolvimentos, de diversas formas, diminuem a clareza dos limites, que é fundamental à noção comum de eu no Ocidente.

Outra Rede Mundial

O bom e velho bom senso nos diz: todos nós tentamos viver nosso dia-a-dia e formar a nossa visão de mundo com base naquilo que achamos que é, simples e inquestionavelmente, *assim mesmo*. Há todo tipo de boas razões para fazer isso, e eu, pessoalmente, proponho que se continue tentando. Todavia observei, ao longo das últimas décadas, que bom senso tem o hábito de mudar. Aquilo que eu supunha ser inquestionável em determinada época da minha vida revela-se questionável, imperfeito ou totalmente errado em outra.

Esse é o caso, certamente, das idéias sensatas sobre o corpo, principalmente a noção de seus limites, a separação do "eu" aqui e do "não-eu" lá fora. Quando eu era criança, tudo era bem mais simples. Minha pele era a linha divisória e eu compreendia que, para continuar vivendo, eu só tinha que me certificar de que essa fronteira continuasse intacta e cumprisse sua missão. Se eu me ferisse, minhas defesas poderiam ser atacadas por germes causadores de inúmeras doenças desagradáveis: o trismo, indicador do tétano, era algo que nos preocupava muito, e era o tipo de coisa que assustava qualquer criança. Ou eu poderia ser invadido por outros germes, que flutuavam no ar ou estavam pousados na superfície das coisas que eu queria comer.

O esquema geral, como eu o compreendia, era de que havia um monte de coisas ruins "lá fora", e que a política que eu tinha que seguir era impedir que elas entrassem "aqui dentro" e me deixassem doente ou paralítico (estou falando dos velhos tempos, antes da vacina contra a pólio), ou mesmo morto. Não me lembro de ter tido nenhum problema para aceitar essa informação e incorporá-la à minha visão de como as coisas funcionavam, embora eu compreenda que deve ter sido mais difícil na Europa do século XIX, quando Pasteur e outros tentavam convencer as pessoas racionais de que as doenças eram causadas por pequenas criaturas vivas que não podiam ser vistas.

Num estágio posterior da minha vida, aceitei sem questionar a notícia de que existiam germes "bons" assim como germes "ruins", e que não seria desejável, como eu supunha anteriormente, estar inteiramente livre de germes. De fato, como ditava o bom senso mais recente, eu *precisava* ter germes vicejando dentro de mim, em número considerável, para poder realizar uma função corporal: a digestão dos alimentos, que antes eu achava que era feita apenas por mim mesmo. Aquelas bactérias "não-eu" eram, na verdade, partes indispensáveis do "eu". Aprendi que bilhões delas começavam a colonizar o nosso corpo no instante em que nascemos, subindo a bordo como piratas abordando um navio, e, daí por diante, navegávamos juntos pela vida toda. Não somos mais indivíduos e, sim, ecossistemas ambulantes.

Mais recentemente, tive que fazer outra revisão da minha visão sensata dos limites entre "eu" e "não-eu", desta vez algo ainda mais perturbador. Essa eu associo a Lynn Margulis, a formidável bióloga de Massachusetts e co-autora da Hipótese de Gaia. Ela afirmava que, num estágio primitivo da evolução da vida na Terra, a aparência da célula nucleada ou eucariótica, que é o bloco de construção básico de todas as formas mais elevadas de vida, incluindo você e eu, foi obtida por meio de um tipo de simbiose. Algumas bactérias fixaram residência dentro de outras bactérias, e aquilo que havia sido uma comunidade de bactérias ou de partes delas, tornou-se uma célula individual. Essa descoberta alteraria ainda mais a nossa visão de mundo do que aquela história de "germes bons". Uma coisa é aceitar a idéia de que temos muitas bactérias dentro do estômago, ocupadas em digerir o nosso almoço; outra coisa é incorporar a noção de que todas as nossas células, células do corpo, células do cérebro e, é claro, células da reprodução, são pequenos comitês daquilo que antes eram organismos separados. Isso significa que não somos apenas ecossistemas, mas sistemas de ecossistemas.

Foi essa consideração que levou Lewis Thomas a rever o conceito de eu citado no início do capítulo. Mais adiante, no mesmo ensaio, Thomas reflete sobre como esse novo conhecimento ameaçava o seu senso de dignidade humana:

Eu não me preocupei quando fiquei sabendo que sou descendente de formas de vida inferiores. Eu tinha em mente uma família arbórea de sub-homens taciturnos, mudos, hirsutos e simiescos, e não fazia objeções a tê-los como antepassados. Na verdade, sendo galês, eu me sentia bem com isso, tendo me elevado claramente acima deles no meu tempo de evolução. É uma fonte de satisfação fazer parte do aperfeiçoamento da espécie.

Mas não aquelas coisas. Jamais desejei ser descendente de simples células sem núcleo. Eu até poderia aceitar esse fato, se fosse apenas isso, mas havia a humilhação extra de que eu não descendo realmente delas, no sentido real. Eu as trouxe comigo o tempo todo, ou talvez elas é que me trouxeram.

Uma situação como essa não é nada dignificante. É um mistério. Lá estão elas, andando pelo meu citoplasma, respirando por mim, mas permanecendo estranhas. Elas estão bem menos ligadas a mim do que entre si e às bactérias livres lá fora. Parecem estranhas, mas surge o pensamento de que essas criaturas, precisamente as mesmas, estão nas células das gaivotas, das baleias, do capim das dunas, das algas marinhas, dos caranguejos e, mais nos arredores, nas folhas da faia do meu quintal, na família de cangambás embaixo da cerca e até mesmo naquela mosca na janela. Por intermédio delas, eu me sinto conectado; tenho parentes próximos em todo lugar.[3]

Lembre-se, estamos falando a respeito de limites. E parece que, quanto mais descobrimos sobre aquilo que os cientistas sabem, menos claros e sacrossantos se tornam os velhos limites. A sua pele não é a fronteira entre o eu e o não-eu, e agora as paredes da célula também não são. Fisicamente, todos nós somos sistemas bem mais abertos do que suspeitávamos. O bom senso fica menos sensato e, enquanto isso, novos desenvolvimentos em outros campos tornam o quadro ainda mais complicado.

A Nova Body Shop*

Há, por exemplo, esse negócio de transplantes de órgãos. E estou falando em *negócio* pois, quando se torna possível tirar o coração, o fígado e outras peças do corpo de um ser humano e pôr em outro, os órgãos se transformam em algo que não eram antes, ou seja, uma mercadoria e, por vezes, uma mercadoria de valor ilimitado. As pessoas as compram e as vendem e, algumas vezes, as roubam. No mundo todo surgem instituições, ciências, práticas médicas, códigos legislativos e de ética inteiramente novos, tudo por causa de um bolor desconhecido, descoberto por um cientista suíço numa amostra de tundra norueguesa. Esse fungo é a origem da droga chamada de ciclosporina-A, que possibilitou a era dos transplantes de órgãos ao permitir que os cirurgiões violem um limite criado por milhões de anos de evolução: reprimir o sistema imunológico o suficiente para que ele aceite um órgão de outro corpo.

O transplante de órgãos envolve, primeiramente, um doador — uma pessoa que decide, enquanto está viva, ou pela qual a decisão foi tomada depois da sua morte — para repassar as partes utilizáveis de seu corpo para outras pessoas que precisem delas. Envolve, também, um receptor — em muitos casos uma pessoa que morreria sem essa ajuda — que se torna o dono de um novo coração, osso, tecido, ou seja o que for. E, no meio disso, envolve a crescente rede de pessoas e organizações que fazem o trabalho — as centenas de centros de transplante nos quais as operações são realizadas, os bancos especializados em tecidos e olhos nos quais os órgãos são armazenados, o sistema mundial sempre crescente de comunicação, que permite essa troca de órgãos, os órgãos públicos regulamentadores, que supervisionam esses procedimentos, e as companhias de seguro, que as financiam.

O que acontece quando milhares de pessoas, e no futuro, provavelmente, centenas de milhares, continuam vivendo graças a partes do corpo, inclusive órgãos importantes, que foram transplantados de outras pessoas? O que significa quando o corpo de algumas pessoas, depois da morte, se torna parte do corpo de

---

*Conhecida cadeia mundial de lojas que comercializam cosméticos e produtos para o corpo. (N.T.)

muitas outras pessoas? Será que isso é apenas um dado estatístico científico, ou será que está indicando uma profunda alteração nos limites entre as pessoas e, o que é mais importante ainda, uma outra razão para que as pessoas pensem, e sintam, de forma diferente sobre elas mesmas e o seu eu?

Depois da publicação do meu livro *Evolution Isn't What It Used to Be*, os jornalistas me perguntavam como eu podia afirmar, como fiz no livro, que a natureza da evolução havia mudado e que o ser humano é um tipo de criatura fundamentalmente diferente do que era há algumas décadas. Procurando a resposta mais lógica, cito com freqüência o transplante de órgãos. Se descobrirmos no mar dois tipos de peixe com a mesma aparência, mas formos informados de que um desses tipos pode intercambiar seus órgãos com os outros e que a outra espécie não, não pensaríamos que são duas espécies diferentes, com perspectivas de sobrevivência bem diferentes?

No capítulo anterior, analisamos as idéias de Gazzaniga sobre o "cérebro modular"; nesse caso; modular significa composto de partes distintas. Mas "modular" também quer dizer intercambiável. As partes do cérebro humano ainda não são intercambiáveis — embora os cientistas estejam fazendo experiências com transplante de tecidos de cérebro entre animais —, mas as partes do corpo humano já são. E a quantidade dessas partes está aumentando progressivamente, à medida que o sistema de transplantes cresce. Atualmente, quando um corpo passa pela "colheita", que é o termo que os especialistas usam para indicar as operações feitas para recolher as partes utilizáveis, são aproveitados o coração, os rins, o fígado, as córneas, os maxilares, o ouvido interno e porções da pele, dos ossos, do tecido muscular, das cartilagens, do pericárdio e a membrana que recobre o cérebro, chamada de dura-máter.[4] Alguns observadores desse campo da medicina acreditam que, no futuro, provavelmente as mãos e os pés poderão ser transplantados; e eu li a respeito de um cirurgião empreendedor que questionava se o governo apoiaria o transplante de pênis.[5]

A pessoa se torna parte desse sistema expandido, dependendo do banco de tecidos ou do centro de transplantes como uma criança depende do seio materno. E pessoas que jamais se encontraram envolvem-se nessa forma incrível de interação humana: a troca do coração, ou de qualquer outro órgão, de um corpo para outro. É claro que essas novas ligações entre as pessoas significam o desaparecimento de mais limites. E pode-se prever que outras fronteiras enfraqueçam e mudem, num futuro não muito distante. Existirão novas ligações entre homens e animais, pois os transplantes de animais para seres humanos estão definitivamente à vista. E já contemplamos novas ligações entre pessoas e máquinas, pois outra opção para muitos pacientes é a prótese: braços e pernas artificiais, válvulas cardíacas, implantes de ouvidos internos.

Paternidade Modular

O transplante de órgãos entre seres humanos é um entre muitos desenvolvimentos nas fronteiras biomédicas que desafiam os tradicionais conceitos de identidade. Igualmente desconcertante é o sempre crescente campo da tecnologia de reprodução, que torna lugar comum o nascimento por meio da inseminação artificial e as várias formas de fertilização *in vitro*, produzindo assim novos tipos de problemas de identidade para os filhos desses pais múltiplos.

A identidade pessoal de cada um sempre esteve ligada à relação biológica, principalmente a conexão entre pais e filhos, mas também com outras relações familiares. Em muitas sociedades tradicionais, sistemas de parentesco incrivelmente elaborados definem a identidade pessoal e o papel social de todos, e prescrevem regras de comportamento para todas as ocasiões, conforme a ligação familiar entre os indivíduos. A adoção é a mais antiga variação do tema padrão — a criança que se torna efetivamente um ser humano modular, passando de um par de pais para outro — e é o mais aceito pelas pessoas. A adoção é uma prática antiga e difundida, mas também está mudando, trazendo mais um tipo de globalização, quando os pais em perspectiva percorrem o mundo todo em busca de crianças adotáveis.

Além disso, há poucas décadas, surgiu um novo tipo de modularidade reprodutiva: a inseminação artificial por meio de um doador. Essa maneira de permitir que as mulheres engravidem surgiu nos primeiros anos do século XX. No começo, era um procedimento raro, mas, quando se tornou mais comum, levantou questões legais sobre a situação das crianças concebidas dessa maneira. Em 1921, num caso de divórcio no Canadá, um homem acusou a mulher, que havia concebido um filho por inseminação artificial de um doador, de ser culpada de adultério. As cortes canadenses não expediram uma regulamentação definitiva sobre o assunto, mas, alguns anos depois, em Illinois, uma corte americana o fez. Esse tribunal afirmou que a inseminação artificial por doador era "contrária à política pública e à boa moral", que a esposa era adúltera e a criança, ilegítima.[6]

Desde então, surgiram outros procedimentos: fertilização *in vitro*, transplantes de embriões e óvulos e "barrigas de aluguel". Cada um deles traz suas próprias controvérsias, questões legais e éticas. Muitas ainda continuam sem solução, mas mesmo no atual estágio de mudanças e transições, levaram à criação de organizações que seriam inimagináveis um século atrás, como bancos de óvulos e de esperma, por exemplo. Recentemente, visitando uma comunidade universitária, li num jornal local um anúncio solicitando doadores de esperma e óvulos. Os preços estavam especificados e eram bem mais elevados para os óvulos que para o esperma. Refleti que, nos meus dias de faculdade, alguns colegas, precisando de dinheiro, às vezes vendiam sangue. Inevitavelmente, à medida que os nossos vários fluidos, órgãos, secreções e ossos se tornam modulares, eles também se transformam em mercadorias. Podemos doá-los e recebê-los, e também podemos comprá-los e vendê-los. Além disso, podemos questionar quem é o dono deles e qual a sua situação na rede da vida.

No verão de 1996, a Inglaterra fervilhou com as controvérsias sobre a destruição de mais de três mil embriões humanos que estavam congelados e armazenados em clínicas de fertilidade, aguardando instruções dos casais que os haviam concebido. Tipicamente, são criados embriões extras num processo de fertilização *in vitro*. Na Inglaterra, os excedentes são congelados e preservados. Legalmente, eles deveriam ter sido destruídos depois de um período de cinco anos. Muitos desses embriões foram destruídos antes, mas esse estoque resultou do fato de os casais doadores não terem respondido aos questionários sobre o que deveria ser feito com eles. Aparentemente, muitos dos casais haviam mudado de residência ou trocado de endereço sem informar as clínicas e, portanto, não foi possível entrar em contato com eles. Quando a notícia dessa "faxina" em massa se tornou pública, deu origem a uma dessas enormes controvérsias bioéticas que surgem periodicamente nesta nossa era de maravilhas genéticas. Alguns representantes da Igreja Católica denunciaram o ato proposto como um "massacre pré-natal". Um grupo de médicos italiano ofereceu-se para levar todos os embriões para a Itália para serem adotados. Algumas pessoas sugeriram que as clínicas, em vez de destruir os embriões, deixassem que eles "morressem naturalmente". Outras propuseram que eles tivessem um enterro apropriado.[7] O Procurador-geral britânico rejeitou um apelo para intervir, alegando que ele tinha poderes legais para representar apenas "pessoas naturais", e que os embriões não se qualificavam como tal; finalmente, eles foram destruídos.[8] Mas a confusão continuou e ainda continua.

Essa foi outra daquelas "guerras de fronteira" pós-modernas, de pessoas lutando para estabelecer um limite, fazer distinções claras: entre o "eu" e o "outro", vida e não-vida, entre humano e não-humano, entre mim e você, e, nesse caso, entre pessoa e não-pessoa. A nossa visão de mundo foi construída segundo a crença de que esses limites existem na natureza e que, sem grandes esforços, essas fronteiras naturais podem ser localizadas e protegidas por leis e dogmas. Ficamos ansiosos quando chegamos perto de lugares onde deve haver uma fronteira e descobrimos — bem, não descobrimos nada. Naquele caso, os embriões eram entidades minúsculas, cada uma consistindo num total de quatro células, o conjunto todo sendo menor que o pingo de um *i*. É meio difícil atribuir a algo tão pequeno os direitos e privilégios de um ser humano, todas aquelas coisas que Locke, Voltaire e Jefferson nos ensinaram que era parte inalienável do eu, mas algumas pessoas estavam tentando fazer isso. O pedido para que deixassem os embriões "morrerem naturalmente", em vez de serem assassinados pelos técnicos dos laboratórios, me pareceu particularmente pungente e fútil. O que seria uma morte natural para um aglomerado de células do tamanho de um pontinho? É difícil saber. A divisa entre assassinato e um sono pacífico também era difícil de decidir nesse caso, outro remanescente de toda uma disposição mental cuja era acabou.

Então, em 1997, a espécie humana, sempre em mutação, começou a digerir outra notícia dos laboratórios: o relatório de que Ian Wilmut, na Escócia, havia conseguido clonar uma ovelha. A conseqüente enxurrada de discussões públicas não deu muita importância às admiráveis implicações evolucionárias do que o Dr. Wilmut esperava realmente conseguir com a sua pesquisa: animais cujo leite poderia conter proteínas com fins medicinais, e se concentraram na possibilidade de que poderia levar à clonagem de um ser humano. O que isso significaria em termos de identidade? Um par de estudiosos da ética, em Stanford, levantou a questão: "Se tivermos um clone, alguém que compartilha os nossos genes, todas as moléculas do nosso DNA, esse novo indivíduo seria um eu?"[9] Alguém afirmou que, se clonássemos Albert Einstein hoje, provavelmente teríamos um Steven Spielberg. Ainda assim, a possibilidade da duplicação de um ser humano continua a fascinar o mundo e retira mais uma ou duas pedras das fundações das idéias conhecidas sobre o corpo, o eu e os limites em volta deles.

Cirurgia Proteiforme

Analisemos outra notícia do *front* da ciência médica: a cirurgia plástica é, hoje, um dos campos que progridem mais rapidamente na prática médica. A tecnologia avançou além da remodelação de narizes e queixos, que é a nossa definição dela. Ao mesmo tempo, há um crescimento explosivo no número de pessoas que recorrem a ela, bem como no número de vezes que o fazem, depois que adquirem o hábito. Num artigo recente do *New York Times*, um repórter relatou uma visita a um dos principais centros de cirurgia plástica, o Institute for Aesthetic and Reconstructive Surgery, o Instituto para Cirurgia Estética e Reconstrutiva, em Nashville, e resumiu os principais itens de uma "lista de compras" de procedimentos disponíveis. Ei-los:

> *Cirurgia de reposição de cabelos*. Mediante uma variedade de técnicas, entre elas a "redução do couro cabeludo, expansão de tecido, enxertos de faixas, bordas de couro cabeludo ou feixes de enxertos de punções (tampões, minitampões e microtampões)".

Levantamento do supercílio. Para minimizar as rugas da testa e descaimento das pálpebras.

Blefaroplastia. Para retirar o excesso de pele e gordura em volta dos olhos, eliminando a queda da pálpebra superior e as bolsas embaixo dos olhos.

Otoplastia. Para mudar o formato das orelhas.

Rinoplastia. Para reduzir, aumentar ou mudar o formato do nariz.

Injeções de colágeno e gordura. Para aumentar os lábios ou firmar a pele caída da face.

Lipoaspiração. Para remover depósitos de gordura.

"Peeling" químico. Para eliminar pele enrugada, manchada, com pigmentação desigual ou queimada pelo sol.

Dermo-abrasão. Para remover cicatrizes de acne, usando uma lixa com alta rotação ou cirurgia a *laser*.

Ritidectomia ("lifting" facial). Para firmar a pele flácida e os músculos faciais subjacentes, sobre os quais depois a pele é recolocada.

Implantes faciais. Para mudar o formato básico e o equilíbrio da face (aumentar um queixo retraído, dar maior proeminência às maçãs do rosto etc.).

Braquioplastia. Para levantar e firmar a pele do antebraço.

Mamoplastia de aumento (aumento dos seios).

Mastopexia (levantamento dos seios).

Ginecomastia (redução dos seios masculinos).

Abdominoplastia (redução do abdômen).[10]

O repórter também documentou outros desenvolvimentos interessantes nesse campo. A cirurgia plástica não é mais exclusivamente a praia dos ricos e famosos, dos idosos e vaidosos. Ele mencionou uma "crescente democratização do desejo de refazer a si mesmo", à medida que pessoas de baixa renda e os jovens solicitam pequenos ajustes no corpo e no rosto, muitas vezes preventivamente, aproveitando a vantagem da maior maleabilidade da pele mais jovem, para eliminar flacidez e rugas incipientes antes que se tornem muito visíveis.

Previsivelmente, a cirurgia plástica é mais popular nas cidades que nas pequenas comunidades rurais, nas quais a identidade das pessoas e as situações sociais são menos flexíveis.

Achei fascinante a constatação desse crescimento, inspirador em alguns casos e repulsivo em outros. Certamente, é uma boa notícia que pessoas que tenham nascido gravemente desfiguradas, ou como resultado de alguma doença ou acidente, não estejam condenadas a toda uma vida sob a pressão social e psicológica que geralmente acompanham essas desgraças. Eu me lembro da diferença que foi para mim ter a perda de um dente da frente reparada por uma prótese, e posso bem imaginar como a cirurgia plástica pode mudar a vida de uma pessoa. Ao mesmo tempo, contemplando esses milagres, lembro novamente das desigualdades que existem no mundo, de forma que a grande maioria das pessoas desfiguradas não tem acesso à cirurgia plástica, ou mesmo a nenhuma assistência médica.

Mas, de qualquer modo que encaremos essa moderna reconstrução do corpo humano, estamos diante de mais uma alteração no significado da identidade, pois a cirurgia plástica certamente muda a personalidade da pessoa, algumas vezes dramaticamente. Recentemente, um cirurgião plástico foi preso, em Filadélfia, por haver remodelado inteiramente um grande traficante de drogas que estava sendo procurado pela polícia: o médico havia retirado algumas cicatrizes de ferimentos a bala do rosto do cliente, mudado a forma do nariz, retirado quase 25 quilos do abdômen e das faces e havia virado as impressões digitais de cabeça para baixo. O criminoso foi capturado de qualquer maneira, pois a polícia seguiu o carro da sua esposa e, conforme noticiou um jornal, "Prendeu um homem magro, de aparência delicada, que trocava um pneu e que, sob interrogatório, confirmou ser o antes corpulento traficante". Em lugar da prisão perpétua, foi-lhe oferecida uma pena menor se ele testemunhasse contra o cirurgião plástico, o que foi aceito.[11]

Esse campo da medicina faz parte do mundo em que vivemos, qualquer que seja a nossa opinião. Embora não afete a maioria de nós, afeta um crescente número de pessoas, de maneira pequena mas significativa, e transforma completamente a vida de algumas outras.

Os Futuros do Corpo

Há alguns anos, Michael Murphy, co-fundador do Esalen Institute, apreciador de esportes e estudioso dos mistérios do corpo humano, publicou um livro fascinante, intitulado *The Future of the Body*. Essa obra era uma análise de algumas das coisas notáveis que o corpo humano pode realizar, como por exemplo a autocura, a telepatia e os feitos extraordinários de força ou percepção. O autor nos dava alguns vislumbres da evolução futura, na qual muitas coisas, antes consideradas extraordinárias ou sobrenaturais, serão consideradas como direito adquirido para todos nós.[12] Esse é um dos cenários possíveis. Os diversos desenvolvimentos estudados neste capítulo sugerem outros.

Alguns aspectos do futuro do corpo são totalmente imprevisíveis: quem sabe o que os cientistas inventarão para sacudir ainda mais as nossas idéias mais sensatas? Mas parece inevitável que muitas dessas práticas, como o transplante de órgãos, a reprodução assistida e a cirurgia plástica, continuarão a crescer e a se desenvolver. Charles Siebert prevê que elas não apenas se desenvolverão a partir da forma atual, como fugirão completamente desses moldes: "Alguns especialistas em cirurgia plástica sugerem que, num futuro próximo, as mudanças do corpo acontecerão fora da sala de operações, com pílulas que queimam a gordura, hormônios antienvelhecimento que promovem o crescimento muscular e ósseo, e a aplicação de células de pele, criadas em laboratório, que darão às pessoas uma nova capa de pele verdadeira."[13]

O transplante de órgãos está entrando num novo estágio agora, com novas promessas de benefícios práticos, mas também com profundas implicações filosóficas. O Dr. Thomas Starzl, um dos pioneiros do transplante de órgãos e o primeiro a realizar um transplante bem-sucedido de fígado, tornou rotineira essa técnica e ficou conhecido como um gênio no uso eficiente de drogas imunossupressoras. Recentemente, ele chegou à conclusão de que, depois de três décadas, ele e todos os cirurgiões de transplantes estavam fazendo tudo errado. Agora ele afirma: "O mistério não era a rejeição (do corpo)", mas a entremistura de células que acontece quando o transplante é bem-sucedido. O que a operação de transplante bem-sucedida consegue é uma espécie de alteração da identidade dentro do corpo, de forma que, tanto o sistema hospedeiro como o novo órgão, agem como se o recém-chegado fosse um verdadeiro "eu", um membro reconhecido do corpo hospedeiro. Essa "mudança de paradigma", como Starzl a chama, está sendo testada em experiências projetadas para encontrar formas novas e mais eficientes de alcançar a assimilação mútua das células, conhecida como quimerismo, entre o órgão doador e o receptor.[14] Se essa pesquisa tiver êxito, inaugurará uma nova era dos transplantes, tornando-os bem mais fáceis e também aumentando a demanda por órgãos, estimulando um mercado mundial de órgãos para transplante.

O *The Wall Street Journal*, sempre alerta para novos desenvolvimentos no mundo do comércio, aponta o crescente comércio mundial de cabelos humanos "uma extraordinária linha de suprimento, estendendo-se de um couro cabeludo a outro, através do globo. Em toda China, Índia e Indonésia há mulheres que vendem seus cabelos, coletores que também atuam como cabeleireiros e processadores que fervem e tingem os cachos às toneladas". As mulheres asiáticas deixam crescer o cabelo, vendem-no e deixam crescer novamente. "É um produto natural, como o milho", disse alguém. Os principais consumidores são as mulheres afro-americanas. Embora o cabelo sintético seja usado normalmente nas perucas, as mulheres preferem o cabelo humano para trançar, colar ou entrelaçar no seu próprio cabelo, a fim de conseguir efeitos mais visíveis no penteado e que possa ser trocado facilmente.[15] Não é nenhuma novidade as mulheres venderem seu cabelo, mas esse comércio mundial é significativo, porque nos lembra que, à medida que as partes do corpo humano se tornam intercambiáveis, tornam-se mercadorias e o fluxo é, inevitavelmente, dos pobres para os ricos, de países em desenvolvimento para os mais desenvolvidos.

Posso concordar com a economia de livre mercado quando se trata de pessoas que vendem voluntariamente seu cabelo, mas o caso muda de figura quando consideramos a economia dos transplantes de órgãos. Um camponês pobre de Bangladesh não apenas não tem a possibilidade de salvar a própria vida com um coração ou fígado novos, mas poderá ser tentado, e há casos comprovados disso, a vender um dos seus próprios rins para alimentar a família.

Há muita incerteza, pelo menos para mim, sobre quais dispositivos ou técnicas serão tecnologicamente práticos, economicamente acessíveis e socialmente aceitáveis. Mas eu não tenho nenhuma dúvida de que, num futuro próximo, muitos deles superarão os obstáculos e farão parte da vida cotidiana, tornando-se tão comuns quanto os óculos e os aparelhos auditivos são agora. E cada um deles afrouxará ainda mais os limites entre interior e exterior, entre o eu e o outro.

Isso é o que eu era para mim mesmo. Era o que eu sempre fora. Eu sempre havia me escondido da minha família. Não que eu não fosse a pessoa que os meus amigos conheciam; mas eu era também outra pessoa, e não apenas outra pessoa, digo realmente outra pessoa, sendo essa pessoa secreta a verdadeira.

MICHAEL RYAN[1]

As evidências sugerem que todos nascemos com potencial para múltiplas personalidades e, no decorrer do desenvolvimento normal, somos mais ou menos bem-sucedidos na consolidação de um sentido integrado do eu.

FRANK PUTNAM[2]

7

Quando as Pessoas Não São Elas Mesmas

Indubitavelmente, existem limites para o número e o tipo de mudança que uma pessoa pode fazer no decorrer da vida e para a quantidade de eus diferentes que podem habitar uma única mente e corpo ao mesmo tempo, mas nós não sabemos quais são esses limites. Pode ser mais exato dizer que não *concordamos* com a natureza desses limites. À medida que o consenso social sobre o eu e a identidade desmorona, as pessoas desafiam, de formas variadas e inimagináveis, as idéias convencionais sobre os limites para uma personalidade individual. Pode-se dizer que isso é "forçar a barra". Vemos pessoas tentando ser alguém que não são, pessoas mantendo duas ou mais identidades ao mesmo tempo, pessoas cruzando as linhas do sexo e do gênero. Alguns desses esforços resultam em comportamentos espetaculares e estranhos; outras vezes mal são perceptíveis. Algumas vezes eles são quase invisíveis, pois são mantidos em segredo, pelo menos por algum tempo. Uma das formas preferidas de "forçar a barra" é, para mudar de metáfora, sair do armário. Muitos desses esforços, que serão estudados neste capítulo, são considerados desvios. Outros, como a disfunção de múltipla personalidade, são diagnosticados como loucura. Alguns se parecem com formas mais elevadas de sanidade. Mas todos eles fazem parte do terreno da mente humana, que agora parece ter horizontes mais amplos do que suspeitávamos.

Entre os mais fascinantes exemplos de pessoas que forçam a barra estão os impostores, os quais, muitas vezes, com uma esperteza que beira ao genial, conseguem construir identidades fictícias, serialmente em alguns casos, concomitantemente em outros. Os jornais às vezes registram o desmascaramento de um desses impostores e os registros psicológicos estão cheios de casos assim. Os mais notáveis são de pessoas que conseguem exercer profissões, como direito ou medicina, que exigem que eles aprendam, ou finjam terem aprendido, habilidades e conhecimentos altamente especializados. Conhecemos, pelos livros de história, aventureiros como sir Richard Burton, o famoso lingüista, explorador e impostor do século XIX. Burton foi um dos poucos infiéis que fez uma peregrinação a Meca. Ele pintou a pele com extrato de nogueira, deixou crescer a barba, raspou a cabeça e fingiu ser um médico e homem santo do Afeganistão. Revelando um talento incomum para a arte do disfarce, ele chegou a se circuncidar, assegurando-se de que a operação fosse feita do modo muçulmano e não judeu. No caminho, ele tratou dos doentes e consolou os companheiros cansados com piedosas citações do Alcorão.[3]

À medida que avançamos pela Era da Informática, com tecnologias de identificação cada vez mais sofisticadas, as dificuldades para esses impostores tornam-se cada vez maiores. Mas muitas pessoas, ninguém sabe ao certo quantas, ainda conseguem sair-se bem com isso.

A Impostura Através dos Tempos

A impostura tem uma longa história. Aparentemente, desde que surgiram as identidades, os nomes e os papéis sociais distintos, sempre houve quem se atrevesse a brincar com eles, fingindo ser outra pessoa. A mitologia e a literatura abundam em histórias de disfarces: deuses disfarçados de homens, pessoas disfarçadas de animais, homens disfarçados de mulheres e vice-versa, pares de pessoas trocando os papéis de príncipe e mendigo.

Na Europa que se modernizava, muitas pessoas usavam a natureza mutante dos seus ambientes sociais, a crescente mobilidade e urbanização, combinada com o respeito, ainda existente pelo encanto e poder da velha aristocracia, para criar novas identidades para si mesmas. Ao fazê-lo, elas rompiam as barreiras de classe e viviam outras vidas, completamente diferentes. A impostura era um importante canal para a mobilidade social. Algumas vezes os impostores eram desmascarados, pelo menos aqueles sobre os quais lemos; mas, ao longo do caminho, passavam por aventuras notáveis e adquiriam um tipo de prestígio que jamais teriam conseguido se tivessem mantido sua identidade original ou se tivessem nascido com aquela que haviam criado.

Houve, por exemplo, o famoso Conde Alessandro di Cagliostro. Nascido na Sicília em 1743 como Giuseppe "Beppo" Balsamo, filho de um comerciante, revelou um talento precoce para trapacear no jogo e cometer pequenos crimes. Depois que cresceu, tornou-se um dos muitos aventureiros que vagavam pelo Continente com identidades assumidas, geralmente aristocráticas, em busca de otários. Mas ele foi tão bem-sucedido na sua carreira que o historiador Thomas Carlyle o chamou de "charlatão dos charlatães, o mais perfeito canalha que marcou a História nos últimos tempos".[4] Juntamente com a mulher, que, ao que parece, praticava uma prostituição discreta para complementar as atividades do marido, ele ficou conhecido como vidente, fabricante e vendedor de elixires da juventude e, no auge da carreira, líder de uma seita espiritual secreta, que chamou de "Maçonaria Egípcia".

Depois houve a Princesa Carabu. Embora não tivesse se projetado ou viajado tanto quanto Cagliostro, ela continuou a ter certa fama mesmo depois de ter sido desmascarada como impostora. Carabu, uma jovem que se vestia de forma exótica e que não falava inglês, apareceu do nada certo dia, em 1817, bateu à porta de um bangalô em Gloucestershire e indicou por meio de sinais que precisava de abrigo. Um magistrado local e sua esposa a recolheram e ela morou algum tempo com eles, enquanto sua origem continuava a ser um completo mistério. Surgiu então um português, que havia vivido no Oriente, e que, tendo sido convidado para uma visita na casa do magistrado, imediatamente entabulou uma animada conversa com a jovem. Por meio dele, ela comunicou que era uma princesa real de um país asiático chamado Javasu e havia sido capturada por piratas e trazida para a Inglaterra, onde escapou e nadou até a praia.

Finalmente, o disfarce se desfez. Descobriu-se que ela era Mary Baker, uma antiga criada, e que o português era seu cúmplice. Mas ela continuou a fascinar o público e, alguns anos depois, exibiu-se em Londres, cobrando um *shilling* por pessoa, para ser admirada em sua indumentária de "princesa de Javasu". Em 1955 sua história foi filmada.[5]

A Alemanha também teve a sua cota de impostores famosos, e dois deles parecem ter sido muito admirados pelo público. Um foi Wilhelm Voight, um velho sapateiro e ex-convicto de Berlim, que comprou um uniforme de oficial prussiano, ordenou a alguns grupos de soldados que o seguissem e tomou de assalto a prefeitura do subúrbio de Kopenick, e fugindo com todo o dinheiro que havia em caixa. Finalmente, quando foi preso, ele alegou que não havia invadido a prefeitura para conseguir o dinheiro, mas na esperança de encontrar um passaporte que pudesse usar para deixar um país que se deixava impressionar por qualquer homem de uniforme. Isso, e mais a audácia do seu gesto, fizeram dele um herói internacional. Um jornal de Londres sugeriu que lhe concedessem o Prêmio Nobel por ter revelado a adoração "absurdamente extravagante" por uniformes militares que existia na Prússia. Um jornal de Berlim afirmou que, caso Voight tivesse sido absolvido, a multidão lá fora o teria carregado em triunfo. Mas ele foi condenado e passou quatro anos na prisão. Todavia, o entusiasmo do público por ele não diminuiu: quando foi solto, um rico benfeitor deu-lhe uma pensão vitalícia e dezenas de mulheres lhe propuseram casamento. Finalmente, ele se tornou um astro de musicais, percorrendo o Continente e a América, pois havia conseguido o seu passaporte, e sempre se exibindo em seu uniforme de capitão.

Algumas décadas mais tarde, depois da Primeira Guerra, a Alemanha viu-se novamente embaraçada, desta vez devido às aventuras cômicas de um vendedor de charutos chamado Harry Domela. Como aventureiro de aspirações modestas, ele tentava apenas se fazer passar por um barão e hospedar-se gratuitamente num hotel de luxo na cidade de Erfurt, quando foi confundido com o príncipe Wilhelm von Hohenzollern, neto do antigo Kaiser. Ele se parecia bastante com Wilhelm, cujo retrato estava exposto no hotel, e isso levou o gerente a concluir que ele era um impostor, não um plebeu itinerante fazendo-se passar por membro de uma classe social mais elevada, mas, ao contrário, um membro da realeza fingindo ser um plebeu. Domela preferiu não desfazer o engano do gerente, e logo todos em Erfurt o chamavam de "Sua Alteza" e o tratavam como príncipe. A notícia de sua real presença se espalhou pelas cidades vizinhas, e ele viajou pela região sendo recepcionado nas estações, comparecendo a festas em sua homenagem, aceitando os camarotes reais nos teatros, fazendo discursos e sendo bajulado pela nobreza local. A impostura finalmente foi descoberta e Domela fugiu para a Renânia, ocupada pelos franceses; ele ia se alistar na Legião Estrangeira quando foi preso pela polícia alemã e levado a Colônia para ser julgado.

Como o agora lendário capitão de Kopenick, com o qual ele foi comparado, Domela ficou surpreso com as reações à sua impostura. Ele não fazia idéia de que sua pequena aventura pelas províncias seriam publicadas em toda a Europa e América, e que isso o tornaria uma espécie de herói aos olhos de muitas pessoas. Sua farsa foi considerada um gesto político, um tipo de revolução particular. A Alemanha era supostamente uma democracia, naqueles anos de Weimar, e os jornais liberais o elogiavam por haver exposto as tendências reacionárias e monárquicas da nobreza local, que não media esforços para se aproximar do suposto príncipe. No julgamento, ninguém parecia ter muita coisa contra ele. Os logrados proprietários de hotéis confessaram que ganharam mais dinheiro com o movimento que ele causou do que as perdas que tiveram com o alojamento grátis que lhe deram em suas mais finas suítes. O juiz o sentenciou a sete meses de prisão, que era o tempo exato que ele havia ficado detido esperando o julgamento, e saiu livre. Ele também estava relativamente bem de dinheiro, com o adiantamento de 27 mil marcos sobre as suas memórias. Durante algum tempo, ele vagueou pelo *show business* e até mesmo visitou Cecilie, a mãe do homem que ele havia personificado. A Princesa o convidou para o chá e mais tarde declarou que o achou um jovem encantador, de boas maneiras, mas não tão bonito quanto seu filho Wilhelm.[6]

Aventureiros e aristocratas... Os livros de História e de memórias da Europa estão cheios desses casos e, cumulativamente, eles nos revelam muita coisa sobre a ordem social daquela época e lugar: o que eles eram e o que estava acontecendo. Era a sociedade que havia evoluído do feudalismo e que ainda conservava muitas das estruturas externas do velho sistema — realeza e aristocracia, os militares fanfarrões, a Igreja —, mas na qual os antigos padrões de autoridade e obrigações haviam-se rompido, novas classes surgiram e ocorreram mudanças políticas revolucionárias. As idéias sobre os direitos e a igualdade humana floresciam. Os conservadores da velha guarda, os "alpinistas sociais" e os novos ricos ainda se apegavam aos sinais exteriores do sistema de classes. Todavia, outras pessoas já os consideravam vilões, e, como a reação pública aos incidentes de Wilhelm Voight e Harry Domela revela, muitos já estavam começando a achá-los um tanto ridículos.

Cada sistema social é também um sistema de identidade. Ele diz às pessoas quem e o que elas são, e como se espera que elas se comportem. Quando tudo está funcionando bem, isso é feito com bastante clareza. Também pode ser feito com muita crueldade e injustiça, mas atendendo a tantas necessidades psicológicas que a troca de qualquer sistema sempre causa tensões. Parte do que os impostores davam ao público, e a razão pela qual o público estava sempre pronto para retribuir com admiração e, algumas vezes, com dinheiro vivo, era que eles aliviavam um pouco a tensão e faziam com que o colapso do sistema parecesse engraçado. Era uma boa contribuição para qualquer mudança social. Além disso, com suas aventuras picarescas, os impostores dramatizavam o fato de que a identidade não era, como as pessoas acreditavam sem questionar, algo conferido à pessoa no seu nascimento e que não poderia ser alterada. De certa forma, eles foram os primeiros revolucionários pós-modernos, multifrênicos e proteiformes.

Até aqui tratamos da mudança de identidade num determinado contexto, ou seja, numa sociedade com um sistema de classes relativamente rígido e com poucos canais para uma mobilidade ascendente legítima. O que está acontecendo nas sociedades ocidentais, como nos Estados Unidos, nas quais as pessoas estão obcecadas com a posição social mas nada preocupadas com as classes? Bem, obviamente não temos muitos falsos condes e princesas. Mas temos impostores, pessoas que, por várias razões, continuam testando os limites do possível e do permissível. Uma boa parte desses impostores parece estar envolvida na prática da medicina. Algumas vezes, para efeitos de carreira, eles fingem ser membros de tribos indígenas. Recentemente, os australianos ficaram escandalizados quando uma aborígine, jovem romancista premiada, Wanda Koolmatrie, revelou ser um motorista de táxi, branco, de meia-idade. Depois disso, um pintor também aborígine, chamado Eddie Burrup, revelou ser, na verdade, uma senhora branca, de meia-idade, chamada Elizabeth Durack. Os dois impostores, exercendo um tipo de mobilidade social bem diferente daquela de Cagliostro e Carabu, progrediram na carreira artística mudando de raça, idade e sexo.

Como Esconder — e Revelar — o Eu Secreto

De certa forma, somos todos impostores: nas civilizações contemporâneas, não é incomum sentir algum tipo de descontinuidade entre o eu privado e o público. Qualquer pessoa que tenha realmente tentado corrigir essa discordância sabe como ela é difícil de ser erradicada completamente. Há alguns anos, conheci um psicólogo, Sidney Jourard, que escreveu um livro intitulado *The Transparent Self*, uma excelente constatação da busca de congruência entre o eu que vivemos e aquele que apresentamos ao resto do mundo. Mas mesmo nessa obra, extraordinariamente corajosa, ele propôs apenas que tentemos ser totalmente transparentes, completamente abertos, com um ou alguns parceiros íntimos.

Assim, convivemos com a lacuna e fazemos de conta que é assim mesmo que as coisas funcionam. Mas essa lacuna não é a mesma para todos. Para a maioria de nós não é muito significativa; para outros é um problema e para alguns poucos — como poderemos saber quantos são? — ela é imensa, dolorosa e avassaladora. A vida, tudo na vida, torna-se uma impostura, só que aqui o embuste não é quanto ao nome e situação social, mas quanto ao caráter. A pessoa que mostramos ao mundo e que os outros acreditam ser a pessoa "real", é a figura pública, normal e respeitável. Além dela, há uma outra pessoa, o eu secreto, que vive um tipo de existência completamente diferente.

Ao longo da História, temos diversos registros desse tipo de vida dupla, e o caso do Dr. Jekyll e Mr. Hyde é a sua eterna representação mítica na ficção. Alguns psicoterapeutas se especializam nessa área. Hoje, com as pessoas saindo de todo tipo de armário, há uma crescente literatura confessional a respeito. Um dos exemplos mais perfeitos desse gênero com que deparei na minha pesquisa é *Secret Life*, de Michael Ryan, um relato franco da carreira de um homem como predador sexual, oculta daqueles que o conheciam como escritor e professor. A trajetória de Ryan começou com a sua sedução, aos 5 anos de idade, por um jovem que vivia na casa ao lado, e prosseguiu por mais ou menos quarenta anos, através de

Quando as Pessoas Não São Elas Mesmas

inúmeras aventuras sexuais com mulheres, homens, crianças e, lamentavelmente, até com o cachorro da família. Sua carreira terminou, algum tempo depois de ter sido despedido de seu cargo de professor em Princeton, quando estava se dirigindo para a casa de um amigo no estado de Nova York com a finalidade específica de seduzir a filha de 15 anos do amigo. Foi um momento de suprema lucidez, uma mistura de ódio total por si mesmo e o reconhecimento de que já era tempo de se tornar outra pessoa. Ele escreve:

> Como mudar a pessoa que eu sempre fui? Como mudar a minha sexualidade, como mudar aquilo que me move? Eu não tinha idéia. Tudo o que eu sabia era que estava numa tremenda confusão. Eu não podia confiar nos meus instintos, menos ainda nas minhas fantasias. Eu não podia confiar em mim mesmo. E eu estava tão cansado de ser eu mesmo, do meu jeito insatisfeito, predador e faminto, me arrastando por aí com um plano secreto, e sendo vulgarizado por ele. Eu me sentia tão torturado pela aversão por mim mesmo, que comecei a perceber que tinha me bloqueado e me enaltecido com o meu comportamento sexual. Bem, agora eu não estava mais bloqueado. Eu me sentia uma merda. Eu sentia que estava errado no mais íntimo do meu ser.[7]

O livro mostra o fim da história, com Ryan a caminho de um novo emprego na Califórnia, seu primeiro emprego permanente como professor depois de dez anos, e tomando a resolução, ao mesmo tempo, de abandonar completa e radicalmente o comportamento para o qual o seu eu secreto tinha vivido. Seria muito bom poder dizer que ele integrou seus dois eus conflitantes, mas esse final feliz não aparece no livro. É mais uma questão de um dos eus derrotando o eu secreto, por conta da sobrevivência pessoal. Mas há uma certa dignidade mesmo no surto de auto-aversão, uma afirmação explícita de que a verdade e a integridade da existência humana são maiores do que qualquer eu, seja o público ou o privado. Viver duas vidas é uma forma de forçar a barra da identidade; expor publicamente o eu secreto é outra, outro tipo de revolução pessoal.

Entre as pessoas que têm uma vida secreta estão os homossexuais ou bissexuais, que vivem por trás da fachada de uma identidade heterossexual "normal" e mantêm outra existência fora do expediente. São essas pessoas que nos vêm à mente quando falamos em "sair do armário" e "se revelar", pessoas para as quais esses termos foram inventados.

É uma característica interessante da nossa época que esses termos tenham sido inventados e integrados no vocabulário de todos. Geralmente eles se referem a revelações de homossexualidade anteriormente reprimida, mas atualmente também são aplicados a todos os comportamentos, traços ou opiniões ocultos. Já ouvi pessoas referindo-se a outras, ou a si mesmas, como liberais "enrustidos", racistas "enrustidos", ou qualquer outra coisa "enrustida", com o duplo significado de alguma coisa escondida mas não totalmente, ou algo antes oculto e agora revelado.

Em outros tempos, não se ouvia falar muito de pessoas saindo do armário voluntariamente, ou de pessoas sendo "tiradas" do armário com essa intenção maliciosa e visando despertar a consciência que atualmente acompanha esses atos. O que se ouvia eram escândalos, muito grandes às vezes, que sacudiam sociedades inteiras e despedaçavam vidas: o escândalo de Oscar Wilde, que forçou o Império Britânico a olhar com franqueza incomum para o "amor que não ousa dizer o seu nome"; o Caso Redl, em Habsburgo, Viena, quando os burgueses austríacos, espíritos aparentados com os vitorianos ingleses, descobriram que o distinto coronel Alfred Redl, representante da divisão de inteligência do exército, era espião a serviço do czar da Rússia e vinha usando a sua verba secreta para financiar uma vida homossexual secreta e desenfreada.[8] "Sair do armário" agora se tornou não só um termo familiar, como também, em determinados círculos, uma transição existencial reconhecida, com direito a ser formalizado com um rito de passagem. Ouvi notícias de festas para comemorar a "saída do armário", com cerimônias religiosas inventadas especialmente para a ocasião. Existem livros de auto-ajuda e grupos de apoio criados especificamente para ajudar a pessoa que está "saindo do armário" a adquirir uma nova personalidade e sentir-se mais como um ser humano "normal" e um pouco menos como um pioneiro proteiforme. Tudo isso aponta para uma profunda reviravolta nos valores sociais, a qual ainda está longe de se completar.

Não quero dizer que o ato de se revelar tenha se tornado indolor. Conheci algumas pessoas, e fiz terapia em outras, para as quais esse foi o processo mais difícil e angustiante da vida. Recentemente tomei conhecimento de um outro aspecto da questão: o efeito dessa revelação na família ou nos amigos, principalmente cônjuges e filhos. Eu havia feito uma palestra sobre o assunto geral deste livro para um grupo de uma igreja. Mais tarde, uma mulher que estava na platéia me enviou um livro que ela havia escrito com uma coletânea de casos de homossexuais e bissexuais, do sexo masculino e feminino, que lutavam pela aceitação e revelação de sua vida secreta.

O livro falava de alguns aspectos da revelação que jamais me ocorreram: a raiva e a confusão, muitas vezes reprimidas, dos filhos cujos pais, homossexuais ou bissexuais, revelaram sua verdadeira orientação. A sensação de rejeição sexual muitas vezes sentida por cônjuges que tiveram que suportar a própria dor ou confusão sozinhos, enquanto seus parceiros celebravam alegremente sua nova vida na companhia de amigos homossexuais e grupos de simpatizantes. As batalhas legais pela custódia dos filhos. A enorme dificuldade de algumas pessoas para descobrir, ou decidir, quais suas preferências sexuais verdadeiras. A descoberta ocasional por um casal de que *ambos* tinham uma vida homossexual secreta. E, talvez o mais tocante de tudo, os longos casamentos infelizes que os casais suportam muitas vezes, quando um homossexual enrustido *não* se revela.[9]

Nessas histórias há muita agonia, e grande parte dela está sendo sentida agora mesmo, por pessoas que lutam com essas questões em sua própria vida. Todavia, o quadro geral é de um progresso lento e difícil, um enorme processo de aprendizado social, à medida que mais pessoas aprendem a aceitar esses eus secretos e a dar-lhes vida e identidade públicas.

De Marte para Vênus e Vice-Versa

O sexo e o gênero estão no alto da lista de categorias que definem quem e o que somos. Enquanto outros fatores de identificação perdem a importância, ser homem ou mulher ainda é, para a maioria de nós, essencial para o nosso sentido interior do eu e da nossa representação do eu para o mundo. Pelo fato de sexo e gênero serem fundamentais, ficamos fascinados por tudo aquilo que afirma ter a última palavra sobre o que significa ser homem ou mulher: a psicologia feminista que busca maneiras de ser que sejam essencialmente femininas, os movimentos de bater no peito, que levam os homens à masculinidade primordial, a psicologia pop, com novas e profundas verdades sobre as diferenças entre os dois (os homens são de Marte, as mulheres são de Vênus), e assim por diante.

Pelo fato de sexo e gênero serem importantes, os anunciantes gastam milhões para nos oferecer produtos, desde cosméticos até cigarros Marlboro, que eles afirmam que nos ajudarão a ser mais femininas ou masculinos, de forma total, elegante, atraente, irresistível e inequívoca.

E porque eles são realmente importantes, as pessoas que estão lutando para definir a própria identidade, na esperança de localizar e viver o seu eu verdadeiro, muitas vezes estabelecem sexo e gênero como a sede do problema, as coisas que mais precisam ser *mudadas*. Dessa forma, palavras como "transgenérico" e "transexual" entram no nosso vocabulário, e muitas pessoas dispõem-se a empreender a busca, extenuante e por vezes dispendiosa, pelo próprio eu. Esse é uma região já muito explorada, tão antiga quanto os mitos de divindades que mudam de sexo e os jogos astuciosos de personificação das comédias de Shakespeare. Todavia, para as pessoas que realmente estão envolvidas nessa busca, parece um território inexplorado. Os transgenéricos e transexuais são verdadeiros pioneiros e, como todos os exploradores, muitas vezes se perdem. Não é de surpreender que muitas das pessoas que fazem experiências com sexo e gênero, aquelas que se transvestem em segredo ou se apresentam em público em papéis do sexo oposto, ou que passam por complexos procedimentos médicos e cirúrgicos (tratamentos hormonais etc.) agora disponíveis para as pessoas que desejam fazer uma transferência permanente de uma identidade sexual para outra, sentem a necessidade de ajuda psicoterapêutica ao longo do processo. Houve uma época em que essa psicoterapia baseava-se no modelo médico, ou seja, na tentativa de diagnosticar o "problema" e estabelecer um "tratamento" para ajudar o paciente a superar esses impulsos insanos e tornar-se um ser humano normal. Possivelmente, isso ainda acontece em muitos casos, mas agora já existem terapeutas mais compreensivos e que tentam ajudar o cliente a viver como ele, ou ela, escolher e fazer isso com satisfação e dignidade.

Recentemente, numa conferência sobre psicologia, assisti a apresentações de duas dessas profissionais: Niela Miller e Maureen O'Hara, e achei que foi uma experiência muito esclarecedora. Eu pensava que já sabia bastante sobre o assunto. Devido aos anos de trabalho com terapia de grupos, eu sabia que os homens que se travestiam não eram necessariamente homossexuais. Eu havia tratado de uma mulher que se queixou que o marido, bombeiro, costumava usar vestidos quando voltava para casa depois de esforços heróicos combatendo incêndios em edifícios. E também com homens jovens que procuravam uma maneira de conseguir satisfazer seu impulso de se travestir em locais pouco privativos, como acampamentos militares ou dormitórios de universidades. Eu havia acabado de escrever um livro sobre todos os tipos de procedimento na área médica, inclusive a cirurgia transexual. Eu havia passado a maior parte da minha vida na região de San Francisco, o que, por si só, já era uma formação. Mas eu ainda carregava comigo algumas convicções que, segundo aprendi nesse dia, eram muito primitivas.

Para começar, eu supunha que a maioria das pessoas que decidia mudar de sexo era solteira, relativamente jovem e ainda estava tentando estabelecer o sexo de sua identidade. Mas Miller falou de pessoas com famílias e sobre o aconselhamento exigido quando um homem, relativamente bem-sucedido no casamento e com alguns filhos, decide se transformar em mulher. Isso significa, é claro, que ele deve contar à mulher e aos filhos, bem como às outras pessoas da família.

Eu supunha também que, qualquer que fosse a mudança, todo mundo escolheria pertencer a um sexo ou outro, pelo menos a maior parte do tempo. Mas ouvi o caso de uma pessoa que passa seis meses do ano como homem e os outros seis meses como mulher: um gênero na Costa Leste e o outro na Costa Oeste.

O que vemos aqui não é apenas um desvio curioso, ou um novo campo da psicoterapia, mas uma enorme fatia da condição humana que sempre esteve no meio de nós, de uma forma ou de outra, e que agora aparece, em resposta a toda uma gama de acontecimentos convergentes: a queda dos velhos tabus sexuais, o questionamento das mulheres com relação aos tradicionais papéis femininos e masculinos, os avanços na medicina que possibilitam que homens ou mulheres troquem de sexo.

Agora algumas sociedades estão começando a aceitar a homossexualidade, mas as mudanças transexuais ou transgenéricas são dificilmente aceitas pelas pessoas "comuns". O homossexual é, no mínimo um tipo reconhecível, mesmo que "desviado". Os travestis, principalmente quando são homens heterossexuais, realmente não ocupam nenhum nicho social familiar e é algo que a maioria de nós não pode levar muito a sério. Para quase todos os homens heterossexuais, o hábito de travestir-se está na categoria de "vida secreta" e, em geral, continua lá, mesmo quando eles compartilham seu segredo com a esposa ou parceira. Segundo Miller, algumas vezes um homem deseja revelar que é travesti a outros membros da família e isso em geral causa problemas. Um tipo de problema resulta da relutância da esposa em deixar os outros saberem algo que para ela ainda é embaraçoso. Outro tipo surge quando a esposa, zangada, resolve ir em frente e contar tudo ela mesma.

As Vinte e Duas Faces de Eva

De todos os desvios do caminho aprovado de um-eu, um-sexo, uma-identidade, talvez o mais bizarro seja o distúrbio da múltipla personalidade (DMP). Mesmo os psiquiatras ficam intrigados com ela.

Em 1988, na reunião anual da American Psychiatric Association surgiu um debate que foi tanto um vislumbre da atual crise de identidade quanto o debate sobre o eu que relatamos no capítulo 3. O tema foi "Resolvido: aquela múltipla personalidade é uma entidade verdadeira e enferma". Nas discussões, a associação tentou enfrentar um fenômeno realmente espantoso: a verdadeira explosão populacional de pessoas com essa forma de loucura. Apenas oito anos atrás, a DMP, uma doença cuja "característica básica é a existência dentro do indivíduo de duas ou mais personalidades distintas, sendo cada uma delas dominante num determinado período", havia sido reconhecida pela associação como um diagnóstico legítimo. Mas as coisas caminhavam tão rapidamente que, em 1982, um artigo num jornal de psiquiatria chamou a atenção para a "epidemia de múltiplas personalidades".[10] Jamais anteriormente uma forma de loucura havia passado, em tão pouco tempo, da quase inexistência para uma proeminência tão grande, tanto no mundo psiquiátrico quanto no imaginário popular. O filósofo canadense Ian Hacking, um intrigado observador dessa estranha porção de história humana, relatou que "dez anos atrás, em 1972, a múltipla personalidade parecia ser uma mera curiosidade... Poderíamos fazer uma lista de todos os casos de múltipla personalidade registrados na história da medicina ocidental, mesmo que os especialistas discordem de quantos deles eram autênticos". *Grosso modo*, houve talvez um pouco mais do que cem casos desde 1791, quando um médico alemão fez a primeira descrição dessa doença. Mas, em 1992, "havia, em cada cidade média da América do Norte, centenas de casos de múltipla personalidade em tratamento. Em 1986, já se falava em seis mil pacientes diagnosticados. Depois disso, deixou-se de contar o número e casos e passou-se a falar num crescimento exponencial na taxa de diagnósticos, desde 1980. Por todo o continente, surgiram clínicas, alas, unidades e hospitais inteiros dedicados à doença. Talvez uma pessoa em vinte sofra de uma desordem dissociativa".[11]

Não é de se admirar que os psiquiatras se indagassem se a DMP era realmente uma doença mental que simplesmente não havia sido descoberta até há pouco tempo, ou se, como muitos pensavam, era um tipo de logro, parte ilusão de massa e parte propaganda, criado a partir de uma associação de pacientes mentalmente sugestionáveis com terapeutas que queriam enriquecer rapidamente, repórteres sensacionalistas e apresentadores de programas de televisão. De qualquer forma, havia motivos para preocupação: se fosse uma doença legítima só agora descoberta, então inúmeras pessoas no passado devem ter sofrido disso sem compreender o que estava acontecendo e sem ter ajuda adequada; se tudo não passasse de um logro, deporia contra a saúde mental dos profissionais de saúde, ou contra a ética e competência daqueles que estavam construindo carreira como especialistas em múltipla personalidade.

O assunto chamou a minha atenção pela primeira vez nos anos 50, como aconteceu com muitas outras pessoas. Essas pessoas liam e comentavam o livro *The Lonely Crowd* e sua constatação sobre o homem intradirecionado, e, ao mesmo tempo, liam e comentavam *The Three Faces of Eve*, que contava a história extraordinária, e aparentemente verdadeira, de uma mulher que possuía três personalidades separadas. Ou então elas viam o filme no qual Joanne Woodward retratou brilhantemente as três: Eve White, dona de casa desleixada e neurótica; Eve Black, a assanhada que andava pelos bares e seduzia recrutas; e Jane, a mulher elegante, sensata e correta, que surgiu mais tarde. Era uma história notável, embora oferecesse uma versão atenuada, típica da era Eisenhower: o acontecimento desencadeador parece ter sido uma única ocasião traumática quando Eva, em criança, foi forçada a beijar o corpo da avó falecida. E a terapia prosseguiu de forma previsível, com o conveniente desaparecimento das duas personalidades inadequadas, deixando que Jane assumisse o controle, arrumasse um marido bonitão e vivesse feliz para sempre.

Cerca de quarenta anos depois, quando eu estava começando a pensar neste livro, tive ocasião de conhecer a "Eve" original, Chris Sizemore, e ouvi-la falar sobre suas experiências e mostrar alguns dos seus trabalhos: pinturas feitas em estilos completamente diferentes, por suas diferentes personalidades. A essa altura, a DMP não só havia se tornado um importante e controverso item do mundo da psiquiatria, mas também um pequeno movimento literário. Foram publicados inúmeros outros relatos de casos de múltipla personalidade e outros filmes foram feitos. E aconteceu outro tipo de explosão populacional, não menos surpreendente do que o aumento do número de casos dessa doença: um aumento do número de personalidades para cada paciente. O cérebro humano estava se tornando um lugar muito povoado. Alguns anos depois do sucesso do livro e do filme *The Three Faces of Eve*, a senhora Sizemore publicou a sua própria história, na qual ela afirmou que possuía não apenas três personalidades, mas cerca de 22. Em outro relato, *When Rabbit Howls*, um paciente descreveu mais de noventa personalidades. Inflação de identidades.

E houve ainda outra evolução. Existia uma noção generalizada de que a causa do distúrbio da múltipla personalidade era o abuso sofrido na infância e que a maioria dos pacientes de DMP era composta de mulheres. Isso significava que a DMP estava se tornando controversa e politizada, de maneiras novas; era uma questão feminista e também fazia parte da disputa sobre a recuperação, ou criação, de memórias reprimidas de abusos sexuais na infância. E é algo do interesse das pessoas preocupadas com orientação sexual e de gênero, pois as pessoas com múltiplas personalidades são aquelas que em geral "forçam a barra": uma mulher pode ter um "alter" que é uma lésbica ativa e outro que é um homem heterossexual.

Mas a DMP é *real*, no sentido moderno e objetivo da palavra? A questão que os psiquiatras debateram em 1988 ainda é uma controvérsia nas profissões ligadas à saúde mental. E, fora desses círculos, há quem simplesmente não aceite esses relatos chocantes de pessoas que têm personalidades absolutamente distintas, que tomam o corpo dela em ocasiões diferentes, que são diferentes em muitos aspectos, ou seja, eles podem ter níveis de pressão arterial diferente, gostar de comidas diferentes ou precisar de óculos de graus diferentes.

A DMP é real por dois motivos, pelo menos, e talvez até por mais.

Primeiramente, ela é uma doença mental real, que ataca pessoas reais, e que afeta de formas diferentes suas famílias, amigos e associados. Atualmente, parece que o número médio de "alter-egos" é de dezesseis.

Ela é também, e esse é um ponto menos controvertido, mas cuja importância ainda não percebemos totalmente, uma parte real da cultura contemporânea. Atualmente, milhões de pessoas leram um livro, um artigo num jornal ou revista, viram algum filme a respeito ou assistiram a portadores de múltiplas personalidades discutindo seus sintomas num programa de TV. O múltiplo se tornou familiar a todos, parte integrante da imagem que se faz da mente humana. É a marca registrada da psicose da nossa época, um tipo de loucura apropriado a essa era de multrifrenia e múltiplos rascunhos de memória.

Ela bem pode ser, pois agora faz parte da nossa cultura, um tipo de mapa à disposição das pessoas que passam por um grave colapso psicológico. Alguns céticos suspeitam que pessoas facilmente sugestionáveis possam estar plagiando a senhora Sizemore, consciente ou inconscientemente, e desenvolvendo a DMP porque esta parece ser uma forma atraente de lidar com os problemas. Normalmente, isso é tomado como uma prova da impostura da DMP, mas também pode sugerir escolhas complexas, e de certa forma saudáveis, feitas pelas pessoas que não conseguem se dar o direito de fazer essas escolhas conscientemente. Uma mulher pode achar, por exemplo, que uma das estratégias para suportar o sofrimento de estar confinada ao papel de mulher submissa seja o desenvolvimento de um alter-ego forte, talvez masculino. Um homem talvez ache que criar um alter homossexual é uma saída para uma "normalidade" cotidiana insuportável. Ian Hacking acha que, em alguns casos, isso cria novas possibilidades de terapia:

> Inicialmente, os múltiplos que iniciam a terapia estão doentes; eles não escolhem conscientemente os papéis. Mas suponhamos que eles adquiram maturidade suficiente para ver que existem opções para eles e visem não tanto à integração como a encontrar o tipo de pessoa que eles gostariam de ser. Assim, um gênero anteriormente patológico poderia se tornar a forma escolhida de ser uma pessoa. Isso deve ser tratado como uma idéia sofisticada. Não devemos pensar que o paciente descobrirá um "eu" verdadeiro subjacente, mas que ele tem liberdade para escolher, criar e construir a própria identidade. Em vez de ser um peão num jogo determinista, ele se torna uma pessoa autônoma.[12]

Acredito que a DMP é real, exatamente da maneira que os pacientes e clínicos dizem que é, mas também acho que é uma realidade construída, peculiar ao nosso tempo. Em outras épocas e lugares, experiências parecidas eram vistas como transe ou possessão, ou simplesmente não eram entendidas e, portanto, ignoradas na medida do possível. Stanley Krippner, depois de rever vários estudos interculturais de DMP e fenômenos semelhantes, escreveu: "Eu interpretaria esses achados como uma sugestão de que pode existir uma disposição fisiológica à dissociação em geral e à DMP em particular, a qual, se for ativada por um trauma, numa sociedade onde há uma noção da DMP, gera alterações."[13]

Ainda assim, é uma fascinante manifestação da mente humana. Quer a abordemos como psiquiatras, como alguém que acredita em transes e possessões, ou como um cético que acha que todo esse negócio é uma trapaça terapêutica, temos que convir que há algo de impressionante em seres humanos que podem manifestar tantos tipos diferentes, com idade, personalidade e sexo tão variados. Isso revela alguma coisa sobre a complexidade do cérebro que agora está sendo estudado pelos cientistas cognitivos. É um pouco assustador contemplar alguns desses casos, e igualmente espantoso olhar para dentro de nós mesmos e considerar a possibilidade de que, segundo Frank Putnam, uma das maiores autoridades em DMP, esse potencial existe em todos nós.

E a Barra Força de Volta

Os limites que as pessoas encontram, quando começam a explorar os diferentes estilos de eu e identidade, nem sempre são passivos, benignos e flexíveis. As sociedades, sendo sistemas de identidade, podem se tornar coercitivas e punitivas, quando confrontadas com pessoas que, de uma forma ou de outra, não se ajustem a categorias de identidade reconhecíveis. Essa reação é mais evidente quando as pessoas trocam de gênero ou de sexo, mas o mesmo tipo de pressão pode estar presente quando "forçamos a barra" de maneira menos espetacular.

Tenho usado as palavras "anormal" e "desvio" entre aspas porque agora essas categorizações estão sendo revistas; afinal, os limites entre anormal e normal são tão questionáveis quanto todas as outras divisas que antes definiam a realidade social.

É fácil ver que está ficando mais fácil para as pessoas reconhecer que elas têm várias facetas e passam por grandes mudanças de identidade. A cultura está desenvolvendo mitos, rituais e valores multifrênicos e proteiformes. Todavia, há muitos tipos de resistência, não apenas as sociais e culturais, mas outras, relacionadas com a mudança tecnológica e às necessidades das organizações públicas e privadas. Mesmo quando nos tornamos mais proteiformes, os sistemas burocráticos evoluem e se aperfeiçoam, mantendo registros tão eficazes da nossa identidade que jamais abandonamos completamente os nossos antigos eus oficiais. Invenções como os testes de DNA tornam mais fácil registrar, processar, categorizar e reforçar a nossa identidade, do jeito que os guardiães desses sistemas adoram fazer. A moderna crise de identidade poderia ser descrita acuradamente como as guerras da identidade, milhões de pequenas escaramuças entre pessoas que tentam mudar e uma gama enorme de forças — valores culturais, categorias de sanidade mental e normalidade, as expectativas dos outros, a inércia burocrática — que resistem a essas mudanças.

Há alguns anos, eu mesmo fiz algumas observações sobre... intoxicação com óxido nitroso e as relatei por escrito. Uma conclusão se fixou na minha mente nessa ocasião, e a minha impressão quanto à sua veracidade continua inalterada. Essa impressão era a de que a nossa consciência normal de vigília, a consciência racional, como a chamamos, é apenas um dos tipos de consciência, enquanto à sua volta, separada por uma tela muito fina, existem formas de consciência potenciais inteiramente diferentes... Nenhuma explicação do universo na sua totalidade pode ser conclusiva se ignorar essas outras formas de consciência.

WILLIAM JAMES[1]

Daqui a cinqüenta anos, teremos drogas que podem alterar o perfil da personalidade. As coisas mudam muito depressa.

JEROME KAGAN[2]

8

A Conexão Química

A maioria de nós, quase sempre, consegue organizar a consciência em torno do "eu" que somos no momento, e se convencer de que é mais ou menos assim que somos o tempo todo. Algumas pessoas, em momentos de traumas psicológicos, ou num confronto radical com outras realidades, que chamamos de "choque cultural", podem tornar-se bem mais conscientes de uma ruptura completa com aquilo que pensavam que eram. Hoje em dia, mais pessoas passam por mudanças profundas em sua consciência pessoal e noção do eu, porque um número considerável de outras pessoas, em todo o mundo, está fabricando e vendendo produtos químicos inventados precisamente para provocar essas experiências. Isso também influi, de forma considerável, na crise de identidade.

As Drogas Somos Nós

Vivemos numa época de limites variáveis e evanescentes: limites psicológicos, limites físicos, limites conceituais. Para mim, e para muitas outras pessoas no mundo ocidental aconteceu, nos anos 60, algo engraçado aos limites que separavam as pessoas respeitáveis dos viciados.

Antes disso, nós, do lado de cá, curtíamos o nosso café, cigarros e bebidas, e olhávamos com desaprovação, medo e talvez pena, para as pessoas do outro lado da linha, os coitados que "se dopavam", pois sabíamos que todos aqueles narcóticos causavam dependência e levavam a uma vida de violência e desespero. Mesmo que não tivéssemos visto *Reefer Madness*, compreendíamos que os viciados em drogas faziam coisas terríveis.

Depois as coisas ficaram estranhas. Vieram os Beatles e os *hippies*, Timothy Leary e Alan Watts. As pessoas cantavam músicas sobre os prazeres da maconha, escreviam livros sobre as maravilhas do LSD. Alguns desses livros, seguindo o exemplo pioneiro de Aldous Huxley em *Doors of Perception*, afirmavam que as drogas poderiam propiciar experiências religiosas profundas e até mesmo a iluminação espiritual. Os amigos começavam a compartilhar cigarros de maconha nas festas e muitos de nós os experimentaram — e a maioria tragou, ao contrário do presidente Clinton. As viagens com LSD tornaram-se algo que muitos haviam experimentado e queriam falar a respeito. Alguns amigos meus envolveram-se em estudos conduzidos pelos orgãos oficiais de saúde — isso mesmo, viagens com ácido oficializadas pelo governo. Outros faziam suas próprias experiências particulares. Pessoalmente, jamais me aventurei muito no campo dos psicodélicos, e é claro que muitas pessoas nem chegaram a experimentar. Mas isso realmente não importa, pois os muros começaram a ruir à nossa volta. E continuam em ruínas. Já não temos mais a divisão certinha entre drogados e não-drogados. Em vez disso, estamos num mundo complexo e emaranhado, um mundo cheio de produtos químicos, alguns causadores de dependência, outros não, alguns muito úteis sob determinadas circunstâncias, embora não estejamos bem certos de quais seriam essas circunstâncias, e outros prejudiciais sob determinadas circunstâncias, embora também não tenhamos certeza quanto a estas. Algumas drogas foram legalizadas e outras não, mas há um número suficiente de legalizadas para que qualquer cidadão, cumpridor da lei, possa estar sob a influência de algum tipo de produto químico a maior parte do tempo, se ele precisar e puder pagar.

Embora se saiba muito pouco sobre as drogas — por que e como elas fazem o que fazem —, é certo que muitas delas têm a capacidade de alterar a qualidade da vida humana. Podemos ver isso nas experiências dos dependentes, no comportamento mental alterado dos pacientes mentais, na enorme literatura existente sobre as aventuras com psicodélicos, como mescalina, psilocibina e LSD. Quanto a essa última, que se tornou um movimento literário nos anos 60, podemos ler sobre seres humanos que se transformam em animais, objetos inanimados que criam vida, pessoas que aparecem e desaparecem magicamente, encontros pessoais com Cristo, enormes ondas de alegria ou desespero, momentos de profundas percepções religiosas, visões de grande beleza, excursões pela sanidade mais elevada e/ou descidas a uma loucura assustadora. Parece que, com uma pequena ajuda química, os agentes e módulos cerebrais podem ficar extremamente brincalhões. E isso traz uma nova dimensão à discussão sobre os eus multicêntricos e proteiformes — todas questões psicológicas —, pois as drogas permitem que a pessoa descubra diferentes personalidades dentro de si mesma e mude radicalmente em curtos períodos de tempo. Existem amplas evidências de multifrenia e transformações de personalidade quimicamente assistida, que fariam inveja ao velho Proteu.

Em resumo, as drogas podem alterar tanto o eu quanto as idéias fundamentais sobre o eu. Teríamos razões para reconhecer essa verdade e levá-la a sério, mesmo que os antigos limites ainda estivessem no lugar. Mas eles não estão. Agora temos viciados nas ruas, viciados ricos e famosos, pessoas que usam drogas para fins ditos recreativos e espirituais e um crescente número de pessoas que não se identifica com nenhuma subcultura de drogas, mas que tomam doses diárias de um ou mais remédios prescritos. A psicofarmacologia é um campo reconhecido de prática e pesquisa médicas, uma enorme indústria mundial e parte integrante da vida de milhões de pessoas. As drogas são prescritas para tudo, desde ansiedades leves até esquizofrenia e distúrbios maníaco-depressivos. Elas transformaram os sanatórios, nos quais a administração de remédios aos pacientes tornou-se a principal atividade. Elas estão transformando as profissões que tratam da saúde mental, mudando os diagnósticos das doenças mentais, à medida que os médicos descobrem quais desordens respondem a quais medicamentos. E elas estão levando o público, cada vez mais, a considerar os problemas emocionais como sendo de origem biológica e, portanto, quimicamente tratáveis.

Uma das drogas recentes mais populares e controvertidas é o Prozac. Mais do que qualquer outro item na maleta de milagres do farmacologista moderno, o Prozac levanta questões fundamentais sobre o eu e sobre como o crescente uso de quimioterápicos na psicoterapia poderá afetar o futuro da personalidade.

Embora há pouco tempo no mercado, pois foi lançado em dezembro de 1987, o Prozac logo estava sendo usado por milhões de pacientes. Em 1990, foi assunto de capa da *Newsweek*, que relatou que as vendas nesse ano haviam alcançado 350 milhões de dólares, mais do que foi gasto com *todos* os antidepressivos nos dois anos anteriores. Ele não apenas parecia ser o antidepressivo mais seguro e eficaz, mas uma droga miraculosa para todos os fins — os médicos o prescreviam para uma série de problemas, como ansiedade, dependências, bulimia e distúrbios obsessivo-compulsivos.[3] Mas a maior novidade de todas não era a sua utilidade no tratamento de doenças, mas a possibilidade de simplesmente melhorar a qualidade de vida, de transformar seus usuários em pessoas novas. Peter Kramer, um psiquiatra que escrevia uma coluna mensal na revista especializada *Psychiatric Times*, começou a relatar suas experiências com pacientes que obtiveram, com o Prozac, não apenas o alívio dos sintomas mas, na verdade, personalidades totalmente novas e novos níveis de compreensão sobre si mesmos. Conforme suas palavras, esses pacientes estavam "muito mais do que bem".[4]

A onda de publicidade e controvérsias sobre o Prozac era, de certa forma, semelhante à grande sensação do LSD nos anos 60. A promessa de uma transformação química do eu pode gerar um tremendo interesse e esperanças, e desaprovação social igualmente grande. O Dr. Kramer descobriu isso durante os seus quinze minutos de fama e durante a reação que logo começou. Havia relatos e rumores de efeitos secundários desagradáveis, e num nível comparável à onda inicial de entusiasmo desenfreado. O Prozac estava sendo acusado de provocar pensamentos suicidas em algumas pessoas e até levando algumas a cometerem suicídio de fato. Alguns advogados argumentavam, ao defender acusados de crimes de morte, que na verdade havia sido o Prozac que puxara o gatilho. E é claro que outros advogados processavam o fabricante, Eli Lilly & Company. Muitas dessas causas envolviam pacientes que alegavam terem sido prejudicados pela droga. Um dos processos foi movido por um dos sobreviventes de um massacre no Kentucky, quando um homem foi tomado de fúria homicida numa fábrica em Louisville, supostamente sob a influência do Prozac. De certa forma, os mais ferrenhos adversários do Prozac diziam a mesma coisa que os mais ardorosos admiradores, ou seja, que ele transformava seus usuários em pessoas diferentes.

Atualmente, o furor se aplacou um pouco. O Prozac certamente é um sucesso comercial. Mais de 22 milhões de pessoas o utilizam, em todo mundo, e as vendas anuais atingem mais de dois bilhões de dólares. Mas ele continua sendo controvertido, como de fato deveria ser pois a controvérsia não se deve apenas aos benefícios relativos e aos efeitos colaterais de uma droga, mas também à reconstrução química do eu.

O Futuro das Drogas: Quatro Perguntas e uma Resposta

A controvérsia sobre o Prozac coloca em pauta questões importantes sobre o papel das drogas na vida de uma pessoa e na sociedade humana. Na verdade, acho que o melhor seria dizer que ele voltou a colocá-las em pauta, uma vez que todas essas questões já estavam sendo discutidas há algum tempo, pelo menos desde a revolução psicodélica dos anos 60. Mencionarei aqui quatro delas: a questão cosmética, a questão do verdadeiro eu, a questão da verdadeira humanidade e a questão de Colombo, e terminarei com uma especulação sobre o futuro.

1. A QUESTÃO COSMÉTICA. Foi Kramer, em seus artigos sobre o Prozac, que cunhou o termo "farmacologia cosmética" para as drogas prescritas, não para tratar uma doença, mas para mexer com emoções e comportamentos, de modo que parecesse desejável para os médicos e seus pacientes. Uma vez que todos os tipos de terapias não-químicas de auto-aperfeiçoamento e auto-realização já estão entre nós — técnicas projetadas para curar os doentes e deixar os sãos ainda melhores —, ele indagava, com certa razão, por que motivo não usar drogas com o mesmo objetivo.

> Algumas pessoas talvez prefiram uma auto-realização farmacológica à psicológica. Esteróides psíquicos para ginástica mental, ataques medicinais ao humor, compostos contra chá de cadeira — são difíceis de resistir. Já que a vida é uma só, por que não vivê-la no papel de uma loira? E por que não como uma loira animada? Agora que as questões de personalidade e posição social entraram na arena da medicação, nós, como sociedade, teremos de decidir se nos sentimos à vontade para usar produtos químicos a fim de modificar a personalidade de formas úteis e atrativas.[5]

Algumas pessoas acham repulsivo esse tipo de proposta e as rejeitam totalmente por motivos morais, o que foi chamado por outro cientista de "calvinismo farmacológico".[6] Outros, entre os quais me incluo, não têm objeções desse tipo, mas se preocupam com a farmacologia cosmética por razões, a nosso ver, menos puritanas: os inevitáveis abusos, efeitos colaterais indesejáveis, tendência ao vício. A questão da desigualdade: se essas drogas se revelarem positivas, todas as pessoas terão acesso a elas? (Você já sabe a resposta). O problema da moda: as pessoas se voltarão para as drogas cosméticas em resposta a pressões sociais ou tendências, lutando para ficarem mais animadas, lânguidas, poéticas, positivas ou espirituais, conforme o que for popular no momento em determinados grupos? (Você também já sabe a resposta). Estamos preocupados com essas questões agora e estaremos preocupados no futuro, e elas são praticamente idênticas àquelas que surgem em outro campo da autotransformação que está em expansão, o da cirurgia cosmética.

2. A QUESTÃO DO VERDADEIRO EU. Kramer relatou o caso de uma mulher, que chamaremos de Tess, para a qual ele prescreveu Prozac, logo depois da aprovação pela Food and Drug Administration, dos Estados Unidos. O objetivo era aliviar a depressão, o que foi conseguido com bastante eficácia. O surpreendente é que o Prozac fez bem mais do que isso. Tess começou a se sentir mais relaxada e cheia de

energia, mais sociável e desenvolta, emocionalmente menos fragilizada e mais eficiente no trabalho.

Em suma, ela era uma nova mulher.

Depois de dezoito meses, Kramer parou com a medicação. Logo a paciente começou a relatar a volta de todos os sentimentos e comportamentos destrutivos que a haviam levado a fazer terapia. Ao fazer essa queixa ao médico, ela disse algo notável: "Eu não sou eu mesma."[7] Kramer receitou novamente o remédio, mas ficou pensando no que isso poderia significar. Ele pensou: "Como poderemos conciliar o que o Prozac fez a Tess com a nossa noção de um eu humano contínuo e autobiográfico?"[8]

Como fazer isso, de fato? E para aumentar ainda mais as dúvidas, ele teve uma experiência semelhante com outra paciente, aqui chamada de Julia, cujos problemas eram mais de natureza obsessivo-compulsiva. O comportamento dela havia causado diversos desentendimentos com o marido e com os filhos, e tensões praticamente insuportáveis no seu dia-a-dia como enfermeira. Com o Prozac, tudo mudou: as tensões familiares e profissionais se atenuaram, os impulsos compulsivos diminuíram e ela começou até mesmo a pensar em ceder aos pedidos dos filhos para terem um cachorro em casa. Depois de cinco ou seis meses, Kramer diminuiu a dosagem:

> Diminuímos a dose do medicamento e, duas semanas depois, Julia ligou para dizer que tinha voltado ao fundo do poço: "Sou uma bruxa novamente." Ela se sentia muito mal — pessimista, furiosa, exigente. Ficava quase a noite toda fazendo limpeza. E cachorro, então, nem pensar. "Não é só a minha imaginação", insistia ela, e depois usou as mesmas palavras que Tess havia usado: "Sinto que não sou eu mesma."[9]

O que é mais fascinante é que, em ambos os casos, as pacientes acreditavam que o seu "eu verdadeiro" era aquele que haviam conhecido durante o curto período de tratamento e não aquele que elas sempre haviam sido. Então, qual o eu verdadeiro? E quem é que decide isso? Se for a paciente quem resolve, qual dos eus é que toma a decisão? Cada uma dessas questões é profundamente filosófica. Nenhuma delas oferece uma resposta fácil e talvez não exista uma resposta definitiva. E todas estão estreitamente relacionadas com a próxima questão.

3. A QUESTÃO DA VERDADEIRA HUMANIDADE. Um dos temas que incomodam muitas pessoas, mesmo aquelas que garantem que os benefícios do Prozac superam, e muito, os diversos efeitos secundários algumas vezes relatados, é se não se

perde algo, alguma coisa preciosa e essencialmente humana, quando as pessoas eliminam com tanta facilidade os aspectos indesejáveis da sua personalidade.

Alguns críticos alegam, por exemplo, que o uso de drogas como o Prozac pode diminuir a "tolerância emocional" — ou seja, a capacidade de suportar os próprios sentimentos negativos — e impedir o crescimento emocional que deriva simplesmente de se aprender a aceitar as espinhosas realidades da vida. Outros, examinando a questão do ponto de vista da biologia evolutiva, argumentaram que todos os nossos sentimentos negativos decorrem de razões válidas — a ansiedade é um alerta contra um perigo, por exemplo —, e seria melhor deixar que esses sentimentos desempenhassem as suas antigas funções de sobrevivência, sem interferências. E ainda há aqueles que apontam a vasta literatura sobre homens e mulheres que sofreram imensamente na vida, sofrimento que poderia ser facilmente aliviado com algumas pílulas, mas que deu origem a grandes obras artísticas, intelectuais e espirituais que beneficiaram o mundo. O mundo seria melhor se Dostoiévski tivesse tomado Prozac ou se Nietzsche tivesse sido tratado com lítio?

Eu acho que essas questões vão além da preocupação com as conseqüências médicas e sociais indesejáveis — efeitos secundários, dependência dos médicos, oportunidades cada vez maiores para fornecedores ilegais, lucros obscenos para as companhias farmacêuticas. Elas significam, na verdade, que temos que temer os medicamentos ainda mais, se eles atuarem precisamente como se espera. Pois, se isso acontecer, as pessoas os aceitarão irrevogavelmente, bem como os seus sucessores ainda mais eficientes. Então, algo essencialmente humano, ligado à trágica grandeza de como enfrentamos as nossas misérias, estará perdido para sempre.

Walker Percy escreveu um romance, *The Thanatos Syndrome*, em torno dessa questão. Nesse livro, um grupo de arrogantes profissionais da saúde colocam no suprimento de água de uma cidade um produto chamado *sódio pesado*, que alivia as neuroses de todos, sem que as pessoas saibam o que está acontecendo. Mas o herói e narrador do livro fica preocupado com isso e, depois de observar o comportamento de alguns pacientes, reflete:

> Em cada um deles, ocorreu um desprendimento dos velhos terrores, preocupações e raivas, um desligamento da culpa, como uma cobra que troca de pele, e, no seu lugar, há uma vaga e suave complacência, uma espécie de indistinta boa disposição animal. Então, os meus pacientes estão melhor do que estavam, ou não? Eles não estão sofrendo, não estão preocupados com as coisas de sempre, mas falta alguma coisa, não apenas os velhos terrores, mas, em cada um deles, a sensação do quê? Do seu eu?[10]

O autor teve de carregar um pouco nas tintas para dramatizar essa argumentação existencial um tanto sutil. Aos poucos, descobrimos que o sódio pesado de fato possui alguns efeitos secundários, quando tomado em grandes quantidades: ele transforma as pessoas em pedófilos maníacos subumanos. Mas ainda assim, percebemos a moral da história: os produtos químicos, a não ser na dose ocasional dos "velhos tempos", defendida pelo protagonista do livro, não deveriam ser usados para mudar a condição humana.

A questão aqui é: Qual é a condição humana? Ou: Qual a condição humana ideal? Somos mais nobres e realmente mais *homo sapiens* quando vivemos as neuroses e sofrimentos que já conhecemos? Ou poderemos evoluir, de certa forma, para além deles? A resposta de Kramer aos críticos do Prozac, embora não dissipe todos nossos temores, atacou a questão central. Referindo-se ao alívio de suas próprias preocupações com o Prozac, ele afirmou: "Nosso principal temor... era que a medicação nos tirasse o que é exclusivamente humano: ansiedade, culpa, vergonha, dor, autoconsciência. Em vez disso, a medicação nos convenceu de que essas impressões não são exclusivamente humanas, embora a maneira como as usamos ou reagimos a elas certamente é."[11]

Essas impressões não são exclusivamente humanas. Repito a afirmação do médico e chamo a sua atenção especialmente para isso, pois estamos lidando aqui com uma controvérsia sobre a natureza da vida humana e sobre o futuro. É uma questão filosófica com tópicos que foram estudados por todos os pensadores, de Sócrates a Descartes. Todavia, ela não será resolvida por meio de um discurso filosófico, e nem durante a nossa vida. Durante esse período conturbado, que talvez não tenha fim, muitas pessoas opinarão de acordo com suas próprias convicções, tomando uma pílula ou preferindo não tomá-la. Não existem respostas fáceis para essa questão também, embora com certeza tenhamos de confrontá-la nos próximos anos.

4. A QUESTÃO DE COLOMBO. Essa é a pergunta mais difícil, a mais fácil de trivializar, mas provavelmente a mais importante de todas: em que medida as drogas permitem que exploremos a consciência além do eu, os limites extremos da realidade humana, o domínio além da tela diáfana que William James descobriu em sua própria mente? Foi essa questão que Aldous Huxley levantou em *The Doors of Perception*. Por algum tempo, nas décadas psicodélicas que se seguiram, as pessoas em geral viam os defensores do LSD e os astronautas na Lua simplesmente como um tipo diferente de pioneiros, empenhados numa grande aventura humana. Humphry Osmond, que inventou a palavra "psicodélica", era um desses que acreditavam que a raça humana estava recebendo, com esse crescente arsenal de drogas capazes de

alterar a mente, uma dádiva de importância inconcebível, uma oportunidade de se elevar a um novo nível de evolução. Eis o que ele escreveu:

> Eu acredito que os psicodélicos oferecem a oportunidade, talvez limitada, para o *homo faber*, esse fabricante de ferramentas, esperto, implacável, temerário e ávido por prazeres, fundir-se com aquela outra criatura, cuja presença presumimos tão precipitadamente, o *homo sapiens*, o sábio, compreensivo e compassivo, em cuja visão quádrupla a arte, a política, a ciência e a religião são uma só. Sem dúvida, temos que agarrar essa oportunidade...[12]

Bem, parece que não foi isso o que aconteceu. Pelo menos, não ainda. As razões pelas quais a aventura psicodélica não deu certo são muitas, mas uma delas é que as drogas foram usadas de forma equivocada, muitas vezes por jovens e, em geral, com resultados desastrosos que levaram os pais e autoridades a uma reação de pânico exagerado. "Sexo, drogas e *rock'n'roll*" pareciam ser diferentes faces da mesma besta ameaçadora, cujas características desagradáveis também incluíam o radicalismo político e uma atitude geral de pouco caso para com todas as coisas quadradas e respeitáveis da principal corrente da cultura ocidental. Timothy Leary, que certamente fez muito para popularizar os psicodélicos, foi, provavelmente, também a pessoa que mais fez para torná-los impopulares. As opiniões endureceram, surgiram novas leis, os recursos para pesquisas diminuíram e a mídia, que por algum tempo tratou o LSD até com reverência, dirigiu suas atenções para outras áreas.

É claro que o LSD não desapareceu, como também não desapareceram outras substâncias químicas, como a mescalina, adotada pelos pesquisadores psicodélicos. Sem dúvida, muitas pessoas ainda as usam, e ainda fazem as mesmas descobertas espantosas, que um dos pioneiros chamou de "o além interior".[13] Mas o empreendimento já não está mais ao alcance do público como antes. Ainda temos drogas que são um problema criminal global, drogas que são terapêuticas, e até mesmo drogas "emocionalmente cosméticas". Só que, hoje em dia, não se ouve falar muito de drogas como coadjuvantes na exploração interior, drogas como chave de experiências religiosas e drogas como um intrumento para a posterior evolução da espécie humana, conforme as descrições mais otimistas.

E isso é de se lamentar, pois os melhores exploradores psicodélicos empenhavam-se na questão do eu verdadeiro num nível bem mais profundo do que o encontrado hoje no contexto psiquiátrico. Os pacientes do Prozac tomam decisões sobre qual o tipo de personalidade preferem e qual a face que apresentarão ao mundo, que são questões triviais, mas não se aproximam da base da realidade humana como as experiências geralmente relatadas pelos usuários do LSD. Walter Pahnke, por exemplo, do Johns Hopkins Hospital, que fez diversas palestras em conferências sobre psicologia nos anos 60, identificou vivências de "unidade não-diferenciada" como um aspecto comum aos estados mentais alcançados pelos usuários, em experiências controladas do tipo duplo-cego. Em tais estados, alguns pacientes relataram um enfraquecimento do ego empírico, ou senso de individualidade, enquanto a consciência permanecia:

> Na experiência mais completa, essa consciência é uma percepção pura, mais além do conteúdo empírico, sem distinções externas ou internas. Apesar da... dissolução da identidade pessoal ou eu normal, a consciência da unidade ou unicidade ainda é sentida e lembrada. A pessoa não está inconsciente mas sim cônscia de uma unidade não-diferenciada.[14]

Não deixa de ser curioso — uma consciência que está ciente de si mesma e, ao mesmo tempo, ciente de não possuir um eu. Não é de admirar que os pacientes também tenham identificado sentimentos de "inefabilidade", o sentimento de que a experiência se situava "além das palavras", bem como certa "paradoxicalidade".[15] Todavia, essas experiências foram relatadas com freqüência, e a literatura ainda pode ser encontrada nas prateleiras das bibliotecas, quase sempre cheia de poeira. Por alguma razão, apesar de todas as atuais explorações do eu e assuntos a ele relacionados, essa área particular da ciência não está no âmbito da respeitabilidade intelectual. Mas, se existe alguma verdade em tudo o que os pesquisadores como Pahnke descobriram, é algo bem mais importante do que aquilo que os laboratórios estão pesquisando no momento. Talvez seja, de fato, uma das coisas mais importantes do mundo.

A RESPOSTA. Para onde vamos agora, com relação a todos os comportamentos, questões, descobertas, mistérios, crimes, tragédias e deleites que se agrupam livremente sob o título de "O problema das drogas"? Acredito que a resposta é que continuaremos a ir assim como fomos até agora — em todas as direções. Tenho citado o meu futurólogo preferido, o antigo arremessador reserva de Kansas City, Dan Quisenberry, conhecido por fazer piadas sobre coisas sérias, que certa vez disse a um jornalista esportivo: "O futuro é igual ao presente, só que mais longo."

Acho que isso faz sentido. O que temos no momento é uma gama enorme de substâncias químicas, desde chocolate ao leite até o *crack*, desde o chá de *ginseng* até o LSD, que têm algum efeito sobre a maneira como nos sentimos e pensamos. Temos muitas drogas e muitas categorias de uso de drogas — que viciam, que não viciam, que fazem bem, que fazem mal, recreativas, espirituais, terapêuticas, cosméticas. Temos também uma quantidade enorme daquilo que pode ser chamado de informação sobre os efeitos dessas substâncias e a melhor maneira de utilizá-las. Isso inclui desde antigas tradições culturais (como os rituais do *peyote* dos índios norte-americanos), sabedoria caseira ("para dor de cabeça tome duas aspirinas"), o conhecimento popular sobre a cultura das drogas, bem como dados específicos baseados em pesquisas e protocolos de tratamento. Há também uma série de opiniões sobre como essas informações deveriam ser tratadas pelas pessoas e pelas sociedades, desde as maciças guerras às drogas, financiadas pelos governos e campanhas educacionais do tipo "Diga não às drogas", até aos apelos dos libertários e neo-*hippies* para descriminalizar ou legalizar o uso de todas ou de algumas drogas. Existem também muitas opiniões sobre o que constitui uma "droga" e sobre quais drogas são benéficas e quais maléficas. É isso que temos agora e que teremos ainda mais no futuro. Novas drogas surgirão, bem como mais informações sobre elas. Talvez a sociedade não se sinta à vontade com a idéia de usar drogas como instrumento para a busca espiritual, mas ela parece disposta a aceitar as drogas como instrumento para fins psicoterapêuticos e até mesmo cosméticos. A atual pesquisa sobre genética e neurociência assegura que logo teremos mais informações sobre o papel dos genes e as substâncias químicas produzidas por eles na nossa vida emocional. Isso levará ao desenvolvimento e uso de substâncias químicas ainda mais psicoativas. Tomemos uma visão não muito séria de um escritor de ficção científica, sobre o futuro próximo:

> Estamos no inverno de 2030. O trabalho vai mal, a sua vida amorosa está em pedaços. Sentindo-se irritável e melancólico, você liga o computador e se conecta ao *Normopsych*, um serviço de drogas *on-line*, especializado em reestruturação da personalidade. Depois de digitar a história da sua vida, dar o perfil da sua personalidade e completar os testes de realidade virtual sobre sensibilidade à rejeição e disposição de ânimo, você se recosta na cadeira. Alguns segundos depois, a tela mostra uma imagem tridimensional e rotativa do seu cérebro. Alguns caminhos de neurotransmissores estão brilhando ameaçadoramente. O diagnóstico é: "Os níveis de serotonina estão quinze por cento abaixo do normal no sistema límbico. Ministrar cem gramas diárias de *MoodStim* e *AntiGrief*."[16]

O autor apressa-se a dizer que esse cenário é fantasia apenas em parte, pois esses vislumbres do que temos pela frente não podem simplesmente ser descartados como improváveis. Pelo contrário, poderão ser muito conservadores. E ele afirma: "para uma minoria de psiquiatras, a era da *pílula da personalidade* já chegou." Tudo isso tem muitas implicações, mas, para nós, apenas uma deve ser levada em conta — a consciência humana, certamente incluindo a noção do eu, é mediada não apenas pelos genes, experiências da infância e ambiente social, mas também pelas substâncias químicas que ingerimos.

Atualmente, caminhamos na direção de uma civilização global, muitas vezes descrita como pós-moderna, outras vezes como sociedade de informação. Ambas as definições são acuradas e úteis, mas, para sermos realistas, deveríamos acrescentar que vivemos numa cultura e economia mundiais de drogas. A fabricação e distribuição de drogas é um negócio de proporções assombrosas. Nos jornais de hoje, podemos ler um relatório sobre o comércio de cocaína, que, "depois de vinte anos de programas de erradicação, com um custo de centenas de milhões de dólares, a cocaína pode ser comprada em todos os continentes, praticamente em qualquer cidade".[17] Acredito que isso também se aplique a outras drogas maiores e à maioria das drogas menores. O mundo está inundado de produtos químicos.

Isso é verdade atualmente e também o será no futuro. O futuro da personalidade será determinado, em parte, talvez em grande parte, pelas drogas que teremos à disposição e pela maneira pela qual serão usadas.

Rumo
à Sociedade
da
Pós-Identidade

O modo como um usuário das salas de bate-papo da Internet "vê" outro usuário depende totalmente das informações fornecidas por essa pessoa. É possível brincar com a identidade. Os limites delineados pelos construtos culturais de beleza, feiúra, estar na moda ou não, podem ser ignorados nas salas de bate-papo. É possível, literalmente, se parecer com qualquer coisa que se queira.

ELIZABETH M. REID[1]

Quando as pessoas descobrem que tio Jim está navegando na Internet em busca de adolescentes, ou que HotGirl4U é na verdade um garoto, essas identidades desaparecem e as pessoas por trás delas ressurgem sob nomes diferentes.

ROBERT ROSSNEY[2]

Os instrumentos são, em grande parte, a forma pela qual compreendemos a nossa identidade. Quando nossos instrumentos evoluem, o nosso conceito de quem somos também evolui, e, à medida que muda o nosso conceito daquilo que somos, muda a forma como nos comportamos com as outras pessoas.

VICTOR GREY[3]

9

As Aventuras do Eu no Espaço Cibernético

O fato básico da vida numa sociedade de pós-identidade não é as pessoas não terem nenhuma identidade. Nem poderíamos imaginar um mundo assim. Significa, isto sim, que as pessoas terão mais identidades do que possam comportar e que as identidades mudarão ou deixarão de ter a importância que tinham antes.

Embora essa história de construir e manter uma identidade pessoal seja algo misterioso, é óbvio que a velha geografia tem um papel importante nela. Se passarmos a vida numa única aldeia, numa única floresta ou montanha, na companhia das mesmas pessoas, provavelmente não ficaremos nos torturando, imaginando quem somos. As coisas começam a ficar interessantes quando começamos a entrar em outros espaços e sociedades, ou quando estranhos invadem o nosso território, ou quando alguma mensagem de uma cultura diferente (por exemplo, uma transmissão de televisão) entra no nosso território psicológico.

Hoje as coisas estão ficando muito interessantes e muito rapidamente. As pessoas correm pelo mundo, em números sem precedente e o mesmo acontece com símbolos e informações de todos os tipos. Recentemente, li um artigo sobre os avanços na comunicação telefônica mundial, que proclamava "a morte das distâncias". É um exagero, pois as distâncias não morreram, mas elas certamente têm menos importância agora, nos ambientes sociais em que vivemos, do que há pouco tempo.

E elas importam ainda menos para as pessoas cuja vida social e profissional se passa, até certo ponto, entre computadores e as conexões entre eles. Espaço cibernético. É um sinal significativo dos nossos tempos que tenhamos inventado uma nova palavra, tirada das páginas dos livros de ficção científica, para descrever uma nova dimensão da interação humana, um lugar que não é realmente um lugar, no sentido geográfico da palavra.

Todavia, é um lugar no qual as pessoas parecem querer ficar.

Outras Vozes, Outras Salas

As seções de aconselhamento dos jornais são janelas para o mundo, através das quais podemos ter vislumbres interessantes e úteis do que está acontecendo na vida das pessoas. Nos últimos anos, notei um crescente número de cartas de leitores reclamando que um parente ou amigo está viciado no computador. E não só no computador, mas em um ou mais dos diversos cenários sociais eletrônicos, nos quais eles conversam, jogam, bisbilhotam, namoram e discutem com pessoas que jamais encontraram pessoalmente. Em geral, o dependente é um jovem aficcionado por computadores, mas nem sempre. Chamou a minha atenção em especial a reclamação de um neto cuja avó ficava o dia todo no quarto, tomando Coca-Cola e digitando no computador, e que obviamente preferia a companhia daquelas figuras sombrias do espaço cibernético aos seus parentes de carne e osso. Na maior parte dos casos, os queixosos inferiam que essas preferências, esses mergulhos em relacionamentos "irreais", só podem ser patológicas.

Será que são mesmo? Acredito que a maioria das pessoas diria que não é inteiramente saudável passar a maior parte da vida *online*, se tiver a opção de estar com pessoas de carne e osso. Mas conheci outras que acham a vida no espaço cibernético vibrante, gratificante e enriquecedora, e que insistem que isso acrescenta, e não subtrai, alguma coisa à sua existência nas antiquadas quatro dimensões.

Não duvido dessa opinião, mas não é disso que queremos tratar aqui. O que estamos discutindo é o eu e os diversos acontecimentos, na nossa época, que mudam a nossa idéia e as experiências sobre ele. Parece que o espaço cibernético é todo um novo campo para a construção e transformação do eu, uma dimensão da vida na qual as pessoas podem ser quase infinitamente multifrênicas e proteiformes, uma matriz para novos relacionamentos.

Devido ao fato de tantas pessoas estarem agora passando parte da sua vida no espaço cibernético, descobrindo e criando novas regras, rituais e ordens sociais, o estudo desses comportamentos eletrônicos tornou-se uma fonte de teses acadêmicas. É um golpe de sorte para esses pesquisadores, pois exatamente no momento em que a modernização parece acabar com todas as distâncias, as diferenças, os mistérios das terras exóticas e civilizações primitivas, a mudança tecnológica abre um terreno novo com uma civilização em construção, e as oportunidades intelectuais se multiplicam criando o que chamaríamos de "antropologia pós-orgânica".[4]

Excesso de Sociedades

O espaço cibernético contém um número praticamente infinito de comunidades. Como vimos, o fato de pertencer a diversas comunidades é o caminho natural para uma autodiversificação. E, uma vez que o mundo das comunicações por meio do computador (CMC) contém tantas comunidades diferentes, de tantos tipos diversos, a maioria dos usuários acha um desperdício pertencer a uma apenas. Um indivíduo pode estar seriamente envolvido em muitos grupos, como por exemplo, um grupo de auto-ajuda para pessoas que sofrem de compulsão alimentar, um grupo de estudos religiosos, um grupo profissional ou de estudos dedicado a resolver problemas e trocar informações, um domínio de multiuso (MUD) para jogos de fantasia e grupos políticos para discussão de acontecimentos da atualidade, além de, é claro, passar algum tempo desligado da máquina, participando de diversas outras atividades semelhantes, naquele domínio que o pessoal da informática denomina de "vida real" (IRL).

Nem mesmo é necessário restringir a socialização a uma comunidade de cada vez. Com um bom equipamento e habilidade tecnológica suficiente, pode-se conectar duas, três ou até mais ao mesmo tempo. A socióloga Sherry Turkle, cujo livro *Life on the Screen* é um dos melhores estudos da dinâmica social do mundo dos computadores, afirmou que: "Muitas vezes as pessoas estão conectadas a diversos MUD ao mesmo tempo." Ela descreveu um calouro do MIT de 18 anos, sentado na frente de uma máquina ligada a uma rede, às duas da manhã, olhando para uma tela dividida em quatro áreas. "Neste MUD", disse ele, "estou relaxando e arejando. Neste outro, estou numa guerra incendiária. Neste último, estou numa atividade sexual intensa. Estou navegando entre os MUDs e, ao mesmo tempo, fazendo um trabalho de física para entregar amanhã às dez horas."[5]

É claro que isso não é olhar a vida através de uma única janela; é a multifrenia correndo solta. Isso não teria muita importância se todas essas atividades fossem superficiais, sem envolvimento pessoal sério, sem um sentido de relacionamento maior do que teríamos, digamos, ao folhear revistas numa banca. Mas as pessoas *ficam* envolvidas, e vivem uma parte importante da vida nesses contextos. Conheço diversas pessoas, perfeitamente adaptadas, que possuem todas as habilidades sociais normais e que não têm problemas para atuar na vida real, mas que insistem em afirmar que a socialização eletrônica também é uma vida real, à sua maneira, e que enriquece a existência. Howard Rheingold, por exemplo, é um sujeito animado e amável, com quem gostaríamos de ficar conversando num bar, como eu de fato fiz, mas que também aprecia o convívio no espaço cibernético. Ele escreveu, inclusive, um livro sobre os seus encantos, *The Virtual Community*. Ele afirmou:

> Hoje, o meu mundo é um mundo diferente daquele em que vivi nos dias pré-modernos, com amigos e preocupações diferentes. Os lugares que visito mentalmente, e as pessoas com que me comunico de um momento para outro, são totalmente diferentes do conteúdo dos meus pensamentos ou do círculo de amigos que eu tinha antes de começar a entrar nas comunidades virtuais. Numa hora estou envolvido nas minúcias de questões locais, como planejar o jogo de bridge da semana seguinte, logo depois estou tomando parte num debate entre sete países. Eu não apenas habito nas minha comunidades virtuais, mas, na medida em que eu carrego comigo as conversações na minha cabeça e começo a misturá-las com a vida real, essas comunidades virtuais também habitam na minha vida. Eu fui colonizado; minha idéia de família, no nível mais fundamental, está virtualizada.[6]

Ser Alguém no Mundo da Eletrônica

É claro que ser membro de diferentes comunidades virtuais oferece a oportunidade de ser diferente, não apenas de se comportar de modo diferente do que normalmente, mas até mesmo assumir uma identidade inteiramente nova.

Cada região do espaço cibernético tem suas próprias regras sobre identidade e, portanto, diferentes oportunidades de jogar com ela. No domínio relativamente prosaico do *e-mail* e no WELL (Whole Earth 'Lectronic Link), o seu nome verdadeiro está escrito nas suas mensagens, à vista de todo mundo. É claro que podemos ter relacionamentos baseados na troca de mensagens com gente que jamais encontramos pessoalmente, mas isso não é nada de novo. Podemos fazer isso por telefone também. As pessoas já fazem isso há centenas de anos, por meio do correio. Todavia, no Microsoft World podemos entrar num grupo de bate-papo no qual somos identificados apenas pela identidade de membro, usado como o endereço nesse serviço. No meu caso, a minha identidade é WALTANDER, que dificilmente pode ser considerado um disfarce perfeito, mas eu poderia terme registrado como Whoozis ou Cagliostro. Outros serviços *online* facilitam ainda mais, permitindo aos seus usuários ter diversos "nomes de tela" (*screen names*), que podem ser mudados o tempo todo. Nos MUDs, somos conhecidos apenas pelos apelidos inventados para aquele domínio em particular. Podemos participar de diversos domínios, com várias identidades diferentes. Isso também é possível nas rápidas conferências do Internet Relay Chat (IRC), onde a ação é ao vivo: as pessoas lêem os seus comentários à medida que você escreve e respondem em tempo real.

Os MUDs e os grupos de bate-papo são lugares nos quais a criação de identidades ganha liberdade e imaginação. Turkle citou outro estudante cuja vida *online* tem como personagens principais quatro tipos: uma mulher sedutora; um caubói másculo do tipo "homem de Marlboro"; um coelho chamado Cenoura, de personalidade inócua e passiva; e um animal peludo que participa, junto com outros animais peludos, num MUD de forte orientação erótica. Ele declara orgulhosamente: "Eu desdobro a minha personalidade, ligo uma parte da minha mente e depois outra, enquanto vou de janela em janela."[7]

Esse é um bom treinamento para ser multifrênico na vida real. Os MUDs e os papéis eletrônicos têm a mesma função que um simulador de vôo, dando aos milhares e milhares de jovens, que neste mesmo momento estão improvisando e criando a si mesmos no espaço cibernético, um valioso treinamento para as existências que serão vividas em contextos múltiplos e sempre cambiantes. Turkle e outros estudiosos da vida no espaço cibernético insistem na importância da multiplicidade *simultânea*: "O eu não significa mais simplesmente representar papéis diferentes, em palcos diferentes e em horas diferentes, como acontece quando, por exemplo, uma mulher acorda como amante, faz o café como mãe e vai para o trabalho como advogada. A prática ao vivo nas janelas é a de um eu descentrado que existe em muitos mundos e representa diversos papéis ao mesmo tempo."[8]

Para muitas pessoas, as experiências no espaço cibernético podem ser oportunidades significativas de aprendizado, intrumentos para o crescimento psicológico. Um dos principais estudiosos chamou os MUDs de "*workshops* da identidade".[9] As pessoas expressam partes de si mesmas que reprimem na vida real, ou adquirem visões sociais úteis ao descobrir como os outros reagem quando elas assumem diferentes sexos, idades, personalidades e papéis sociais. A troca de sexo é provavelmente a forma mais comum de experiências com a identidade *online*. Rheingold calculou a "população de pessoas que trocam de sexo na Internet na casa das centenas de milhares".[10] Os números dificilmente podem ser calculados com precisão, pois tudo é fluido no espaço cibernético e pouca coisa é registrada, mas não há dúvida de que essa é a forma de impostura eletrônica mais freqüente. É mais comum que os homens passem por mulheres e há várias explicações para isso. Existem as explicações freudianas normais — o feminino reprimido expressando-se eletronicamente —, além das mais prosaicas: o número de homens vagando pelos espaço cibernético supera em muito o de mulheres, e estas, ou talvez seja mais apropriado dizer os tipos *online* que se identificam como mulheres, tendem a obter maior atenção. Muitas vezes os jogos de troca de sexo se tornam incrivelmente complexos: mulheres fingindo que são homens para outras mulheres, por exemplo. Tudo isso parece muito bizarro e futurista, mas um estudioso do assunto apontou que, de certa forma, é até um tanto antiquado. Afinal, a divisão do mundo em masculino e feminino ainda prevalece:

> Nas redes, nas quais a *garantia* ou localização de uma *persona* num corpo físico não tem significado, os homens rotineiramente utilizam *personae* femininas quando querem, e vice-versa. Essa apropriação do outro em grande escala deu origem a novos modos de interação. A ética, a confiança e o risco continuam a existir, mas de forma diferente. Os próprios modos de comunicação entre os gêneros permanecem relativamente estáveis, mas o que se tornou mais flexível foi quem usa qual das duas modalidades socialmente aceitas. Uma mulher que adotou um estilo de conversação masculino pode simplesmente estar assumindo ser homem naquele lugar e momento, de forma que a *persona on-line* dela/dele adquirire um tipo próprio de quase-vida, separada da vida corporificada daquela pessoa no mundo "real".[11]

Essas experiências com o eu, esse livre trânsito através de todas as categorias usuais de identidade, podem ser muito divertidos e também podem ser um tipo de terapia. No caso dos estudos das vidas virtuais, muitas vezes deparamos com pessoas que se expandem e amadurecem nesses espaços e assumem novas responsabilidades. Sherry Turkle nos falou de um jovem chamado Matthew, que, infeliz no amor e tendo sido rejeitado em seus esforços para ser útil, desenvolveu uma nova personalidade num MUD, no qual se tornou um líder:

> No MUD, Matthew criou um papel especial: ele recrutava novos membros e se tornava o seu conselheiro e auxiliar. Ele representava um papel que lhe era familiar, mas agora havia encontrado um mundo no qual ser prestativo lhe granjeara admiração. Envergonhado do seu pai na vida real, ele usou o MUD para representar o papel do homem que gostaria que o pai fosse. Rejeitado por Alicia na vida real, sua persona cavalheiresca no MUD conquistou um considerável sucesso social.[12]

Ao ler esses depoimentos, lembrei-me do grande filme de Roberto Rosselli-ni, de 1960, *General Della Rovere*, uma parábola sobre a identidade, na qual um pequeno trapaceiro é forçado a personificar um famoso general italiano e, depois, assume esse papel tão completamente que desenvolve a integridade e a coragem que jamais teve na vida real e morre como um herói.

O Lado Sombrio do Espaço Cibernético

Mas é claro que nem tudo são flores nesse novo mundo eletrônico. Mesmo o mais ardente defensor da vida social digital há de convir que algumas pessoas ficam doentiamente obcecadas com a vida *online*. Os participantes de MUDs e grupos de bate-papo algumas vezes ficam magoados, frustrados, são desprezados, derrota-dos ou usados, sem nenhuma garantia de crescimento pessoal como resultado. Além disso, há as histórias que todos já ouvimos, e algumas comprovadamente ver-dadeiras, de pessoas que estabelecem magníficos relacionamentos *online*, resolvem mantê-los na vida real e ficam terrivelmente desapontadas quando encontram pes-soalmente o amante virtual. O espaço cibernético tem seus predadores sexuais e psi-cológicos, neuróticos desesperados, embusteiros, destruidores, em resumo, tudo o que a velha vida não-eletrônica também tem. Por ser um meio realmente diferen-te, um espaço diferente com regras novas e ainda não bem definidas, ele oferece no-vas oportunidades não apenas para o crescimento pessoal, mas também para a re-presentação da loucura pessoal. É um tipo de faroeste psicológico, com máscaras mais eficientes do que os lenços dos antigos bandidos.

Há uma história, indubitavelmente verdadeira, embora um tanto confusa, por ter sido recontada muitas vezes, que se tornou parte do folclore do espaço ci-bernético. Ela diz respeito a um psiquiatra chamado Alex, o qual, como muitos outros homens, se apresentava, na Internet, como mulher. Ele descobriu que mui-tas pessoas, especialmente mulheres, se relacionavam com essa *persona* fictícia com uma profundidade emocional e honestidade surpreendentes, e assim resolveu en-feitá-la. Seu nome era Joan; ela era inválida devido a um acidente de carro, causa-do por um motorista embriagado. Ela havia sofrido danos cerebrais que a impe-diam de andar e falar; também estava muito desfigurada, de forma que, muito convenientemente, relutava em se encontrar pessoalmente com qualquer das mu-lheres das quais estava se tornando mentora e amiga, e as quais a admiravam mui-to por sua capacidade de enfrentar essa imensa desgraça.

Assim, Joan não era acessível fisicamente, mas estava sempre presente no mundo virtual, ouvindo as histórias dos outros e oferecendo-lhes conselhos e apoio. E ela tinha uma personalidade rica e interessante, com características como calor humano, senso de humor e simplicidade, que o seu criador não conseguia expressar na sua própria vida. Em algumas das versões dessa história, ela apresentou algumas mulheres a *"netsex"* para lésbicas, ou seja, atividade sexual simulada *online*. Em outras, ela as apresentava ao seu criador, Alex, que manteve casos com elas na vida real. Algumas das mulheres insistiam cada vez mais para conhecer Joan, e Alex começou a ficar pouco à vontade. Algumas décadas antes, Harry Domela tentou se alistar na Legião Estrangeira quando as coisas ficaram perigosas; Alex decidiu matar Joan. Um novo personagem surgiu no cenário virtual e anunciou que ela estava no hospital, muito doente. Seus clientes, amantes e admiradores virtuais ficaram desolados, e queriam saber o nome do hospital, para poderem enviar cartões e flores. Alex cometeu um engano fatal quando deu o nome do hospital no qual era psiquiatra. Alguém ligou para o hospital e o "caso da amante eletrônica", como ficou conhecida na história do espaço cibernético, chegou ao fim, com embaraço para Alex e com traumas emocionais para os amigos de Joan.[13] Uma das mulheres que havia sido enganada escreveu um artigo para a revista *Ms.,* dizendo:

> Mesmo aqueles que mal conheciam Joan sentiram-se afetados e, de certa forma, traídos pelo embuste de Alex. Muitos de nós preferíamos acreditar que éramos uma utópica comunidade do futuro, e a experiência de Alex provou para todos nós que a tecnologia não é um escudo contra as farsas. Perdemos a nossa inocência, quando não a nossa fé.
> Para algumas das vítimas de Alex, inclusive uma mulher que teve um caso com ele na vida real, depois de ter sido apresentada a ele por Joan, a experiência foi um "estupro mental" puro e simples.[14]

Quando os Mundos Colidem

A vida no espaço cibernético pode complementar e enriquecer a vida real, mas também pode complicá-la seriamente. Notamos, por exemplo, que há muitos jogos de sexo na Internet, como *netsex, tiny sex* ou *teledildonics*, quantidade surpreendente para um meio que não oferece nenhum tipo de contato físico. Como alguns psicólogos afirmam, talvez o cérebro seja o verdadeiro órgão sexual dos seres humanos. As conversas vão desde flertes passageiros e amigáveis debates sobre questões sexuais e emocionais a simulações explícitas de atividade sexual. Grande parte dessas ocorrências mais pesadas acontece entre pessoas que se encontram em salas de bate-papo privadas, de forma que o nosso conhecimento do que está acontecendo não é mais preciso do que aquilo que sabemos sobre o que acontece na cama dos outros. Às vezes, isso leva a amizades na vida real, a casos verdadeiros em quartos verdadeiros e, em muitos casos, até a casamentos. E, às vezes, leva a problemas sérios no casamento e outros relacionamentos não eletrônicos preexistentes.

Parece que os casos de adultério são comuns no espaço cibernético. Pessoas casadas e insatisfeitas com seu par encontram amplas oportunidades e tentações irresistíveis para flertar. Esse é o objetivo explícito de muitos grupos de bate-papo. Se entramos numa sala de bate-papo com o nome de "casados que flertam", "casos com casados", "esposa solitária" ou "maridinho assanhado", não nos surpreendemos com o que encontramos ali. Com muita facilidade os flertes eletrônicos evoluem para casos sérios. A revista virtual *Self-Help and Psychology* realizou uma pesquisa sobre o assunto, pela Internet, e descobriu dezenas de usuários de computadores que afirmaram que mantiveram relacionamentos extramaritais *online*. É claro que são aventuras superficiais, sem contatos na vida real. Eu soube de casos nos quais o marido ou a esposa as toleravam como uma diversão inofensiva. Mas elas também podem afundar um casamento, pelo menos de duas formas: quando o parceiro *não* as tolera e descobre o que está acontecendo, e quando o marido ou esposa aventureiros acham que o parceiro virtual é melhor que o da vida real. Li num jornal de San Diego uma reportagem sobre o assunto, a respeito de uma jovem esposa que pensava seriamente em deixar o marido por um homem que ela jamais havia encontrado pessoalmente:

> "Ele é charmoso, espirituoso e engraçado", diz Jenny, 28, sobre o homem com quem ela passa eletronicamente momentos tórridos, tarde da noite. "Meu marido é um homem bom, mas ele não sabe nada sobre os aspectos estimulantes de um relacionamento. Esse homem sabe; ele me dá atenção total."[15]

A instituição do casamento como um todo já está ameaçada de muitas formas e esse parece ser mais um problema. É verdade que os relacionamentos virtuais algumas vezes levam ao casamento. Algumas vezes, as pessoas se casam pela Internet e também na vida real; outras vezes elas se casam pela Internet e jamais se encontram. Mas as oportunidades para a multiplicidade e as mudanças que se descortinam com o espaço cibernético me levam a ponderar sobre o futuro dos tradicionais relacionamentos estáveis e monogâmicos. Os casamentos, afinal, dependem de certa continuidade na identidade. Os psicoterapeutas descobriram que, quando um dos parceiros muda de forma dramática ou em sua essência e o outro não, este último se sente profundamente ameaçado e desestabilizado, e o casamento pode desmoronar se a crise não for superada.

Crises de Identidade Virtual: Privacidade e Pirataria

A Rede é um filme de terror sobre a Era da Informática, que dramatiza os apuros de uma mulher que passou a maior parte da vida no espaço cibernético em vez ficar em contato direto com outras pessoas, e cuja identidade foi seqüestrada por uma sinistra organização de *supernerds*. Eles tiraram todos os documentos dela, sua conta bancária e até mesmo a sua casa, e ela não tinha ninguém que a conhecesse, com exceção da mãe, que estava num estágio avançado do mal de Alzheimer. O cineasta exagerou um pouco, mas certamente todos nós agora somos "conhecidos" e "identificados" por informações digitalizadas, o que está se tornando tão importante quanto ser conhecido ou identificado pelos contatos pessoais com outras pessoas, como nas sociedades mais tradicionais. Assim, a nova sociedade que está sendo criada pelas comunicações computadorizadas representam uma série diferente de problemas, igualmente perturbadores e relevantes para a atual crise de identidade.

A privacidade, como vimos no primeiro capítulo, é uma das características distintivas da vida moderna, uma das forças que, historicamente, ajudaram a construir o eu moderno. Na era da informática ela parece estar cada vez mais ameaçada. O espaço cibernético não é apenas o maior "bar para solteiros" do mundo, como também o maior fichário do mundo. Todo tipo de informação sobre nós está flutuando por aí. O escritor de ficção científica James Gleick afirma que os seguintes dados já estão registrados nos computadores do governo ou de grandes corporações, mesmo que você seja um participante modesto da nova economia eletrônica:

Seu histórico de saúde, financeiro, marital, educacional e profissional.

A hora e o número do telefone de cada chamada que você faz ou recebe.

Os jornais e revistas que você assina e os livros que você retira de bibliotecas.

Seu histórico de viagens; você não pode viajar por via aérea sem apresentar identificação fotográfica; num mundo de cartões eletrônicos os dados de um viajante podem apontar até mesmo as viagens de ônibus ou metrô.

A lista de suas retiradas de dinheiro no banco.

Todas as suas compras com cartões de crédito ou cheques. Num futuro próximo, quando o dinheiro eletrônico se tornar a regra, mesmo as compras feitas por notas ou moedas poderão ser registradas.

As Aventuras do Eu no Espaço Cibernético

Aquilo que você come. Assim que os *scanners* do supermercado entram na rede, para agilizar os pagamentos, os dados começam a ser computados para fins de *marketing*. As grandes cadeias convidam os consumidores a fornecer informações pessoais junto aos registros do que compram, em troca de cartões de desconto ou outras promoções.

Seu correio eletrônico e suas mensagens telefônicas. Se você usa um computador no trabalho, seu empregador tem o direito legal de examinar aquilo que você digita. Cada vez mais companhias verificam sigilosamente os *e-mails* dos empregados e até mesmo os correios de voz. Teoricamente, embora seja raro na prática, mesmo um serviço pela Internet ou seu provedor da Internet podem monitorar você...

Por onde você navega ou o que você vê na Internet. Normalmente, a navegação pela Internet é uma atividade anônima, mas muitos serviços de informação pedem aos usuários que se identifiquem e até mesmo que forneçam o telefone e outras informações pessoais. Uma vez que o usuário faça isso, suas atividades podem ser monitoradas em detalhes. Você gosta de música *country*? Está pensando em viajar para a Nova Zelândia? Esteve visitando a seção de livros eróticos de uma livraria virtual? Alguém, ou pelo menos algum computador, provavelmente já sabe disso.[16]

Embora os diversos empresários que tentam transformar o espaço cibernético na maior loja de departamentos do mundo nos assegurem de que todos os dados estão sendo protegidos, ficamos sabendo de verdadeiras histórias de terror sobre pessoas cuja identidade foi usada:

Poderia ser com você. De repente, bancos, lojas e galerias de arte exigem que você pague por coisas que nunca comprou.
E não é tão simples como quando alguém furta o seu cartão de crédito. Alguém realmente roubou a sua identidade, tornando quase impossível provar aos credores que não foi você que fez as compras fraudulentas.
Isso chama-se fraude de identidade e acontece com um número cada vez maior de pessoas, levando-as ao desespero por muitos anos, embora seja considerado crime sem muita importância pelos órgãos do governo responsáveis.[17]

Em decorrência disso, tem surgido muita pressão para que haja mais proteção: *softwares* melhores, leis mais severas, fiscalização mais rigorosa. Estou certo de que essas medidas se revelarão razoavelmente eficientes. Os lucros potenciais para vendas e negócios pela Internet são enormes, suficientemente grandes para garantir que os governos e as empresas façam todo o possível para que o público se sinta seguro com relação à nova economia eletrônica. Mas isso não significa que a privacidade não será sacrificada. Nessa questão, concordo com o sociólogo Amitai Etzioni:

> A possibilidade de restaurar a antiga privacidade é tão remota quanto a de eliminar as armas nucleares. O gênio fugiu da garrafa. Ou retornamos à Idade da Pedra, com pagamentos em dinheiro, uso de pombos-correio e ausência de seguros, ou aprendemos a conviver com a privacidade reduzida... Ficamos aborrecidos com razão quando o nosso crédito não é aprovado ou quando ficamos sabendo que uma pessoa inocente foi presa por causa de erros em bancos de dados. Mas isso tudo não é efeito de uma violação da privacidade e sim conseqüência de coleta de dados e manutenção malfeitas. Precisamos de meios mais rápidos e mais fáceis para corrigir os processos, em vez de tentar abolir as novas e quase sempre benéficas tecnologias de informação pelo fato de estas estarem precisando de uma sintonia fina.[18]

Etzioni, ao olhar a questão da privacidade do ponto de vista da sua filosofia comunitária, acredita que abrir mão de parte da privacidade é "exatamente aquilo que o bem-estar comum exige". Ele aponta que os dados computadorizados exercem a mesma função social que os registros sobre médicos incompetentes e negligentes, aviões com defeito, agressores sexuais e pais caloteiros.

Ironicamente, esse aspecto da nossa nova civilização eletrônica oferece uma certa estabilidade à identidade pessoal. Por mais que mudemos nos MUDs e nas salas de bate-papo, ou mesmo alteremos a nossa personalidade e aparência física na vida real, algumas informações sobre nós, como os registros de crédito, em geral sobrevivem tenazmente nos bancos de dados. Todavia, não creio que as informações representem o verdadeiro eu. São apenas dados, frouxamente vinculados à nossa vida, mais uma faceta da nossa identidade multifacetada.

Conexões Infinitas: O Futuro de um Wildcard

Os futurólogos profissionais, ou seja, as pessoas que ganham a vida construindo cenários plausíveis para aquilo que virá, têm uma expressão, *wildcard*, para os acontecimentos que ninguém consegue predizer, o desenvolvimento de algo que surge aparentemente do nada e altera radicalmente o curso da História. Os *wildcards* podem ser desastrosos, maravilhosos ou uma combinação das duas coisas, mas são sempre imprevisíveis. A única coisa que se pode prever é que algumas delas surgirão. Só podemos especular sobre quais serão e como atuarão.

O surgimento do computador pessoal foi uma delas, e talvez se revele como um dos maiores e mais imprevisíveis acontecimentos de todos os tempos. A tecnologia em si não foi nenhuma surpresa; muitas pessoas esperavam que ela se desenvolvesse mais ou menos da forma como ocorreu. A supresa foi quem começou a usar os PCs, e como. O computador assumiu, na sociedade e na vida das pessoas, papéis completamente desvinculados do âmbito científico, comercial e militar, como acontecia com a tecnologia no passado. Ninguém poderia imaginar que os computadores criariam um novo tipo de conexão humana, um novo espaço social, uma forma inteiramente nova para as pessoas utilizarem a identidade pessoal.

Bem, agora já sabemos. O que não sabemos é como será daqui para a frente.

Acho que, na maior parte do presente capítulo, usei um tom parecido com o de um antropólogo ou viajante descrevendo um país diferente, um lugar que ele viu e que conhece bem, um país cuja linguagem ele domina o suficiente para poder visitá-lo mas que, para ele, ainda é um tanto exótico; ele não se sente em casa. E é exatamente assim que eu me sinto em relação ao espaço cibernético. Eu passo um bom tempo lá, pois verifico diariamente o meu *e-mail* e uso bastante a Internet para pesquisas. Participei de muitas conferências, dou uma espiada em alguns grupos de bate-papo e MUDs para ver como funcionam e até mesmo dei cursos pela Internet. Mas ainda não me sinto em casa. Pelo menos não como Howard Rheingold. Não como era para Tom Mandel, famoso cidadão do espaço cibernético, que foi uma das primeiras pessoas a morrer *online* — ao contar como ele se sentia como portador de câncer no pulmão, ao ser repreendido, em diversas conferências, por jamais ter deixado o cigarro e, finalmente, ao ser pranteado por muitas pessoas que jamais conheceu na vida real. E também não como é para o meu filho, o qual, tão logo comprei o nosso primeiro computador, mergulhou nele alegremente e sem medo, da mesma forma que tinha feito, num estágio bem anterior da sua vida, ao pular do trampolim antes mesmo de saber nadar.

Assim, eu, que estou no processo mas não faço parte dele inteiramente, considero com algum ceticismo os aplausos da torcida, como por exemplo a maioria dos colaboradores da *Wired*, e imagino se de fato estamos na iminência do surgimento de uma nova civilização, como eles acreditam.

Finalmente concluo que, embora sem aceitar tudo o que eles afirmam que pode acontecer, sim, estamos! E isso significa que a revolução do computador está acontecendo para todos nós e não apenas para aqueles que participam ativamente das várias subculturas, redes e indústrias que estão surgindo em torno da nova tecnologia.

A revolução de Gutenberg aconteceu para todo mundo e não apenas para as pessoas que sabiam ler ou que podiam comprar livros naquela época. E, embora ainda exista quem não saiba ler ou escrever nem tenha acesso a livros, aquela revolução já é história antiga. Ela foi superada pelas revoluções que vieram depois: o telégrafo, o telefone, o rádio, a televisão. Cada um deles mudou as regras da sociedade, a política e a vida pessoal de muitas maneiras. Nenhuma dessas revoluções está totalmente concluída, visto que não afetaram o mundo todo.

Todavia, novos fios estão sendo desenrolados, novos satélites lançados ao espaço e, inevitavelmente, os meios de comunicação alcançarão mais lugares, tocarão mais vidas. As opções de comunidade e identidade atualmente à disposição para uma parte dos habitantes do mundo estarão disponíveis para a maioria, senão para todos, com todas as suas alegrias e problemas.

E a tecnologia não apenas se difundirá, mas também evoluirá, tornando-se mais fácil de usar e mais poderosa, oferecendo novas oportunidades de expressão e criatividade. A primeira geração dos grupos de bate-papo e MUDs estava limitada à comunicação pelo teclado, o qual ainda é, pelo menos no momento em que escrevo este livro, o principal veículo do espaço cibernético. Escrevemos coisas e lemos na tela coisas que outros escreveram. Mas já existem numerosos serviços que oferecem uma interação mais visual. No *Worlds Chat*, por exemplo, transformamos o que aparece na tela num espaço tridimensional, e escolhemos um "avatar", um tipo de imagem, que nos represente, bem como um apelido. "Avatar" é um termo do espaço cibernético que quer dizer uma *persona* visual. Em sânscrito, a palavra significa "manifestação do Divino". Alguns dos avatares padronizados à disposição dos usuários são figuras de seres humanos bem comuns, de diversas idades, gêneros e raças. Outras são mais fantasiosas: anjos e demônios, monstros, peixes, pássaros, animais selvagens de todo tipo, flores, criaturas alienígenas. Em alguns deles, podemos mudar a expressão facial, se ele tiver rosto, ou o gestual. Outros, ainda, permitem que você desenhe seu próprio avatar. Um dos mais recentes, *OnLine Traveler*, requer um microfone ligado ao computador, para podermos conversar com os outros. Algumas pessoas estão entusiasmadas com um chamado *Worlds Away*, que tem avatares inusitados e algumas interações estranhas, das quais uma das mais comuns são figuras que tentam convencer o usuário a tirar a cabeça do seu avatar e entregá-la a elas.

O que vemos aqui é uma peça da evolução da tecnologia, e é impossível dizer até onde irá. Algumas pessoas imaginam que poderá avançar até criar uma realidade completa mas diferente, uma *Metaverse*, segundo um escritor de ficção científica, tão satisfatória e rica em sua complexidade quanto a realidade verdadeira.[19] Outros, por sua vez, predizem que logo redes interativas muito mais reais, com comunicação sonora e visual, se tornarão um lugar comum largamente utilizado na Internet. Um articulista da *Wired* faz objeções a essa linha de pensamento que insiste nas alegrias da irrealidade:

> O mundo virtual está cheio de coisas que são quase iguais à vida real — mas não exatamente iguais. O correio eletrônico não é correio. Uma conferência virtual não é a mesma coisa que uma conferência na vida real. As comunidades virtuais compartilham muitos atributos com as comunidades do mundo real, mas diferem destas de muitas formas.
>
> O mesmo se dá com os "metamundos". Se tentamos avaliar se eles espelham o mundo real bem ou mal, estaremos levantando a questão errada. Não deveríamos esperar que os metamundos suplantem ou consertem o mundo real, pois eles não o farão. O que eles farão, todavia, é dar às pessoas alguma coisa que elas buscam incessantemente: novas formas de se ligarem umas com as outras.[20]

Além disso, podemos dizer que eles proporcionam novas formas de sentir o eu.

*Os filósofos da ética não concordam
quanto à época em que voltaremos aos
valores morais básicos, exceto quando
afirmam que essa época não existe.*

ROBERT WRIGHT[1]

*Transformar nossa epistemologia,
libertar-nos daquilo a que estávamos
presos, transformar o sujeito em objeto,
de modo que possamos "possuí-lo" e não
"ser possuídos" por ele — essa é a
maneira mais eficaz que conheço de
conceituar o crescimento da mente.*

ROBERT KEGAN[2]

10

A Ética da Pós-Identidade

Na primavera de 1996, os jornais locais da área da Baía de San Francisco publicaram notícias sobre um homem que seria executado por assassinato. O nome dele era Daniel Williams e, conforme as reportagens, fora criado mais ou menos da mesma forma que a maioria dos outros condenados à morte: nasceu em condições de extrema pobreza, numa família de trabalhadores imigrantes; sofreu de síndrome de alcoolismo fetal ao nascer; durante toda a infância foi espancado pelo padrasto; passou por diversas escolas, chegando até doze num único ano; durante a adolescência ficou viciado em drogas e álcool; teve passagens por prisões estaduais e federais por vários crimes, inclusive estupro, roubo de carros, assalto e seqüestro; sofria de desmaios, visão dupla e outros sintomas maníaco-depressivos. Aos 31 anos teve um ataque de fúria no qual matou três pessoas num único dia, inclusive uma mulher que ele baleou quando estava prestes a violentá-la; foi devidamente preso, julgado e condenado à morte.

Seguiram-se dezessete anos de protelações legais, até que os apelos se esgotaram e parecia que finalmente havia chegado o dia da execução de Williams. Mas a essa altura ele estava mudado. Ele tomava um medicamento para controlar os sintomas maníacos e se tornara uma pessoa quieta e gentil, conhecido por todos como Danny, cujo principal passatempo era ler livros irlandeses e ingleses de História. Uma de suas advogadas de defesa, que passou muito tempo com ele, disse: "Quando ele está sob medicação, é respeitoso, atencioso e solícito. Ele é o avô com que todos sonhamos."[3]

Em suma, um homem diferente. Ele era perseguido pelo remorso e dizia que "estivera fora de si" ao cometer os crimes. Dez dos parentes de suas vítimas acreditavam que ele havia mudado radicalmente e pediram que sua pena fosse reduzida para prisão perpétua. Mas, de acordo com a lei, ele era o mesmo homem que havia cometido os crimes, e algumas pessoas, inclusive o filho de uma de suas vítimas, insistiam para que ele fosse executado, mesmo que o seu comportamento atual fosse diferente. Depois que um apelo final à Suprema Corte dos Estados Unidos foi rejeitado pela Juiza Sandra Day O'Connor, Danny Williams foi executado com uma injeção letal. Caso encerrado.

Mas é claro que o caso *não* está encerrado. Ele ainda continua conosco, como um dos paradoxos do eu. Temos uma ordem e cultura legais carregadas de contradições — defesas por insanidade que, em alguns casos, desculpam quase todos os comportamentos de uma pessoa que se julgue "não ser ela mesma" na hora do crime, ao lado de sistemas penais e valores sociais que não são mais do que vingança institucionalizada. E vingança exige a negação de toda crença na mudança pessoal fundamental.

A tentativa de salvar Williams da execução é outro exemplo no qual se "forçou a barra" da identidade, com a alegação de que uma pessoa pode se tornar tão diferente a ponto de não ser legalmente responsável pelos atos criminosos da pessoa que ele foi. E é outro exemplo de como a "barra foi forçada de volta". É uma ilustração de outro tipo de conflito sobre os limites que devem ser mudados. Nesse exemplo, há quem argumente que o prisioneiro de meia-idade, que vive calmamente sob medicação e com os seus remorsos, não é a mesma pessoa que aquele jovem maníaco-depressivo que matou três pessoas num dia, no vale de San Joaquin.

De muitas maneiras, as questões de identidade são também questões de ética. E agora, sob a enorme pressão de tantas pessoas que superam as assunções da idade moderna sobre o eu, somos forçados a reavaliar muitas questões éticas, e não apenas uma vez, mas fazê-lo continuamente. Os casos recusam-se a permanecer encerrados, as questões se recusam a ser resolvidas satisfatoriamente para todos os interessados, e nós nos encontramos num envolvimento sem fim com os princípios éticos. Ademais, as questões éticas não são apenas temas abstratos a serem debatidos com calma, numa linguagem quase incompreensível, nos Departamentos de Filosofia. Essas questões estão nas ruas e na nossa casa. Vivemos com elas e muitas vezes morremos por elas. Pergunte a alguém que esteja pensando em aborto ou esperando um transplante de coração.

Ética, Tempo e Lugar

O mais importante a ser compreendido sobre ética e moralidade, a grande lição que está sendo aprendida — e profundamente temida e ferozmente evitada — é que todos os sistemas éticos e morais são criados por pessoas, e do modo que essas pessoas são num determinado momento e num determinado lugar. Essa descoberta é difícil para todos nós e se torna ainda mais difícil pela impossibilidade de separar a moral e o eu. Aquilo que você pensa ser o certo é inseparável daquilo que você pensa que é. Sempre que os fundamentos da moralidade mudam, também mudam os fundamentos da identidade; desistimos de uma parte do que éramos, ou que acreditávamos ser, ou que fingíamos ser. O filósofo Alasdair MacIntyre nos lembra que as palavras que usamos: "ética" e "moralidade", derivam do grego *ethikos* e do latim *moralis*. Ele afirma: "Ambas significam 'pertinentes ao caráter', sendo que o caráter do homem nada mais é do que suas disposições preestabelecidas para comportar-se sistematicamente de uma maneira em vez de outra, para levar um determinado tipo de vida".[4]

Algumas pessoas acham que a era presente é a nova Idade Média, o colapso final de todos os fundamentos do comportamento moral, não apenas da religião e das tradições sociais, mas até mesmo da racionalidade que alguns filósofos um dia acreditaram ser o caminho brilhante que levaria todas as pessoas, em todo lugar, a uma compreensão comum e racional do certo e do errado. Essa percepção do colapso é um dos temas preferidos dos reacionários e dos românticos, para os quais o melhor remédio começa com as palavras mágicas: "De volta a…" De volta à religião, de volta ao patriotismo, de volta à comunidade, de volta aos livros de filosofia. Em *After Virtue*, MacIntyre deu uma versão sofisticada mas também desoladora de como se deu aquele colapso e no que resultou. A moralidade agora predominante, diz ele, é a que os filósofos chamam de "emotivismo": "Emotivismo é a doutrina segundo a qual todos os julgamentos de avaliação e, mais especificamente, todos os julgamentos morais, *nada mais são* do que expressões de preferência, expressões de atitudes ou sentimentos, na medida em que são de caráter moral ou avaliativo."[5] O que isso significa, traduzindo em termos mais rudes, é que todos nós fazemos aquilo que bem entendemos. Podemos sentir que estamos sendo éticos, generosos, religiosos, abstinentes, castos ou até antiquados, mas o fator determinante ainda é o sentimento. Uma vez que os sentimentos mudam quando a pessoa muda, ninguém realmente age a partir de um código moral sempre racional ou coerente. "Tudo pode ser criticado a partir de qualquer ponto de vista adotado pelo eu, inclusive a escolha do eu do ponto de vista a ser adotado."[6] O eu emotivista "é um eu sem continuidades estabelecidas, salvo aquelas do corpo, que é o seu portador, e da memória, que faz o melhor que pode para reuni-las no seu passado".[7]

MacIntyre não vê a questão com otimismo. Ele mesmo prefere optar por um caminho que está na categoria "de volta a…". Em seu caso, seria a volta ao tipo de pensamento moral descrito em *Nicomachean Ethics*, de Aristóteles, uma busca racional por princípios de "virtude" que possam ser aceitos por todos, pelo menos pelas pessoas de uma comunidade ou de um determinado estágio da História.

Um ponto que não podemos deixar de notar sobre a época presente, independentemente de a acharmos boa ou ruim, é que está havendo muita conversa sobre moralidade. Questões de "certo" e "errado" estão sendo exaustivamente discutidas e debatidas. A ética se constitui numa indústria em crescimento, e os profissionais da ética estão ativamente empenhados em elaborar códigos de ética para os negócios, para a medicina, para o Direito, para a pesquisa científica, para o espaço cibernético. A biotecnologia, matéria na qual estou envolvido há muitos anos, é um campo particularmente rico para o discurso ético. À medida que esse tipo de atividade ética se desenvolve, não vejo evidências também de qualquer escassez de moralização e pregação. Em todos os lugares, vemos pregadores seculares exortando-nos a não sermos racistas, sexistas, a sermos menos individualistas, mais ecologicamente responsáveis, fisicamente responsáveis, bondosos com os animais. Enquanto isso, os pregadores mais tradicionais estão ativamente ocupados com as rádios e TVs, nas igrejas e algumas vezes nas esquinas, brandindo a Bíblia e nos dizendo para obedecermos aos Dez Mandamentos e ficarmos de bem com Deus. Em comparação com a nossa situação atual, nos velhos tempos de Salem era mais fácil para as pessoas, pois então pelo menos elas eram pressionadas apenas por um sistema de crença. Em relação à moralidade, bem como à comunidade e identidade, o problema não é escassez, mas sim excesso.

Profusão de comunidades e confusão de moralidades são, na verdade, dois lados da mesma situação, diferentes aspectos de um único problema, para o qual todos nós improvisamos soluções o tempo todo, enquanto vivemos a nossa vida pós-moderna. Nós entramos e saímos de comunidades diferentes, cada uma delas com seus próprios valores e crenças e, algumas vezes, a moralidade de uma comunidade é diferente da moralidade de outra comunidade, e até mesmo diametralmente oposta. Nós mudamos cada vez que entramos ou saímos de uma comunidade. Periodicamente, tomamos a decisão de sermos mais consistentes, mas não é fácil. A maioria de nós simplesmente não vive, em tempo integral, dentro de uma única estrutura moral que determine um conjunto de instruções sobre como devemos ser, nem mesmo um conjunto bem claro de orientações para que descubramos por nós mesmos. Como indivíduos, também não temos "tipos" acabados com códigos de ética pessoais sólidos que possam ser aplicados em qualquer lugar. A maioria de nós simplesmente não tem aquilo que se poderia chamar de uma clara identidade moral, da mesma forma que não temos uma identidade psicológica permanente.

A Ética e as Guerras Culturais

Para tornar as coisas ainda mais complicadas, existe uma guerra em curso. Na verdade, muitas delas — guerras culturais.

Quando lutamos com os dilemas morais que todos nós encontramos vez por outra na vida — se devemos ou não seguir os ensinamentos de uma religião, como resolver nossos impulsos sexuais, como tratar alguém de quem não gostamos — fazemos parte da infantaria de uma guerra cultural. Essas guerras, esses conflitos sobre como tomar literalmente os códigos de moralidade que recebemos como herança do passado, estão sendo travadas em todo o mundo e ninguém fica totalmente neutro.

O sociólogo James Davison Hunter define as guerras culturais contemporâneas como conflitos entre dois impulsos diferentes: o da ortodoxia e o do progresso. Esses impulsos brotam em todos os sistemas de crença — religiões organizadas, ideologias políticas, culturas tradicionais, tribos e nações — e têm causado uma enorme quantidade de conflitos entre algumas denominações religiosas. Hunter define ortodoxia como: *o comprometimento, por parte dos adeptos, com uma autoridade externa, definida e transcendente*, e progresso como: *a tendência a re-simbolizar crenças históricas, de acordo com as suposições predominantes da vida contemporânea.*[8]

As guerras culturais estão em toda parte, mas sob formas diferentes. Nas igrejas cristãs, os ortodoxos proclamam a infalibilidade da Bíblia ou do Papa, enquanto os progressistas tentam ordenar mulheres e *gays* e criar novos rituais. No mundo muçulmano, os ortodoxos alegremente apedrejam os adúlteros até à morte e exortam as mulheres a cobrir as partes do corpo que possam excitar no homem uma lascívia incontrolável, ou seja, quase todas as partes do corpo, enquanto os progressistas tentam viver uma variedade de islamismo mais global e tolerante. No mundo comunista, os ortodoxos lutam para se ater às verdades eternas de Marx e Lenin, enquanto os progressistas abrem Bolsas de Valores. Nas escolas americanas, os ortodoxos ensinam às crianças os básicos e tradicionais princípios de certo e errado, na esperança de transformá-las em sólidos cidadãos autodirecionados com claras identidades morais, enquanto os progressistas ensinam capacidades de "raciocínio moral", as quais, acreditam, os deixarão aptos a agir como seres humanos civilizados, num mundo relativista e pluralista.

Nós, na grande maioria, não somos filósofos morais e nem desejamos sê-lo, e tentamos valentemente ser um pouco ortodoxos aqui e um pouco progressistas ali, um pouco espiritualistas em determinada ocasião e um pouco científicos em outra. Nós podemos fazer isso. Certamente teremos alguns problemas com os guerreiros da ortodoxia, mas podemos ter algum apoio moral dos teólogos progressistas, como Martin Marty, que escreveu o seguinte sobre a necessidade de transitar entre formas de pensamento religiosas e seculares, conforme a situação: "Sou cristão, mas o tempo todo penso de forma racional e secular. Se estou doente, não quero uma cirurgia cerebral mórmon, não quero transfusões de sangue batistas, nem quero proctologia luterana. Eu apenas quero que o serviço seja feito. Essa forma de racionalidade não é muito reforçada por uma filosofia volumosa, mas provavelmente ficará conosco em muitas dimensões da vida, simplesmente porque funciona muito bem."[9]

Outra coisa que possivelmente ficará conosco, não porque seja tão obviamente prática, mas simplesmente porque muitas pessoas parecem achá-la satisfatória, é o costume de escolher quais os aspectos de uma religião ou tradição aceitar e quais rejeitar. Se examinarmos a taxa de natalidade de países de maioria católica, como a Itália, temos a impressão de que muitas pessoas não seguem mais os ensinamentos da Igreja sobre o controle da natalidade. Se conversarmos com uma católica norte-americana, descobriremos que ela ama a Deus e à Igreja, mas não acredita na Imaculada Conceição ou no Pecado Original. Huston Smith, um dos nossos teólogos mais iminentes, afirma que agora a maioria dos cristãos vê os Dez Mandamentos como Dez Sugestões. Esse tipo de escolha e seleção, que leva algumas pessoas a serem chamadas de "católicos de botequim", não decorre necessariamente de ser conscientemente progressista. Essa seleção talvez não leve a tentativas deliberadas de reformar a Igreja, mas certamente reflete um modo de se relacionar com os códigos de moralidade oficiais que é bem mais radicalmente pós-moderno do que as pessoas que a praticam admitiriam. Ela também está extremamente difundida e é profundamente perturbadora para as pessoas de credos mais ortodoxos, que acham essa moralidade do tipo "misture e use" muito pior do que nenhuma moralidade.

A ortodoxia, pelo menos as formas mais ferrenhas e militantes, transforma-se naquilo que hoje em dia geralmente chamamos de fundamentalismo. Martin Marty afirma que o fundamentalismo é basicamente um movimento pós-moderno. Sempre houve conservadores, crentes verdadeiros e pessoas simplesmente intolerantes. Nada de novo até aqui. Mas os movimentos que irromperam no meio da maioria das denominações cristãs e em lugares onde anteriormente se pregava o induísmo ou o islamismo com menos fúria têm agora um caráter diferente e um novo inimigo — eles se opõem, não apenas aos desvios dos velhos ensinamentos, mas à globalização, ao pluralismo e relativismo pós-modernos, à mídia de massa e à cultura do consumo popular. O cientista político Ben Barber captou bem a essência desse fenômeno mundial no título de seu livro *Jihad versus McWorld*.

Identidades e Moralidades

Se você tiver nascido numa cultura estritamente fundamentalista, ou caso resolva aderir a uma, receberá respostas prontas para duas das questões mais intrigantes da vida: "Quem sou eu? O que devo fazer?" Um forte e tradicional sistema de crenças geralmente é um sistema que define os diferentes papéis que a pessoa tem na ordem social, e também um sistema de moralidade com um sólido conjunto de instruções sobre o que é certo e errado. Essa é a atração de tais sistemas, o canto da sereia de todas as religiões e cultos. Junte-se a eles e terá a resposta à pergunta: "Quem e o que sou eu?" Com essa identidade, você receberá, sem despesas adicionais, um conjunto de valores e crenças, uma visão de mundo, um código moral.

Li no jornal a seguinte declaração de um jovem soldado do exército Taleban, os ferozes estudantes fundamentalistas do Islã que lutam em batalhas sem fim no Afeganistão: "Sou um soldado de Alá", disse ao repórter. Aqui não existe nenhuma crise de identidade, nenhuma questão sobre o que é certo e errado. Apenas a Sharia, código muçulmano que prescreve o comportamento, a vestimenta, a conduta sexual e o castigo para os que agem errado.

Lembro-me também de diversos conhecidos que, nos anos 70, tornaram-se discípulos de Bhagwan Shree Rashneesh, o santo homem da Índia, cujo ramo de espiritualidade da Nova Era conquistou centenas de adeptos, até que descobriram que Bhagwan tinha mais Rolls Royces do que bom senso, o que acabou com o seu movimento. Caso você se juntasse formalmente ao movimento, se tornaria um *saniasin*, ganharia um novo nome e faria o voto de só usar a vestimenta, primeiro de cor laranja e depois rubra, que proclamava a sua fé a todos que o vissem. Assim, a sua identidade estaria unida ao guru e a seus ensinamentos. Essa era uma identidade *primária* que dominava todos os seus outros rótulos, inclusive o nome que recebeu ao nascer. Essa era uma boa psicologia, um antídoto contra a multifrenia. Por algum tempo, ele de fato impediu que os fiéis vacilassem. Mas por fim eles acabaram vacilando, quando o navio começou a afundar, e hoje raramente se encontra algum jovem americano com nomes como Krishna Prem.

No Ocidente, a maioria das pessoas não é bem-sucedida na aquisição de algo como a identidade segura e a certeza moral do jovem soldado taleban. Algumas até se dão bem sem isso. Elas improvisam, emprestam daqui e dali, compram por aí e se ajustam às situações nas quais se encontram. Mas outras não, e é difícil saber para onde se virar quando as coisas ficam difíceis, como aprender a habilidade de navegar num mundo que tem tantos códigos de moral diferentes quanto tipos de cozinha. Esse é o verdadeiro desafio moral do nosso tempo. A sociedade não encontrará um código de moral, espiritual ou secular, que abranja tudo, que funcione uniformemente para todos. Nem todos os indivíduos encontrarão identidades morais bem definidas. O que temos a fazer, seja individual ou coletivamente, é encontrar formas que ensinem as pessoas a serem responsáveis nesse tipo de mundo.

Moralidade e Saúde Mental

A psicoterapia é uma dessas formas. E não se trata apenas dos psicanalistas careiros de Manhattan e Beverly Hills. Existem inúmeras maneiras de se encontrar ajuda para lidar com a própria vida: sessões com conselheiros de todos os tipos, encontros de casais em fins de semana, grupos de auto-ajuda, programas para dependentes, conversas com padres e pastores, treinadores pessoais e psicólogos de gerenciamento. E em todas essas variedades de psicoterapia, grande parte do trabalho envolve questões essencialmente éticas e morais. Muitos psicoterapeutas gostariam de manter oculto esse fato, pois grande parte da liderança nessa profissão consiste em marchar em fileiras cerradas na direção de um modelo mais mecânico de doença e saúde mentais. Não teremos uma boa idéia de como lidar com os nossos dilemas a partir do *Diagnostic and Statistical Manual*, da Bíblia e do livro de receitas do sistema americano de psicoterapia.

Se quisermos ter uma amostra do aspecto da busca moral da terapia, temos que consultar as obras dos antigos psicólogos humanistas, como Rollo May — seu livro *Love and Will* decididamente não trata de sintomas e prescrições — ou o psiquiatra renegado Thomas Szasz, que afirma que a doença mental é um mito e que a psicoterapia nada mais é do que filosofia aplicada. Ou então, como eu fiz, procurá-la em conversas informais com psicoterapeutas que concordem em falar sobre a diferença entre o que aprenderam na faculdade e aquilo com que deparam em suas clínicas.

O que eles, em geral, encontram em seus clientes, a força que leva muitas pessoas à psicoterapia e faz com que gastem tempo e dinheiro nela, é uma poderosa energia moral. Quando afirmo isso, não estou simplesmente elogiando ou reconhecendo a bondade humana. É algo bem mais complexo, pois uma boa parte dessa energia moral é tóxica. As pessoas a mobilizam criando enormes melodramas de culpa e vingança, nos quais a sua família e seus amigos representam o papel de vilões. É uma Força que decididamente tem um lado sombrio. Mas, de qualquer forma, ela está lá — um desejo de acertar, de encontrar diretrizes morais confiáveis, de se achar uma pessoa decente.

Consideremos novamente o caso de Lupe, a filha/oficial da Marinha/enfermeira/esposa/mãe de Oaxaca e suas agonias. Os problemas dela não têm nada a ver com psicoses ou neuroses. Nem a solução para eles consiste em tomar uma pílula — nem mesmo Prozac — ou recuperar memórias de algum trauma de infância. São problemas éticos e de identidade. Para lidar com eles, não basta encontrar as regras em algum livro, pois esse livro não existe, mas sim abrir caminho entre novas noções de certo e errado e encontrar novos meios para cuidar das pessoas que ela ama. Sua terapeuta afirmou: "O que ela teve que fazer foi elevar o nível de desenvolvimento mental, perceber que ela é que tinha que tomar essa decisão, saber se o seu comportamento era ético ou não. Não num vácuo solipsístico, do tipo 'se eu me sinto bem então o farei', mas de forma que ela reconheça o seu lugar numa situação complexa e assuma responsabilidade por ele. As conversas dela comigo foram na verdade conversas sobre isso." A terapia foi uma questão de envolver a cliente para que se desenvolvesse como um animal moral.

Esperança e Complexidade

Os seres humanos *são* animais morais, e morais de maneiras específicas. Somos morais *socialmente*, pois, não importa o quanto somos individualistas, toda moralidade é definida num contexto social. E somos morais *simbolicamente*, pois a compreensão moral é feita com a linguagem. Quando afirmo que somos animais morais, não quero dizer que somos naturalmente dispostos a ser confiáveis, leais, prestativos, bondosos ou possuidores de qualquer outra virtude da lista dos escoteiros. Obviamente, temos uma forte tendência para a direção oposta à das qualidades acima. Ou seja, nós moralizamos. Nós agimos segundo princípios de certo e errado, e esses princípios fazem parte do nosso contínuo esforço para descobrir o sentido do mundo, para organizar coerentemente a matéria-prima da experiência, aquela "confusão florescente e alvoroçada" descrita por William James. "Os organismos organizam, e os organismos humanos organizam o *sentido*", como diz o psicólogo pioneiro William Perry.[10] E ele queria dizer que *todos* os seres humanos organizam o sentido. O impulso organizador e a energia moral, que é parte essencial dele, é compartilhada por todos os membros da espécie. Ele pode levar a um número praticamente infinito de direções. Um indivíduo pode resolver esses problemas organizacionais tornando-se taleban, cidadão urbano sofisticado, membro leal de uma gangue, judeu ortodoxo, protestante liberal, ambientalista, sociopata assassino ou defensor da paz mundial. Mas o impulso da procura por um sentido é universal. Ele é a fonte de todos os nossos problemas e a nossa única esperança.

Esse processo organizador sempre envolve sentimentos, e nesse sentido o termo "emotivista" é correto. O processo ocorre em diversas versões ao mesmo tempo, como nos explicam os cientistas cognitivos. Ele prossegue continuamente, em todos os momentos de vigília, bem como em boa parte do tempo em que estamos dormindo. Ele produz incessantemente novas versões da realidade, à medida que nos transformamos em pessoas um pouco diferentes, em situações e ambientes um pouco diferentes.

Pelo fato de esse processo organizador ser tão complexo e se constituir num trabalho árduo, historicamente as pessoas o tornaram mais fácil participando da mentira do eu. Elas fingem ser menos complicadas, menos mutáveis e menos multidimensionais do que são realmente.

Nós gostamos de qualquer coisa que alivie o fardo da complexidade. Gostamos dos rótulos de raça, gênero e nacionalidade; gostamos dos filmes em que os mocinhos aniquilam os vilões, gostamos das canções que falam de amor imortal; gostamos das histórias em que pessoas são movidas por um único motivo a vida toda. Todos nós gostaríamos de ser o Conde de Monte Cristo por algum tempo, sem outra ocupação a não ser buscar a justa vingança. As identidades são um tipo de ficção que se presta a esse objetivo de redução da complexidade, e os códigos formais de moralidade são outra. Não quer dizer que é hora de simplesmente desistir deles, pois a nossa consciência e a nossa civilização se baseiam neles. Mas certamente é hora de abrir o jogo e contemplar visões mais amplas da nossa própria humanidade.

A Ética na Evolução

Para nos ajudar nesse mundo incrivelmente complexo e confuso de exigências morais conflitantes, temos agora à nossa disposição mapas mais detalhados da parte da mente humana que forma o sentido, mapas psicológicos que registram a maneira pela qual o nosso estilo de pensar sobre o certo e o errado vão mudando durante a vida. De modo geral, eles são denominados modelos evolucionários, e estão ligados ao crescimento.

O padrinho de todos esses "cartógrafos" foi o psicólogo francês Jean Piaget, que estudou o desenvolvimento cognitivo da criança. Ele descreveu detalhadamente a contínua reestruturação por que passa o relacionamento da criança com o ambiente em que ela vive — como ela vê o mundo, como o compreende, como organiza a sua noção de eu.

Depois veio Lawrence Kohlberg, que descreveu outro tipo de crescimento — a passagem de um estágio de desenvolvimento moral para outro. De acordo com Kohlberg, no mais inferior dos "níveis pré-convencionais", a criança começa a desenvolver algumas idéias acerca de regras culturais e rótulos de bom e ruim, certo e errado. Esses não são princípios abstratos, mas linhas gerais para se dar bem na vida. No mundo lá fora existem pessoas poderosas e você poderá ser castigado se fizer aquilo que eles acham ruim e ser recompensado se fizer aquilo que eles acham bom.

A criança evolui para os níveis da chamada "moralidade convencional", que inclui o desejo de ser aprovado pelos outros, a conformidade com as regras sociais, o respeito pela autoridade e a manutenção da ordem social para o seu próprio bem. A pessoa que atingiu um desses estágios do desenvolvimento, interiorizou as regras e rótulos culturais, tornou-as parte da sua visão de como o mundo está ordenado. Talvez ela ainda seja suscetível à recompensa ou castigo, mas agora o que conta é o *feedback* social, simbólico.

Ainda conforme Kohlberg, nos níveis mais elevados da evolução moral, estão os estágios nos quais "existe um nítido esforço para definir os valores e princípios morais que têm validade e aplicação, separadamente da autoridade dos grupos ou das pessoas que detêm esses princípios, e à parte da própria identificação do indivíduo com esses grupos".[11] Um desses estágios é a "orientação para o contrato social", uma visão de mundo relativista, na qual a pessoa percebe que existem muitos padrões e regras possíveis, e que os melhores são aqueles aos quais as pessoas chegam por meio de procedimentos constitucionais e democráticos. Essa, afirma ele, é a moralidade oficial do modo de governo americano. E, finalmente, vem a "orientação para princípios éticos universais", um estágio avançado de sabedoria moral, no qual a pessoa reconhece, ou escolhe, princípios abstratos de justiça e respeito pelos outros, de acordo com o que ela acha lógico, universal e consistente.

A teoria da evolução moral de Kohlberg foi muito apreciada na época, pois era um trabalho consciente e pioneiro que oferecia uma visão abrangente, e essencialmente promissora, do ser humano como um animal moral. Mas ele também recebeu muitas críticas, principalmente por parte das feministas. Atualmente, qualquer referência à obra de Kohlberg vem acompanhada de uma referência à de Carol Gilligan, que o acusou de ocultar um preconceito sexual, uma espécie de mística do Cavaleiro Solitário, que pode até ser relevante para a evolução moral dos homens, mas que não diz nada às mulheres. As mulheres, afirma ela, falam dessas coisas com um tom diferente; elas compreendem a obrigação moral e, portanto, a evolução moral, em termos de relacionamento e não em termos de individualismo e separação, como os homens.[12]

Há muito campo para argumentação quando se discutem aspectos específicos da evolução moral, mas ela ainda é a nossa compreensão mais profunda e mais útil de como os seres humanos realmente lidam com as questões morais e como poderemos atravessar a presente crise no desenvolvimento cultural sem nos tornarmos fundamentalistas ou sociopatas.

Um dos melhores sistemas desse tipo é o que foi elaborado por Robert Kegan, de Harvard. Ele é particularmente útil pelo fato de tratar com clareza a ligação entre moralidade e o senso de eu de uma pessoa. Esse sistema tem cinco níveis de desenvolvimento. O processo pelo qual se passa de um nível a outro, ou seja, o processo essencial da nossa vida à medida que amadurecemos e essencial na luta da raça humana para se elevar do barbarismo, é a conversão de modos subjetivos de sentir o eu para outros, mais objetivos. Talvez isso não fique bem claro a princípio (eu disse que a teoria de Kegan era a melhor, e não a mais fácil de entender), e seja necessária uma explicação. Kegan afirmou:

> O sujeito refere-se àqueles elementos do nosso conhecimento ou organização com os quais nos identificamos, nos ligamos, nos fundimos ou dos quais nos embebemos. Nós *temos* objetos; nós somos sujeitos. Não podemos ser responsáveis pelo que o sujeito é, controlá-lo ou lançar dúvida sobre ele. O sujeito é imediato; o objeto é mediato. O sujeito é final ou absoluto; o objeto é relativo.[13]

Assim, o que fazemos, à medida que amadurecemos, é olhar em volta para *ver* pensamentos, idéias e sentimentos que antes eram invisíveis, pois achávamos que eram realidades invioláveis. Uma vez que os enxergamos, podemos começar a julgá-los, avaliá-los, conjeturar de onde eles vêm e compará-los com outros pensamentos, idéias e sentimentos que optamos por colocar em seu lugar. Ou poderemos continuar com eles, mas com uma percepção diferente do seu papel na nossa consciência pessoal. De todo modo, estaremos reorganizando o eu e a nossa compreensão do mundo de uma forma mais ampla.

Kegan chama o seu sistema de construtivista e evolutivo. O construtivismo se refere às várias escolas de pensamento que tratam da criação da realidade social pelas pessoas ou sistemas; o evolucionismo se refere à "idéia que as pessoas ou sistemas orgânicos desenvolvem através de eras qualitativamente diferentes, de complexidade crescente, conforme os princípios regulares de estabilidade e mudança".[14]

Os dois primeiros níveis do sistema de Kegan se referem à infância e à adolescência. Os três seguintes, quando as coisas ficam mais interessantes, têm a ver com os diferentes níveis de evolução dos adultos. Eles descrevem o crescimento moral de qualquer indivíduo, como você ou eu, e representam também estágios diferentes da evolução histórica cultural. Kegan chama esses estágios de: tradicionalista, moderno e pós-moderno.

No terceiro nível, o tradicionalista, as pessoas procuram um guia externo e claro para a moralidade: "Um guia infalível, fora de nós, ao qual atribuímos autoridade e a essa autoridade garantimos lealdade, fidelidade e fé — essa a essência da dependência psicológica. Essa é a essência do estado mental pré-moderno Tradicional e é a essência da consciência de terceira ordem."[15]

Quando transcendemos essa consciência — se é que o fazemos —, é por meio da reorganização de nossa visão de mundo e descrevendo novamente a nossa vida de maneiras que talvez não sejam aparentes para os outros. Começamos a reconhecer que talvez exista alguma possibilidade de *escolha* com relação a questões que anteriormente aceitávamos sem discussão. Certamente isso significa pensar com mais seriedade, mas não quer dizer que a pessoa que esteja num nível mais elevado seja mais inteligente: "O que compreendemos como maturidade, no que se refere ao pensamento das pessoas, não é uma questão de esperteza, e sim da ordem de consciência na qual elas exercem sua esperteza ou a falta dela."[16] Nós pensamos, reconstruímos o nosso mundo e o fazemos com a ajuda de palavras. Contamos histórias novas:

A idéia de que para transcender a terceira ordem de consciência é preciso deixar de lado a religião da família não significa que a passagem para a modernidade exija que deixemos a família ou a religião. O que ela exige é que construamos um novo relacionamento com a família ou com a religião. Como todas as metáforas que ajudam a reconstrução da mente, os novos espaços que ela cria não são necessariamente separações entre pessoas, mas sim distinções dentro de uma pessoa, diferenciações dentro de um relacionamento ou numa crença. A perspectiva de abandonar a religião da nossa família pode criar uma série dessas distinções — a distinção entre... "encontrar o meu próprio caminho para praticar aquilo que ainda é uma forma de religião familiar" e "deixar totalmente a fé"; entre "deixar para trás algumas coisas nas quais os meus pais acreditavam" e "deixar para trás o meu antigo sentimento de ligação com eles". A criação dessas distinções constrói uma ponte da terceira ordem de consciência para a quarta.[17]

À medida que avançamos para o quarto nível de consciência, o moderno, tendemos mais para o exercício da escolha e para a responsabilidade pessoal. Percebemos cada vez mais a existência de outras sociedades, com regras e limites diferentes. É uma visão de mundo mais complexa e que produziu artifícios também mais complexos — ideologias, sistemas legais, mecanismos para resolução de conflitos — para explicar e administrar as diferenças entre as pessoas. O sonho de fazer com que todos raciocinem juntos e atinjam princípios de moralidade universais, algumas vezes denominado Projeto de Iluminismo, é um produto da mentalidade da quarta ordem. Assim também os dois níveis mais altos do desenvolvimento moral do sistema de Kohlberg. Ele não chegou a uma visão pós-moderna, mas Kegan sim.

Kegan descreve um quinto nível de desenvolvimento adulto, no qual as pessoas reconhecem a natureza "fictícia, construída" de todos os valores e crenças, de todos os códigos de ética e moralidade.[18] Nesse nível de conhecimento e maturidade, que ele denomina pós-moderno, as pessoas moldam maneiras completamente diferentes de encarar os conflitos. Elas aceitam os conflitos como oportunidades de crescimento e mudança e não como desvios de alguma situação "normal", na qual eles são problemas a serem resolvidos. As pessoas preferem examinar suas ligações com as suas próprias posições. Elas podem encarar um conflito prolongado como "uma lembrança da nossa tendência a fingir uma integridade quando de fato estamos incompletos. Podemos ter esse conflito porque precisamos dele para recuperar a nossa verdadeira complexidade".[19]

Um sistema político da quarta ordem de pensamento (moderna) reconhecerá as diferentes culturas como "um todo bem-definido", e buscará princípios de autodeterminação e coexistência pacífica — foi assim que chegamos ao atual sistema político mundial. Um indivíduo que viva nesse nível reconhecerá que as outras pessoas são um todo bem-definido, respeitará os direitos delas e exigirá que seus próprios direitos também sejam respeitados. Na melhor das hipóteses, isso representa uma ordem superior de pensamento moral e comportamento civilizado. Mas não resolve todos os problemas, em parte porque não é possível enxergar além da visão moderna do eu, e o desenvolvimento humano não pára aí.

A pesquisa de Kegan com alguns casais é um bom exemplo de como o pensamento da quarta ordem pode levá-los a compreender o próprio relacionamento de diferentes formas. Num casamento tradicionalista, da terceira ordem, o casal é uma unidade com uma identidade compartilhada. Nos casamentos modernos, da quarta ordem, as pessoas abandonam esse tipo de união e aprendem (ou pelo menos deveriam aprender) a se ver como eus inteiros e bem-definidos. Mas os casais podem deixar de lado essa crença também. Kegan descreve um caso assim:

> Para os Bakers, o bom funcionamento do eu e o seu reconhecimento pelo outro começa com a recusa em ver a si mesmo ou ao outro como um sistema ou forma isolada. O relacionamento é um contexto para compartilhar e interagir, no qual ambos são auxiliados para sentir sua "multiplicidade", na qual as *muitas* formas ou sistemas que *cada eu* é, são levados a aparecer. Enquanto os Ables, um casal que operava no quarto nível, partiam da premissa de sua própria inteireza e viam o conflito como um subproduto inevitável da interação de dois eus psicologicamente íntegros, os Bakers partiam da premissa de sua própria tendência à inteireza, quando na realidade eram incompletos, e viam o conflito como o inevitável mas controvertido subproduto da pretensa inteireza.[20]

O que ele quer dizer com "falta de inteireza" é que qualquer idéia que tenhamos de outra pessoa, ou de nós mesmos, qualquer papel, qualquer *persona*, qualquer personalidade, é apenas uma construção limitada e temporária de tudo o que a pessoa é.

A partir do meu breve resumo das idéias de Kegan, o leitor terá a impressão de que ele pensa que o mundo está em processo de transição de moderno para pósmoderno. Mas não é isso. Ele acha que a maioria das pessoas e sociedades mal está entrando na modernidade, lutando por uma "total participação no mundo modernista de fortalecimento pessoal e coletivo, dignificando sua própria voz e a dos outros, e inteiramente no comando de seu próprio destino".[21] Eu acho que ele está certo e que a maior parte das perturbações políticas que vemos no mundo nesse fim de século deriva da aspiração das pessoas de serem indivíduos inteiros e bem-definidos que possuem direitos. Elas aspiram a viver em sociedades modernas, autodeterminadas, inteiras e bem-definidas, mais ou menos como as que os europeus e americanos tinham há algumas décadas, ou pelo menos pensavam que tinham. Mas a maior parte dos povos que perseguem esse objetivo deverá descobrir que estão tentando pegar um trem que já deixou a estação. Dessa forma, eles terão que viver em ordens sociais bem mais pluralísticas e mutáveis e nem sempre bem distintas do mundo além das suas fronteiras. Essas situações nos levam a pensar e repensar enquanto lutamos, e todos nós estamos nesse barco, ou para voltar à tradição ou seguir em frente rumo a compreensões muito mais complexas.

O livro de Kegan do qual tirei as citações acima chama-se *In Over Our Heads: The Mental Demands of Modern Life*, e é isso mesmo que ele quer dizer. Ele acredita que a maioria das pessoas simplesmente não está pronta para a visão de mundo do pós-modernismo, "admirável mas fora do nosso alcance no momento".[22] Talvez isso esteja certo, mas as grandes mudanças do passado — a descoberta do Novo Mundo, a Revolução Industrial, as revelações de Darwin, Freud e Einstein — não esperaram que todos estivessem prontos para elas, e eu acho que esta aqui também não esperará.

Como Manter-se à Tona na Lagoa de Memes

A espécie humana está avançando para além de um estágio de sua evolução, um período histórico no qual a maioria das pessoas vive em sociedades tradicionais e outras vivem em sociedades modernas, e ainda não chegaram ao estágio seguinte. Nem sequer está bem claro como ele será quando chegarmos lá.

Uma vez que estamos falando de evolução, vou emprestar uma imagem da biologia para falar do lado mais promissor da atual situação. Steve Jones, notável geneticista britânico, acredita que a migração mundial e os resultantes casamentos inter-raciais entre pessoas de regiões diferentes poderá ser um desenvolvimento saudável. Ele afirma: "Para onde quer que olhemos, uma coisa é certa: tem havido um decréscimo na endogamia, nas populações humanas. O aumento nos casamentos fora do grupo é uma das mudanças mais dramáticas na história evolucionista recente. Seus efeitos podem ultrapassar qualquer coisa que a medicina genética possa inventar."[23] Ironicamente, isso é exatamente o oposto do que se temia durante o auge da "eugenia", quando os papas da melhoria genética pensavam que o vigor natural de seus povos seria solapado pela mistura com os genes inferiores dos estrangeiros. Mesmo hoje, os defensores da pureza nacional e étnica ainda temem que isso aconteça.

Buscar metáforas da evolução biológica para falar da evolução cultural é um tanto perigoso (vide o darwinismo social), mas é válido se não esquecermos que a metáfora é apenas um instrumento descritivo. Todavia, comparar o que acontece com os genes humanos com o que está acontecendo nas culturas humanas não é tão forçado, pois tudo faz parte do mesmo processo — a globalização. À medida que a Terra se torna realmente um único mundo, há muita mistura de genes, e também mistura de *memes*. Para quem não sabe, esse termo da moda significa "símbolos e idéias culturais". Já tivemos endogamia cultural até demais. O mundo contemporâneo, apesar de toda cacofonia de moralidades conflitantes, é um campo incrivelmente rico em oportunidades.

Não chego ao ponto de afirmar que toda essa mistura levará inevitavelmente ao progresso moral e da saúde. Mas isso poderá se dar se compreendermos claramente o que está acontecendo e tivermos a coragem de enfrentá-lo e seguir em frente. Muitos códigos de ética nos são oferecidos, mas não a sabedoria para conviver com todos eles. Temos que descobrir como fazer isso, aprender mais sobre como as pessoas se desenvolvem e criar situações para facilitar o crescimento moral delas. Precisamos de princípios que ofereçam uma ajuda mais eficiente para uma mulher que tenta viver em três ou quatro culturas simultaneamente, e talvez uma maior compreensão sobre o que fazer com um assassino em série, maníaco-depressivo, que também é um homem gentil e triste que lê livros de História. Em nenhum dos casos as respostas tradicionais são satisfatórias, nem poderemos aceitar totalmente a crença modernista de que, em determinado momento, um indivíduo inteiro e bem-definido — uma mulher moderna que se sinta inteira, um criminoso reabilitado — surgirá à nossa frente.

Existe alguma esperança para esse progresso, ou estou sendo um idealista incurável ao sugerir que a espécie humana, como um todo, poderá evoluir para níveis mais elevados de compreensão e comportamento? Certamente, se considerarmos algumas das coisas que estão acontecendo neste mundo, tudo que lemos diariamente nos jornais, há poucos motivos para otimismo.

Na Terra, existem seis bilhões de cérebros humanos, cada um tecendo seus inúmeros dramas, organizando e reorganizando o seu mundo, contando suas histórias sempre cambiantes sobre o eu e o outro, o certo e o errado. Não tenho esperanças de que todas essas mentes consigam juntas resolver os problemas, como prescreveram alguns dos grandes filósofos do raciocínio moral. Tampouco tenho esperança de que elas se reúnam sob um único ensinamento religioso, como ainda sonham alguns padres e mulás. Se há esperança, ela reside na capacidade de todas essas mentes ocupadas descobrir novas formas de ver o mundo — e depois formas ainda mais novas. Parte disso consistirá em compreender como são fictícias e mutáveis essas verdades públicas, como são limitadas as histórias que contamos a nós mesmos e aos outros sobre quem e o que somos. Não creio que seja caso para otimismo nem esperança. Estamos sendo empurrados rumo ao desconhecido pela força de nossa própria consciência. Essa força não nos dará descanso enquanto não soubermos quanto do nosso mundo é feito por nós mesmos e não deixarmos de temer a nossa própria complexidade.

*Esse novo personagem social —
ambiguamente arrojado, abandonando
uma autenticidade vazia em favor de
uma artificialidade particular...
e operando num modelo de indivíduo
tradicionalmente classificado como
feminino — dificilmente se enquadra
na figura do indivíduo intrépido
e confiante dos dias do homem
pré-organizacional, ou do eu inviolável
e autenticamente criativo que nasceu
como reação ao [homem
organizacional].*

PAUL LEINBERGER E BRUCE TUCKER[1]

*As firmas agora prosperam menos
fabricando mercadorias do que
oferecendo produtos comerciáveis, quer
sejam objetos materiais ou desempenhos
humanos, com uma capacidade de
agradar intensificada — ou seja,
confeccionando ícones.
E os consumidores, por sua vez, abrem
caminho nesse mundo através da
receptividade iconográfica intensificada.*

ERNEST STERNBERG[2]

11
A Nova Economia
da Identidade

É impossível pensar em identidade sem, mais cedo ou mais tarde, pensar em dinheiro. Todos nós somos seres econômicos, por mais que relutemos em aceitar esse fato, e literalmente compramos e vendemos o nosso eu. Como consumidores, compramos coisas não apenas devido à sua utilidade intrínseca, mas também porque elas nos ajudam a formar a nossa auto-imagem. Como profissionais, não podemos deixar de lembrar que somos, num certo sentido, mercadorias. E todos nós fomos criados com a noção de que a nossa ocupação, ou profissão, constitui a maior parte, senão a totalidade, da nossa identidade pessoal.

Mas tanto a compra quanto a venda estão sofrendo grandes mudanças, agora que entramos numa economia global, altamente tecnológica e dirigida pela informação. O consumo está se transformando, com o aparecimento de novas formas de comprar e novas coisas para serem compradas, e com o surgimento de muitas culturas e estilos de vida internacionais, definidos pelos objetos que as pessoas possuem e usam — de camisetas e tênis a carros de luxo e roupas de grife. O trabalho também está mudando, enquanto somos atraídos por um enorme e sempre cambiante supermercado de habilidades e conhecimentos, no qual é cada vez mais difícil usar a profissão como uma característica permanente e universalmente reconhecível do eu.

Identidade e Trabalho

Desde que surgiram as profissões — e a divisão do trabalho é uma prática humana antiga e quase universal —, o trabalho tem sido um dos formadores da identidade pessoal. Recebemos uma herança de nomes relacionados ao trabalho: Baker, Mason, Knight, Carpenter, Smith* e seus equivalentes em outras línguas, que nos lembram da época em que aquilo que fazíamos era aquilo que éramos. A Revolução Industrial, força importante na criação do eu moderno, trouxe à baila novos papéis organizacionais: o Homem Trabalhador, a Garota Trabalhadora, o Capitão de Indústria, o Homem da Organização, a Esposa da Companhia. O sentimento do eu e a maneira de trabalhar mudaram, e depois mudaram novamente. Mas sob a superfície dessas transformações, uma suposição mais profunda se mantinha — a crença de que a pessoa era definida pela sua ocupação. De certa forma, ela se tornava ainda mais forte pelas forças modernizadoras, como a mobilidade física e social, a elevação dos valores igualitários e pluralísticos, que enfraqueciam os antigos definidores de identidade, como classe, religião e etnia. Mas mesmo essa poderosa força de identidade pessoal agora começa a ser sacudida pela transição para uma economia de informação pós-industrial. O trabalho está mudando tão dramaticamente que, mesmo que continue ocupando um lugar central na vida da maioria de nós, ele já não ocupa mais o mesmo lugar na formação do eu.

Uma faceta dessa mudança é a desconexão entre trabalho e emprego. Até há pouco tempo, os dois eram mais ou menos sinônimos. Se você tinha um emprego, você trabalharia; caso contrário, não. Na era moderna, ter um emprego em geral significava ser empregado de uma *organização*, numa função claramente definida e estável, com deveres, horários, faixa de salário e promoções, tudo mais ou menos padronizado.

Mas o emprego, nesse sentido da palavra, é uma invenção social relativamente recente. O consultor administrativo William Bridges apontou: "Antes de 1800, e em muitos casos bem depois, trabalho sempre se referia a uma tarefa determinada, e nunca a um papel ou posição numa organização."[3] Você poderia *fazer* um trabalho, mas você *não tinha* um emprego. Você poderia ter uma capacidade ou profissão reconhecida, mas ela não era enquadrada na estrutura de uma grande burocracia, pública ou privada. A "primeira mudança no trabalho", como diz Bridges, ocorreu com a industrialização e a urbanização.

Essa mudança para muitas pessoas foi um ajuste traumático para adaptar-se à rotina das fábricas e escritórios. Não obstante, o emprego — do tipo que você tinha ou esperava ter — tornou-se um acessório essencial na vida dos países in-

---

*Em inglês, padeiro, pedreiro, cavaleiro, carpinteiro e ferreiro, respectivamente. (N.T.)

dustrializados. Foi uma invenção que servia a muitos propósitos — para os administradores e especialistas em eficiência, a indicação de empregos era a chave para a linha de montagem; para os diretores de sindicatos, os empregos protegiam os direitos dos trabalhadores; para os reformadores políticos, cargos padronizados no funcionalismo público eram a própria essência da boa administração do governo. Os empregos ofereciam uma identidade aos imigrantes e trabalhadores rurais recentemente urbanizados. Eles ofereciam uma sensação de segurança para os indivíduos e um princípio de organização para a sociedade.

Até recentemente, os empregos tinham tantas vantagens que é espantoso que muitas organizações estejam agora optando por outras formas de definir e administrar o trabalho. A "segunda mudança no trabalho" está bem adiantada. Ela pode ser observada nos países industrializados do hemisfério norte, com o renovado interesse pelos empregos a distância e compartilhados, pelo crescente uso de trabalhadores temporários e de meio expediente e serviços terceirizados, a mudança no relacionamento entre os funcionários e a administração, a crescente popularidade das microempresas e da idéia de se trabalhar por conta própria. Na verdade, o "des-emprego" está avançando de tal maneira que muitos economistas, especialistas em administração e futuristas agora já falam abertamente no fim do emprego. Bridges prevê que o emprego, tal como o conhecemos, desaparecerá completamente, para ser substituído por novas formas de atribuições de trabalho em organizações "pós-emprego". Futuramente, o emprego será lembrado como um artefato obsoleto da Era Industrial.

O trabalho tem que mudar porque as organizações que empregam trabalhadores estão mudando. E as organizações têm que mudar para sobreviver na nova economia global. Nos países industrializados desenvolvidos, os negócios apressam-se a se transformar naquilo que alguns especialistas chamam de "companhias ágeis". "Agilidade", como define Steven L. Goldman, da Lehigh University, significa: "capacidade de uma companhia de prosperar num ambiente competitivo de mudanças contínuas e inesperadas no mercado — para reagirem prontamente a mercados globais fragmentados e em rápida mutação, servidos por concorrentes ligados a redes de computadores, com acesso rotineiro a um sistema de produção mundial, mercados voltados para a exigência de alta qualidade, bom desempenho, baixos custos, produtos e serviços configurados pelo consumidor."

Um dos tipos de companhias ágeis é a "corporação virtual", ou seja, uma rede de organizações e pessoas, vagamente ligadas, com uma quantidade mínima de hierarquia, burocracia e estrutura permanente, que eram características das corporações clássicas há algumas décadas. Esse modelo corporativo tornou-se um item importante na literatura sobre administração, e algumas companhias têm tido êxito em funcionar nesse esquema. Um bom exemplo é a Verifone, atualmente o maior produtor de sistemas de validação de cartões de crédito em todo o mundo. Embora a companhia tenha um faturamento de meio bilhão de dólares por ano, ela não tem nada que se pareça com uma sede luxuosa, que seria considerada absolutamente necessária a uma companhia tradicional para o seu funcionamento efetivo e imagem corporativa. Ela tem algo que os seus diretores se recusam a chamar de "matriz": alguns escritórios alugados num subúrbio de San Francisco, nos quais trabalham cerca de 180 dos seus 2.800 empregados. Eles se referem a ele como "SFO", que é a designação do aeroporto mais próximo. Todos os outros escritórios, espalhados por todo o mundo, são conhecidos pelas iniciais de aeroportos. As diversas atividades são exercidas em mais ou menos trinta escritórios e fábricas diferentes. Os executivos viajam de um continente para outro, comunicando-se por *e-mail* e correio de voz. A maioria deles faz o seu trabalho sem aquela outra marca registrada do executivo — a secretária particular. Por vezes, até 21 escritórios diferentes ligam simultaneamente para uma teleconferência e as decisões tomadas durante a mesma imediatamente se tornam a política global.[4]

Obviamente, esse é um tipo radicalmente diferente de organização, uma forma diferente de trabalhar — e uma forma diferente de emprego, uma vez que a organização ágil e virtual dificilmente se presta a ter uma força de trabalho estável e burocratizada. Um consultor administrativo acredita que tais corporações "manterão uma 'força de trabalho contingente', mas os empregados de colarinho branco serão trabalhadores autônomos, que trabalham por empreitada e muitas vezes em casa".[5] Goldman afirma: "É fácil imaginar um crescente número de pessoas que jamais terá um emprego estável, e certamente não um emprego com remuneração média, numa sociedade adaptada às características de uma produção ágil."[6]

A natureza do trabalho também está mudando para as pessoas que *têm* um emprego. O guru administrativo Peter Drucker falou e escreveu extensamente sobre o surgimento do "profissional do conhecimento", cuja ocupação envolve não apenas executar tarefas de rotina mas também utilizar habilidades teóricas ou analíticas. Esses profissionais estão substituindo o operário industrial como parte dominante da força de trabalho e suas atividades produtivas são sempre organizadas e estruturadas diferentemente daquelas de seus antecessores da linha de montagem. Eles têm relacionamentos diferentes, e tanto os administradores quanto os operários desenvolvem um sentido diferente do eu, dentro desses contextos. Muitas companhias já se referem a ambos, administradores e funcionários, com termos da moda, como "associados".

A Nova Economia da Identidade

Esse tipo de "des-emprego" que resulta dessas metamorfoses corporativas está recebendo a atenção dos economistas e teóricos da administração, mas ainda não é tudo. Em todos os níveis da sociedade, no mundo todo, as pessoas improvisam modos de ganhar a vida que não se enquadram nem no modelo da era industrial nem na economia baseada na agricultura e artesanato que a precedeu. Nos países desenvolvidos, os imigrantes em geral não conseguem empregos estáveis mas ainda assim encontram o seu lugar ao sol, sendo versáteis, flexíveis, engenhosos e imaginativos. Eles fazem bicos, trabalham meio período, compartilham empregos, iniciam pequenos negócios. Sua vida em geral é precária e difícil, mas o que eles fazem, e como o fazem, são exemplos para nós, que acreditamos que, se não tivermos um emprego, estamos fritos. No leste europeu pós-comunista, está ocorrendo ainda outro tipo de mudança do trabalho. As pessoas sobrevivem, não porque o velho sistema de comando ainda esteja no lugar, ou porque o novo e brilhante estilo ocidental tenha ocupado o seu lugar, mas sim por pura engenhosidade. Forçadas a se adaptar, as pessoas se tornam camelôs, marreteiros, comerciantes, fabricantes independentes, agenciadores de negócios. Mesmo nos países em desenvolvimento, a melhor esperança para o futuro está na criação de formas inovadoras de trabalho informal. A International Commission on Peace and Food, por exemplo, em seu relatório de 1994, apontou a necessidade urgente da criação de empregos para centenas de milhões de pobres, e ao mesmo tempo descartava a idéia de empregar essas pessoas no setor corporativo ou em atividades patrocinadas pelos governos. Em vez disso, argumentava a favor de uma abordagem diferente, dando uma importância fundamental ao trabalho por conta própria e ao empresariado, com ênfase na agricultura, agroindústria e pequenas firmas no setor informal.[7]

É impossível visualizar todas as implicações dessa enorme transformação ou avaliá-la simplesmente como algo bom ou ruim, mas certamente a atual mudança do emprego é uma transformação tão difícil quanto a anterior, causando enormes problemas para muitos trabalhadores e suas famílias. E ela também leva os elaboradores de políticas, ativistas políticos e líderes trabalhistas a fazer avaliações dolorosas de seus valores e posições. O aumento do número de trabalhadores em tempo parcial, por exemplo, que a Organização Mundial do Trabalho (International Labor Organization — ILO) calcula ter subido para sessenta milhões nos países industrializados, está gerando novas preocupações sobre os direitos dos trabalhadores. Há alguns anos, os delegados presentes à conferência do 75º aniversário da ILO, em Genebra, adotaram uma nova convenção, exigindo para os trabalhadores temporários o direito de se organizar, de ter segurança e padrões de saúde ocupacionais e seguridade social. O mesmo documento reconhecia a importância crescente do trabalho temporário e exiga políticas que o levassem em conta como uma forma importante de criar novas oportunidades de emprego.[8] Os governos não estão se apressando para implementar essas recomendações, mas o simples fato de terem sido feitas já é um indicador significativo de mudança. Historicamente, os movimentos trabalhistas encaravam o tradicional emprego permanente, de período integral, como a única forma aceitável de trabalho, desconfiando de todas as variações. Mas essas variações, aquelas mencionadas aqui e provavelmente outras que nem conhecemos ainda, parecem ser o futuro do trabalho.

As expectativas de estabilidade ocupacional também estão mudando. Dizemos aos jovens que, em vez de aprender uma profissão para toda a vida, eles deveriam aprender a sobreviver numa economia fluida e rápida, na qual terão que mudar de ocupação inúmeras vezes, no decorrer de sua vida profissional.

Os Novos Individualistas

Essa nova economia cria um novo personagem social, bem diferente do "homem da organização" que batia o cartão de ponto, décadas atrás.

O termo "homem da organização" em si mesmo é uma importante peça da História. Ele é associado ao livro de William Whyte, de 1956, *The Organization Man*, que delineava um quadro detalhado e inesquecível daquele tipo de personagem social que surgiu em resposta às necessidades e aos valores da economia industrial de meados do século. O livro de Whyte assemelha-se a *The Lonely Crowd*, como documento de como as pessoas viviam e trabalhavam em um passado recente e também como eram vistos pelos cientistas sociais da época. Whyte, um jovem editor da *Fortune*, baseou o seu estudo numa extensa pesquisa com empregadores americanos. Desse esforço, surgiu uma imagem vívida da pessoa que prosperava dentro das grandes organizações paternalistas — prudente, avessa a riscos e voltada à segurança. Era um tipo de pessoa que não se limitava às corporações. Whyte escreveu:

> O homem da corporação é o exemplo mais conspícuo, mas apenas um deles, pois a coletivização, tão visível nas corporações, afetou quase todos os campos de trabalho. Semelhante ao estagiário da Du Pont é o seminarista que terminará na hierarquia da Igreja, o médico que acabará numa clínica corporativa, o doutor em física num laboratório do governo, o intelectual de uma equipe envolvida num projeto patrocinado por uma fundação, o graduando de engenharia na grande sala de projetos da Lockheed e o jovem aprendiz num escritório de advocacia da Wall Street.[9]

Whyte, como os autores de *The Lonely Crowd*, ficou alarmado com o desaparecimento do antigo individualismo e, mais especificamente, com o desaparecimento do tipo de força moral que ele exercia no mercado e no trabalho. Ele acreditava que a vigorosa "ética protestante" do século XIX fora substituída por uma "ética social" conformista e que a antiga *autoconfiança* estava dando lugar a uma *confiança organizacional*, baseada na noção de que, para progredir na vida, a pessoa deveria tornar-se uma peça bem lubrificada na máquina corporativa.

Recentemente, os cientistas sociais Paul Leinberger e Bruce Tucker entraram em contato com alguns dos entrevistados por Whyte e estudaram também seus filhos e netos. Eles relataram que o homem da organização está deixando de ser uma peça importante do trabalho. Ele ainda não está extinto, pois ainda existem algumas enormes estruturas organizacionais nas quais essas pessoas encontram nichos estáveis e se sentem em casa, mas está certamente na lista das espécies em extinção. Os autores afirmam que as coisas têm mudado muito rapidamente desde os anos 50 e que as décadas mais recentes produziram *dois* tipos sucessivos de diferentes sistemas de valor dos homens pós-organizacionais: primeiro, uma apaixonada obsessão pelo tipo ideal do "verdadeiro eu" e, logo em seguida, o seu quase abandono.

O primeiro passo levou a um novo surto de individualismo, mas não do tipo que era predominante no século passado. Sobre o rebento do homem da organização, eles afirmaram:

> O individualismo tornou-se sinônimo de individualidade e do cultivo do eu pessoal. Com efeito, eles tomaram o individualismo, que anteriormente tinha um componente político e social, e o redefiniram em termos psicológicos... Quando os rebentos da organização chegaram à maioridade, nos anos 60 e 70, foram exortados a encontrar ou criar a si mesmos. Eles se atiraram com fervor à tarefa, enquanto a auto-expressão, a auto-realização, a auto-asserção, o auto-entendimento, a auto-aceitação e muitos outros componentes do *eu* entraram na linguagem e na vida do dia-a-dia. Finalmente, todas essas experiências se cristalizaram naquilo que só pode ser chamado de *ética do eu*, ou auto-ética, que governou a vida dos pais deles. Muitas pessoas equivocadamente encaram essa evolução como narcisismo, egocentrismo ou puro egoísmo. Mas a ética do eu, como a ética social que ele substituiu, baseava-se num imperativo moral verdadeiro — o *dever* de expressar o eu autêntico.[10]

Eles descobriram que esse compromisso com a auto-expressão tomou a forma de um anseio pela vida de artista como ideal ocupacional. Todo tipo de pessoas, em todas ocupações, quer estivessem ou não envolvidas com qualquer atividade artística, profissional ou recreativamente, no decorrer das entrevistas, revelou aspirações ou fantasias artísticas. "Eles desejam ser músicos, cineastas, roteiristas, atores, poetas, romancistas, dançarinos ou artistas plásticos, ou então trabalhar em campos relacionados a essas atividades."[11] Essas aspirações expressavam suas concepções de quem ou o que eles eram, uma forma de afirmar o verdadeiro e autêntico eu interior, diferente de seus papéis organizacionais e das convenções sociais às quais se conformavam exteriormente. As pessoas não desejavam ser apenas artistas, mas críticos sociais e ativistas políticos, pois um movimento ou uma causa eram uma forma efetiva de "encontrar a si mesmo", enquanto contribuíam para o bem comum. E, para aqueles de nós com idade suficiente para lembrar os anos 60 e 70, aquelas décadas em que aquele tipo de ética estava em voga, essa evolução produziu muitas críticas por parte das corporações e da civilização moderna em geral. Todavia, por mais vigorosa e moralmente fervorosa que seja, a era da ética do eu, segundo Leinberger e Tucker, está chegando ao fim. Eles dão algumas razões para essa vida curta e feliz do autêntico eu, das quais citarei três:

> As concepções alternativas e mais abrangentes do eu, especialmente aquelas introduzidas nas organizações pelo influxo de mulheres, agora desafiam quase diariamente as concepções tradicionalmente mais masculinas da auto-suficiência irrestrita.

> O crescimento de um mercado global genuinamente competitivo, ligado por comunicações instantâneas, acelerou o processo difusivo da modernidade, desestabilizando ainda mais o eu.

> Os alicerces filosóficos seculares nos quais todas as nossas concepções de individualismo se apoiavam, inclusive o individualismo altamente psicologizado, personificado no eu autêntico, estão desaparecendo.[12]

Em lugar do eu autêntico, dizem eles, está surgindo um novo tipo social com outro tipo de individualismo. Eles denominam esse recém-chegado de "pessoa artificial", mas se apressam a acrescentar que:

> A designação de *pessoa artificial* não significa que essas pessoas estejam se tornando falsas ou insinceras. Eles se referem a uma mudança de concepção daquilo que constitui um indivíduo e daquilo que realmente *torna* al-

guém individual. Recentemente, o rebento da organização acreditava que a individualidade consiste num eu pristino, transcendente e autêntico, que reside abaixo ou além de todos os acidentes particulares de história, cultura, linguagem e sociedade, bem como todos os outros sistemas "artificiais" de vida coletiva. Mas, devido a todas as razões acima e outras mais, aquela proposta e o modo de vida imposto por ela tornou-se insustentável. Cada vez mais os rebentos da organização são levados a ver que os atributos que antes eles descartavam, por serem artificiais, são exatamente aquilo que torna as pessoas indivíduos — artificiais, é verdade, mas mesmo assim pessoas, caracterizadas pela mistura de todas essas combinações sempre cambiantes de artificialidade social de todos os tipos. Começando com essa mudança de perspectiva, fundamental e muitas vezes inconsciente, eles desenvolvem um individualismo que é "artificial" mas particular, em oposição a outro, que é autêntico mas vazio.[13]

O que isso descreve, embora numa linguagem diferente, é uma transição do tipo de modernismo neo-romântico para o pós-modernismo. Os homens e mulheres da organização de meados do século eram principalmente tradicionalistas sociais, com seu senso de identidade pessoal inseparável de seu papel social. A linguagem oposta da realidade contracultural que floresceu rapidamente entre seus filhos, emprestada do antigo Romantismo, ressuscitou o ideal do "verdadeiro eu" interior. Essa visão de mundo trazia uma forte convicção de que o eu público de qualquer pessoa que trabalhasse numa organização teria que ser uma fachada falsa e desumanizada. Mas, conforme reportam os autores, que ficaram surpresos com essa descoberta, aquele ideal parece estar desaparecendo, mesmo entre alguns dos rebentos da organização, os "*baby boomers*", que antes o aceitavam. Eles aprenderam a viver num mundo que pode ser descrito de muitas maneiras diferentes, nas quais todas as realidades sociais são artificiais — não falsas, apenas artificiais, construídas a partir de variações criativas de todos os tipos de herança das antigas culturas. À medida que o fazem, eles se tornam mais parecidos com os "irônicos" pós-modernos de Richard Rorty, que "não conseguem se levar a sério, pois estão sempre conscientes de que os termos pelos quais se descrevem estão sujeitos a mudanças, sempre conscientes da contingência e fragilidade de seu vocabulário final e, portanto, do seu eu".[14]

O Que Aconteceu com a Lealdade?

Um colunista do *Wall Street Journal* contemplou o atual cenário pós-moderno e percebeu um triste declínio de uma das grandes virtudes — a lealdade. Ele relatou uma conspícua falta de fidelidade no campo da política, com as pessoas revelando menos lealdade às instituições e comunidades, e as comunidades mostrando menos lealdade para com os cidadãos e, ainda mais dramaticamente, nos locais de trabalhos, com empregados e empregadores demonstrando mutuamente menos lealdade:

> Denise Mitchell é uma funcionária graduada da AFL-CIO e participou, nos últimos meses, de vários grupos de discussão com membros de sindicatos para ter uma visão melhor das preocupações deles. "O que eu ouvi dizer, repetidas vezes, é que não existe mais lealdade", afirma ela.
>
> Em suma, os empregados duvidam, cada vez mais, de que as empresas para as quais trabalham sejam leais para com eles. E quem pode culpá-los? Os "enxugamentos" corporativos, a mania de fazer fusões e a eliminação de cargos administrativos levam quase todos a suspeitar que não poderão contar com nenhum empregador por muito tempo. Os trabalhadores ainda se agarram aos seus empregos, como antes, como mostram as estatísticas, mas a sra. Mitchell diz que a noção que fazem de "pacto social" está desaparecendo.[15]

De acordo com a tese de Leinberger e Tucker, isso não decorre da má atitude de alguns trabalhadores ou da reação ao que os empregadores estão fazendo. É uma manifestação da profunda mudança na forma pela qual as pessoas pensam sobre si mesmas. Isso não significa necessariamente, como pensam alguns conservadores da era do "homem da organização", que esses trabalhadores sejam menos produtivos em suas tarefas. Eles podem ter uma alta produtividade, serem responsáveis pelas suas obrigações trabalhistas e estarem felizes com o que fazem. Eles apenas não supõem que, no futuro, ainda estejam fazendo a mesma coisa para o mesmo patrão, ou que aquilo que fazem defina o que eles são. E tampouco eles sentem as angústias dos idealistas, que estão convencidos da existência de uma brecha irreparável entre um "autêntico eu" interior e as suas atuais ocupações. Eles não são rudes individualistas autodirecionados do velho modelo. Eles não são unidades organizacionais direcionadas para a conformidade, descritos por Whyte. Mas também não são os autodescobridores voltados para a autenticidade da contracultura e da famosa "Terceira Consciência" de Charles Reich. Na prática "eles mudam de emprego, e até mesmo de carreira, com uma freqüência espantosa, escolhem onde querem viver e só depois procuram trabalho, abandonam carreiras ortodoxas para criar a sua própria situação e prezam a liberdade pessoal acima da segurança do emprego".[16]

Como muitos outros aspectos da crise de identidade pós-moderna, essa alteração pode ser facilmente atribuída a um colapso na moralidade. Esses lamentos invariavelmente originam apelos por renovações, as quais, na prática, inevitavelmente mostram ser formas de regressão — de volta ao "homem da organização"; de volta aos dias impetuosos do questionamento pelo eu interior dos "*baby-boomers*", que agora é melhor do que nada; de volta à comunidade. Mas isso não deve ser lamentado e pode ser aceito como um desafio, como sugerem Tucker e Leinberger:

> A pessoa artificial, bem ou mal, é o tipo social que provavelmente dominará daqui para frente. O verdadeiro desafio das próximas décadas não é tentar colocar essas pessoas nos eixos, mas sim compreendê-las; não tentar proteger as organizações contra elas, mas adaptar as organizações a elas; não lamentar a perda da comunidade autêntica, mas ver como poderão ser elaboradas de modo humano histórias de desvelo e cuidado, numa sociedade móvel e fragmentada, que tende a ser cada vez mais assim.[17]

Qual É a Sua Mistura?

Há alguns anos, aceitei um convite para fazer uma palestra na School of Public Policy de Berkeley. A experiência foi interessante para mim, de várias maneiras. Para começar, era a primeira vez que eu dava uma aula em Berkeley. Em outras ocasiões, eu havia trabalhado como pesquisador de campo em algumas das faculdades, mas jamais naquele lugar onde havia sido graduado. Outra coisa que me dava uma sensação estranha era que o prédio no qual se localiza a escola era uma antiga fraternidade, e o interessante era que as palestras eram dadas na mesma sala em que, nos anos 50, reverberavam as músicas barulhentas dos rapazes da fraternidade. E aquela não era a única sede de fraternidade pós-moderna na vizinhança — ali perto havia outra, que fora transformada num instituto budista tibetano, e onde eu por vezes assistia a aulas de meditação. Outro fator que contribuía para a minha sensação de irrealidade era o fato de que a School of Public Policy refletia a política neoconservadora de seu fundador, Aaron Wildavsky, e eu não era conservador, nem neo- nem paleo-.

De qualquer forma, ali estávamos, e o pessoal da faculdade era bastante civilizado. Os alunos regulares procuravam se apresentar aos visitantes e eu me lembro de uma conversa polida com uma jovem que me perguntou: "E onde você *está*?" É claro que ela queria dizer: "*Você é membro de qual faculdade?*" Mas como eu jamais havia sido membro de nenhuma faculdade da universidade, nem esperava vir a ser, não sabia bem o que dizer. "Estou aqui mesmo", respondi, meio sem jeito. Essa foi uma daquelas inúmeras ocasiões em que eu percebi que os mapas não tinham um lugar para mim e para as maneiras pelas quais eu ganho a vida, depois de tantos anos fora dos limites das usuais descrições de profissões.

Descobri recentemente que, no mundo intelectual, bem como no mundo dos negócios, existem vários espíritos congêneres que também vagueiam, ocupacionalmente multifrênicos, além dos limites do trabalho e das disciplinas acadêmicas tradicionais. Eles são empregados diversamente como professores, escritores, palestrantes, consultores. Alguns adotam títulos fantasiosos para descrever o que fazem, como "pesquisador independente". Mary Catherine Bateson propõe que, em vez de perguntar a alguém: "O que você faz?", devemos perguntar agora: "Qual a sua mistura?" Eu gostei da idéia, embora ainda não tenha experimentado com ninguém. Acho que pensariam que estou oferecendo uma bebida.

Sei que todas as pessoas com essas ocupações prefeririam não ter uma vida profissional tão solta e gostariam de se estabelecer em algum campus, com moradia, benefícios e alguns estudantes para fazer as tarefas rotineiras. Mas as universidades tradicionais também estão sendo sacudidas, e algumas ameaçadas de extinção, pelas mudanças tecnológicas, econômicas e sociais que correm o mundo, e é cada vez mais difícil ser um acadêmico de organização, mesmo que o estilo de vida o atraia.

Os Consumidores Não-Materialistas

À medida que o emprego muda, o consumo também muda. O consumo agora é inseparável da identidade. Com o colapso de outros marcadores de posição e filiação a grupos, não tivemos o colapso da preocupação humana com a própria posição e a necessidade de pertencer a um grupo. Em lugar das rígidas classes sociais e papéis sociais imutáveis, agora temos estilos de vida feitos e mantidos pelos hábitos de compra. Dessa forma, as nossas compras criam *significado*. Temos uma economia na qual o consumo está indissoluvelmente ligado ao simbolismo, uma economia que foi muito além do simples materialismo.

É um jogo novo em alguns aspectos e velho em outros. Não há nada de muito novo na dimensão simbólica das coisas que possuímos e usamos, e que servem como indicadores de riqueza ou pobreza. Em todos os sistemas econômicos, mesmo naqueles das sociedades mais tradicionais e primitivas, as pessoas valorizam suas posses por razões que vão além da sua simples utilidade instrumental. Essas outras razões podem ser estéticas aqui, religiosas ali ou relativas ao *status* mais adiante. Nos livros de Antropologia e de História, encontramos inúmeros registros da tendência humana de valorizar todo tipo de coisas por razões simbólicas. Encontramos também relatos de mudanças de estilo quando as coisas que eram valorizadas perdem o seu encanto, ou novos objetos adquirem valor por razões aparentemente incompreensíveis. Leiam o clássico de Charles Mackay, *Extraordinary Popular Delusions and the Madness of Crowds*, no qual ele conta a fúria por tulipas que surgiu na Holanda no começo do século XVII, quando a mania pela nova planta foi tão intensa que se pagava uma fortuna por alguns bulbos de certas variedades muito procuradas.[18] Isso pode ser considerado uma aberração, mas num programa de TV assisti recentemente a um documentário sobre jovens japoneses pagando centenas de dólares por tênis americanos usados — isso mesmo, calçados velhos e malcheirosos — e outro de pessoas lutando para comprar um determinado brinquedo numa loja.

Naturalmente, as pessoas que esperam fazer algum dinheiro, e essa designação abrange alguns de nós, tentam fazer com que as coisas aconteçam em vez de esperar que o vento da loucura humana sopre na direção delas. Mackay mencionou que alguns comerciantes de tulipas em Londres e Paris tentaram reproduzir em seus países o fenômeno ocorrido na Holanda, embora com poucos resultados. Isso foi há mais de três séculos, e desde aquela época a promoção de vendas cresceu bastante. A manipulação simbólica do desejo tornou-se uma verdadeira e gigantesca indústria. A propaganda também não é algo novo, mas agora ela tem um papel diferente e mais importante na nossa vida. É interessante folhear os anúncios das publicações e pôsteres da infância dessa arte, quando as pessoas estavam começando a descobrir que havia mais coisas envolvidas na venda de um produto do que apenas mostrar que ele existia. A publicidade começou como um subproduto da Revolução Industrial, mudou bastante na era moderna, e na pós-moderna satura todas as experiências culturais.

Um dos aspectos que não podemos deixar de notar na propaganda do século XIX era a consciência de classes. Os anúncios de roupas, jóias e muitos outros itens provocavam o consumidor a ser um impostor de maneira segura e inofensiva. Talvez você não se torne um membro da classe alta, mas pode *parecer* um. As pessoas da classe média poderiam imitar a classe rica. As pessoas da classe baixa, com um pouco de dinheiro extra, poderiam passar por membros da classe média. Pessoas de cor imitavam os brancos e as crianças imitavam os adultos. E todos imitavam a realeza. Independente da época, havia basicamente um estilo "certo", que era ditado de cima para baixo.

Voltemo-nos para a Califórnia nos anos 70. Na SRI International, os pesquisadores do programa VALS (Values and Lifestyles) ajudavam os anunciantes a compreender as preferências da época, para que pudessem adaptar e dirigir suas mensagens mais efetivamente. Note-se o uso do termo "estilo de vida" e não "classe". O programa VALS era e ainda é uma pesquisa de mercado — uma reflexão séria sobre o que leva as pessoas a comprar coisas, dirigida para os executivos de propaganda e *marketing*. E, como muitos outros trabalhos desse tipo, evoluiu para além da idéia de vender coisas às pessoas para que elas pudessem imitar os seus superiores. A pesquisa revelou que as pessoas tinham diferentes estilos de vida e, ademais, que estes mudavam com o tempo. A tipologia do VALS, com um cunho dos anos 70, mapeou dois caminhos de evolução, com tipos fundamentalmente diferentes de consumidores. Eles foram denominados como grupo alterdirecionado e grupo intradirecionado. O primeiro grupo, de alterdirecionados, compreendia tipos como os Possuidores ("tradicionais, nostálgicos e patriotas"), os Emuladores ("joviais, ambiciosos, machistas, conscientes do *status* e competitivos") e os Aquisidores ("autoconfiantes, construtores materiais do Sonho Americano"). Entre os intradirecionados, estavam os consumidores Eu-sou-mais-eu ("exibicionistas, narcisistas, impulsivos, dramáticos, experimentais, ativos e inventivos"), os Experimentadores ("centrados na pessoa, artísticos e intensamente interessados no crescimento interior") e os Socialmente Conscientes ("extremamente educados e prósperos... muitas pessoas nesse grupo de orientação missionária apoiavam causas como preservação e defesa do consumidor").[19]

Todos esses trabalhos, e existem muitos outros do mesmo tipo, baseiam-se no reconhecimento de que nossas atividades aquisitivas envolvem bem mais do que simplesmente adquirir e usar as coisas de que precisamos, que também é mais do que o "consumo conspícuo" descrito há muitas décadas por Thorstein Veblen. É a forma pela qual as pessoas constroem suas identidades e se apresentam ao mundo. Além disso, esse trabalho se baseia também no reconhecimento de que não existe mais uma única hierarquia de estilos. Não temos uma cultura de consumo; temos uma economia feita de subculturas de consumo. Dentro desse grande e variado bazar, vagueiam livremente pessoas de todas as idades, níveis educacionais, grupos étnicos e graus de riqueza, comprando coisas que apelam aos sentidos do que elas são ou desejam se tornar, coisas que lhes dão *status* em qualquer estilo social com o qual elas queiram ser identificadas.

Jim Collins, um dos meus comentaristas favoritos da sociedade pós-moderna, iguala a cultura popular ao pós-modernismo. Ele afirma: "Ambas refletem e produzem a mesma perspectiva cultural, aquela 'cultura' que não pode mais ser concebida como Grand Hotel, como um sistema totalizável que, de alguma forma, orquestra todas as produções e recepções culturais de acordo com um único sistema 'master'."[20] Ele argumentava contra o uso indiscriminado de termos como "cultura de massa" e "estilos dominantes". O que ele quer dizer é que já não há mais tantos altos e baixos nos hábitos de cultura, estilo e consumo como anteriormente. Mas isso certamente não significa igualdade ou nivelamento. Há uma tremenda diversidade, grande desigualdade, obsessiva procura por *status* e mudança constante. O consumo é multifrênico, proteiforme, descentrado e relacional.

Na economia do consumidor pós-moderno, na realidade não precisamos saber o valor de alguma coisa, exceto com referência a um estilo de vida ou subcultura em particular. Um par de calças *jeans* com um buraco no joelho pode ser jogado no lixo por uma pessoa e ser uma preciosa peça de vestuário para outra. Temos agora aquilo que Ernest Sternberg, da SUNY de Buffalo, chama de "economia de ícones", na qual todos os bens e serviços são feitos, vendidos, comprados e usados como ícones. Um ícone não é apenas uma imagem; ele é uma coisa, um objeto físico como um carro, algo intangível como uma apólice de seguro ou mesmo uma pessoa, aos quais tenham sido atribuídos significados simbólicos, a tal ponto que não possamos mais separar o símbolo da própria coisa. E o valor do ícone está no olho do observador.

Antigamente, os fabricantes faziam coisas e depois tentavam vendê-las. A dimensão simbólica estava sempre ali, mas arraigada em classe e tradição. Depois, para estimular as vendas, eles começaram a anunciar, a dar mais atenção à embalagem e aos artifícios de *marketing,* como *displays* em lojas e vitrinas. O simbolismo invadiu as fábricas, lojas e pontos de vendas, conquistando-os completamente e ocupando o território. Atualmente, propaganda, embalagem e *marketing* não são mais ocasionais, e sim muito bem planejados, como parte integrante do projeto de produtos e da criação de novos serviços.

O consumo serve como definição da identidade para todos que entram no jogo conscientemente e também, de maneira diferente, para aqueles que não estão conscientes disso. Se você for do tipo que prefere viver com simplicidade, deve ter descoberto outras maneiras de definir quem você é. Você poderá até mesmo comprar livros ou assinar revistas que o ensinem a fazê-lo. A invasão do consumismo na nossa vida é tamanha que podemos encontrar lojas que vendem roupas, ferramentas de jardinagem e outros itens que proclamam sutilmente a sua dedicação a uma vida mais próxima da natureza. Por acaso eu moro perto de uma delas, a Smith & Hawken, e acho muito instrutivo andar pela loja e estudar alguns produtos para amantes da natureza, tais como luvas de pele de cabra, botas de borracha importadas da Escócia e camisas de algodão de setenta dólares. Ou seja, mais ícones.

Além da Sociedade de Consumo (Não Prenda a Respiração)

Certo domingo, acompanhado por um velho amigo e colega de trabalho, eu voltava para casa depois de uma conferência em Monterey. Paramos em Santa Cruz para almoçar, escolhemos um bom local e estacionei o carro a alguns quarteirões dali. Quando caminhávamos para o restaurante, paramos para olhar algumas vitrines e me lembrei de um comentário do meu amigo, quando estávamos diante de uma rica exposição de elegantes objetos de prata e cristal: "Como podemos sair dessa sociedade de consumo?" Devo mencionar que estávamos conversando, durante a conferência e na volta para casa, sobre o futuro da civilização global. O meu amigo se incluía entre aqueles que pensam que o mundo está sendo ecológica, cultural e espiritualmente estrangulado pelo consumismo. E, como sabemos, ele não é o único nessa posição.

Como podemos sair dessa sociedade de consumo? Bem, não podemos. Um dia talvez — tudo é possível — mas não em futuro próximo. E isso porque, ao mesmo tempo que no Ocidente milhares de intelectuais a caminho do almoço reclamam da sociedade de consumo, bilhões de pessoas no resto do mundo correm para entrar nela. Posso imaginar muitas formas para tornar o consumo menos devastador e injusto, e esperar que sejam postas em prática, mas não consigo imaginar que ele deixe de ser uma enorme força na formação da civilização global. Se o nosso futuro realmente se reduz à simples proposição de ou abandonar o consumo ou destruir o planeta, então estamos numa posição tecnicamente chamada de "uma bela merda".

Os problemas ecológicos do mundo, enormes e assustadores, podem ser resolvidos, mas isso não será feito fechando o imenso poder do consumo. Ninguém tem na mão essa alavanca. A alavanca nem mesmo existe.

Estamos começando a reconhecer no consumismo uma força política, o que nunca havia acontecido. Consideremos a maior subcultura do mundo — os adolescentes. Eles são notoriamente conformistas e preocupados com a moda, e a globalização dos meios de comunicação faz com que eles se conformem globalmente e sigam a moda globalmente. Entre outras coisas, isso significa lucros, grandes lucros. Um redator da *Fortune* escreveu:

A Nova Economia da Identidade

Num mundo dividido por guerras comerciais e tribalismo, os adolescentes são uma nova força unificadora. Dos *playgrounds* excitantes de Los Angeles aos majestosos bulevares de Singapura, os jovens revelam espantosa semelhança de gostos, linguagem e atitudes. Afro-americanos e asiáticos, latinos e europeus, eles vestem suas Levi's, dançam ao som dos Red Hot Chili Peppers e batucam nas teclas de seus PCs Macintosh. Difundidas por mensageiros poderosos como a MTV, as tendências se espalham com uma velocidade mágica. Os jovens ouvem as batidas dos tambores em outro continente, absorvem o ritmo e adicionam seu próprio toque. Para Coca-Colas e Nikes, nenhum desafio de *marketing* é mais básico do que captar essa batida. Há muitos bilhões a serem ganhos.[21]

Talvez fosse preferível que a evolução da consciência global acontecesse de um modo mais elegante e não numa onda de Cokes e Big Macs. Mas, gostemos ou não, é assim que está acontecendo, a primeira geração global está nascendo e seus membros se conhecem e se identificam mutuamente. Não temos idéia do que pode acontecer, mas o consumo e a cultura *pop* certamente estão entre as forças que estão refazendo o mapa global da consciência política.

O que a política da identidade étnica tinha em comum com o nacionalismo étnico do fin-de-siècle *era a insistência de que a identidade de grupo de uma pessoa consistia numa característica pessoal, existencial, supostamente primordial e, portanto, permanente, compartilhada com outros membros do grupo e com mais ninguém...*
A tragédia dessa política excludente de identidade, quer fosse ou não implantada para estabelecer estados independentes, é que ela não poderia funcionar. Apenas fingiria que funciona.

ERIC HOBSBAWM[1]

A conquista americana não é a sociedade multicultural, é o indivíduo multicultural... Identidade é a promessa de exclusividade, mas é uma promessa falsa. Muitas coisas são possíveis na América, mas a exclusividade da identidade não é uma delas.

LEON WIESELTIER[2]

Os americanos não têm identidade, mas têm dentes maravilhosos.

JEAN BAUDRILLARD[3]

12

A Política Global
de "Não Ser Possuído"

Um político famoso, Jesse Unruh, orador da Assembléia da Califórnia e versátil articulador, certa vez disse que o dinheiro é o leite materno da política.

E isso certamente é verdade se estivermos falando do custo de uma campanha política. É verdade também se estivermos falando do poder manipulado, nas democracias, pelos lobistas que levantam fundos para campanhas e pelos contribuintes endinheirados que financiam essas campanhas. Isso é verdade, mas não toda a verdade. Se o dinheiro é o leite materno da política, a identidade é o seu sangue e o eu pessoal é o seu coração.

Quando os jovens marcham para morrer nos campos de batalha, como milhões têm feito desde tempos imemoriais, eles raramente o fazem por dinheiro, pois há muitas maneiras mais fáceis de ganhar a vida. Eles o fazem principalmente porque aceitaram as nobres mentiras do seu país sobre quem e o que eles são e quem são os seus inimigos. Quando um Hitler ou um Mussolini agrupam seus seguidores, é por meio do elogio à sua grandeza como cidadãos de uma grande nação. Quando uma bandeira ou um hino tocam o nosso coração é porque nos identificamos com eles e os aceitamos como símbolo do que somos. Quando milhões de homens negros marcham em Washington, é para afirmar e celebrar a sua identidade de negro — e de macho. Quando as mulheres lutam pelos seus direitos, é porque elas sabem que o sexo é, aos olhos da grande maioria dos seres humanos, um poderoso definidor de quem e do que uma pessoa é e do que ela deveria estar fazendo na vida.

A identidade é o coração da política e, todavia, a própria identidade está mudando. Quando as pessoas se tornam multifrênicas e proteiformes, descentradas e relacionais, elas ficam menos inclinadas a se agarrar às identificações de grupos como a essência final e permanente do próprio eu. E um novo tipo de controvérsia política começa a dar sinais de vida; não apenas mais uma disputa entre grupos diferentes, com exigências e aspirações conflitantes, como por exemplo negros contra brancos, tribos contra nações, mulheres contra o patriarcado, mas uma controvérsia sobre o eu. A citação de Wieseltier do início deste capítulo é de um artigo intitulado "Against Identity" [Contra a Identidade]. Há algumas décadas ninguém poderia imaginar um artigo com esse título numa revista de grande circulação. Ninguém conseguiria imaginar o que ele significava — como alguém pode ser contra a identidade? Agora já sabemos — podemos ser contra a identidade caso possuir uma identidade signifique ter que espremer a nossa complexa, misteriosa e mutável existência humana dentro dos limites de uma determinada designação, como os infelizes ocupantes do leito de Procusto. Podemos ser contra a identidade quando descobrimos que todo rótulo tem um preço, em geral alto. Podemos ser contra a identidade quando começamos a suspeitar que *nenhum* dos rótulos atualmente em uso realmente representa uma "característica pessoal primordial, imutável e portanto permanente", nas palavras de Hobsbawm. Podemos ser contra a identidade quando preferimos ter mais de uma e começamos a concordar com Wieseltier quando este afirma que: "Há uma verdade maior na pluralidade. Há também uma probabilidade maior de decência."[4] Podemos ser contra a identidade quando decidimos *ter* identidades, mas não *ser possuídos* por elas.

Os sinais desse novo tipo de política estão à nossa volta, mas ainda não a compreendemos com clareza suficiente para ver que rumo ela tomará ou para especular até onde ela irá. O pensamento e ação políticos foram tão ofuscados pelos conceitos pré-modernos e modernos de identidade — tribais e regionais no primeiro caso; raciais, nacionalistas e ideológicos no segundo — que é difícil pensar em outros termos. Os tipos de política pré-moderna e moderna ainda estão aqui, fazendo reivindicações sobre as pessoas e as instituições do governo, mas ambas estão se enfraquecendo pelas inúmeras pressões da transição para um mundo pós-moderno. À medida que as identidades mudam, o mesmo acontece com todo o sistema político mundial ligado a essas identidades. A nova ordem secular expressa idéias diferentes sobre identidade, bem como sobre cidadania e direitos. Essa nova ordem avança, entre confusão e conflitos, muitos passos na direção oposta, rumo a um mundo no qual governos e pessoas serão sistemas abertos.

Seguir em Frente e Olhar para Trás

A mudança é mais evidente, e também mais perturbadora e menos compreendida, em lugares onde as culturas pré-modernas ainda existem e nas quais os indivíduos ainda organizam sua vida pessoal e social em torno de costumes, valores, papéis, religiões e visões de mundo tradicionais. Em tribos e aldeias, as pessoas tomam partido contra a globalização — "tradicionalistas" contra "modernistas". Os dois lados são auxiliados e instigados por forasteiros, alguns dos quais são agentes da modernização, e outros são "preservacionistas culturais", dedicados a manter as coisas como estão. A palavra "indígena" é cada vez mais ouvida nos diálogos políticos e, como muitos outros termos da retórica política, tende a ser usada com mais fervor do que precisão. O cientista político australiano Alastair Roderick Ewins notou:

> O termo "indígena" está ligado ao conceito de identidade. Identificar-se como indígena ou nativo de um determinado lugar é distinguir-se de outros residentes que não o são. Mas... o termo é muito relativo... seu significado depende das circunstâncias particulares de um lugar. Por exemplo, um nativo de Fiji descendente dos tongas que se estabeleceram em Lau no século XVIII é considerado indígena, enquanto um americano descendente dos europeus que se estabeleceram na Virgínia no século XVII não o é.[5]

Ewins entrevistou muitas pessoas nas ilhas Fiji e Tonga, no Pacífico, e descobriu que a distinção entre tradicionalistas e modernistas era tão obscura quanto a definição de indígena. Os tradicionalistas compreendiam o mundo de forma diferente de seus ancestrais pré-modernos, que não estavam conscientes da existência de realidades múltiplas. O seu modo de pensar era mais parecido com aquele dos intradirecionados modernos, como por exemplo os britânicos do século XIX, que sabiam da existência de muitas civilizações no mundo, mas insistiam em que as outras eram inferiores e efetivamente imprecisas. Os modernistas mais cosmopolitas eram na verdade "modernistas-passando-a-pós-modernistas" que estavam aprendendo a pensar e viver de formas ecléticas e relativistas. Mas, para complicar ainda mais as coisas, alguns dos tradicionalistas pareciam ser nitidamente pós-modernos, como a mulher que havia cursado a universidade, uma das mais ferrenhas defensoras da antiga monarquia de Tonga, que disse:

> Só porque freqüentei a universidade, os ocidentais esperam que eu seja diferente. Eu só posso ser ocidental ou uma tonga atrasada; eles acham que eu não posso ser as duas coisas. Não creio que a sociedade ocidental jamais supere esse conceito equivocado...

Muitos de nós são biculturais... Temos alguns conceitos *palangi* (europeus) e temos alguns conceitos tongas. Alguns de nós são honestos ao dizer que são ambos...[6]

Muitas pessoas nas sociedades tradicionais sabem que "voltar para trás" não é realmente uma opção, mas poucas compreendem que a "preservação cultural" também não é uma opção — que as culturas são entidades vivas, criadas pelas pessoas em resposta às condições à sua volta, e que os esforços para preservar as culturas sempre, inevitavelmente, envolverão novos atos de criação. Todavia, esse tipo mais complexo de compreensão está em alta. Em muitos lugares do mundo, não apenas a modernidade mas também a pós-modernidade, em forma de múltiplas identidades e o reconhecimento relutante da construção social da realidade, está se espalhando mais rapidamente do que a maioria dos observadores imagina.

Superiores e Inferiores

Nem sempre é fácil para os ocidentais notar as mudanças que estão ocorrendo dentro de sua própria ordem social, mas existem muitas evidências de que todos os rótulos que usamos no mundo moderno, como os de classe, raça e nacionalidade, estão perdendo a força, como resultado dos impactos da globalização e, como dizem os franceses, da informatização. E, dentre todos os sistemas que serviram para ordenar a sociedade e a política na era moderna, a classe é um dos que estão nos estágios mais avançados de decadência.

Houve um tempo em que a classe era algo "real". Nessa época, as pessoas sabiam que Deus era um sociólogo divino que havia criado o mundo com múltiplos estratos de humanidade, desde aqueles obscenamente altos aos indescritivelmente baixos, e que a identidade de qualquer pessoa era uma questão de onde ela se situava nessa hierarquia. Da mesma forma que agora explicamos as características humanas em termos de genes e ambientes, as pessoas num passado não muito distante, sem falar em algumas remanescentes no aqui-e-agora, explicavam com desenvoltura características como, por exemplo, o poder e a sabedoria dos reis, a graça sensível dos nobres, a ignorância impassível dos camponeses, em termos de classe. A classe definia quem você era, e o seu dever cívico era, como dizem os ingleses, "manter a sua posição" na vida. Charles Dickens escreveu as palavras para um hino que satirizava essa visão de mundo:

"O let us love our occupations,
Bless the squire and his relations,
Live upon our daily rations,
And always know our proper stations." [7]*

Agora sabemos que a classe é uma realidade socialmente construída e vemos a idéia de "devidas posições" como uma nobre mentira, ou seja, uma mentira dos nobres, concebida para fazer com que as pessoas subjugadas se contentassem com a sua miséria. Essa compreensão não apenas corrói as ideologias políticas conservadoras, que pretendem preservar o sistema de classes, mas também aquelas revolucionárias, que desejam unir uma classe contra outras. Cada vez menos pessoas desejam dedicar sua vida à visão marxista de classe como a estrutura básica de todas as políticas, a máquina que move as leis da História.

Não creio que as classes tenham desaparecido totalmente — meus amigos ingleses ainda identificam a classe de uma pessoa tão rápida e seguramente como se ela tivesse tatuada na testa a classificação "alta", "média" ou "trabalhadora". Na Índia, o pernicioso sistema de castas mantém o seu domínio nos partidos políticos. Mas já não há muitos lugares no mundo onde hereditariedade e poder político sejam sinônimos.

Nos Estados Unidos, somos obcecados pelo estilo de vida e pelo *status,* ao mesmo tempo que não nos preocupamos com a classe. Os americanos não têm uma idéia bem clara da diferença entre classe e *status*; eles acham que, se você é rico, famoso e/ou poderoso, você conseguiu se tornar um membro *ex oficio* das classes superiores — um engano que um inglês jamais cometeria.

O *status* substituiu a classe na maior parte do mundo, principalmente entre os jovens e na cultura popular. Todavia, ele é um outro tipo de diversificação entre os estilos de vida, outro colapso do Grand Hotel, pois não existe apenas uma única hierarquia de *status*, mas muitas delas. Você pode ser mundialmente famoso entre os membros de uma subcultura, ou grupo etário, e totalmente insignificante em outro. Um amigo meu, mais ou menos da minha idade, comentou o seu espanto ao verificar a quantidade de pessoas famosas das quais ele jamais ouvira falar. Acho que sei o que ele quis dizer.

A classe, como a conhecemos, é uma invenção moderna, uma tentativa de dar às hierarquias da sociedade feudal um *status* primordial e mantê-las numa ordem social pós-feudal. O *status*, embora antigo, floresce na era pós-moderna. Como o consumo, ele é multifrênico, proteiforme, descentrado e relacional. É um sistema aberto. Ele vem e vai, e poucas pessoas têm ilusões de que seja um arran-

---

*"Oh, amemos as nossas ocupações, / Abençoemos o senhor e as suas relações, / Vivamos com as diárias rações, / E reconheçamos nossas devidas posições."

jo eterno ou mesmo muito significativo. Aquela tola declaração de Andy Warhol sobre os quinze minutos de fama que todo mundo tem, é citada com tanta freqüência porque faz tanto sentido quanto a forma pela qual as coisas funcionam realmente. Ninguém pensa que o *status* representa alguma característica interior profunda da pessoa que o possui; ninguém imagina que todas as pessoas que tenham o mesmo *status* devam se agrupar e ser leais entre si. Em 1930, foi significativo o fato de os conservadores ranzinzas chamarem o presidente Franklin D. Roosevelt, aristocrata transformado em defensor dos oprimidos, de traidor da sua classe. Eu jamais ouvi alguém ser chamado de traidor do seu *status*.

O grande inimigo da classe é a mobilidade. A mobilidade social é o pior tipo, pois um sistema de classes deve ser um sistema *fechado*, em cujos níveis mais elevados a entrada seja vagarosa, rara e difícil. Muitos movimentos, para cima e para baixo na hierarquia, destroem um sistema de classes. Mas a mobilidade física também pode destruir a velha ordem, se permitir que as pessoas presas numa sociedade rígida partam e busquem fortuna em outros lugares. E a mobilidade dos símbolos, a mídia de massa, mostra às pessoas imagens de ordens sociais bem diferentes, ou então as leva a desenvolver mais admiração por artistas de cinema distantes do que pelos aristocratas locais. Todas as formas de mobilidade levam para longe da classe e para mais perto do *status*.

O *status* é aquilo que vem depois da classe, e na verdade não creio que seja uma melhoria. Ele parece funcionar relativamente bem para o eu de algumas pessoas que o possuem, enquanto elas o possuírem. Ele as ajuda a acreditar em si mesmas. Em alguns casos, como por exemplo no de Ronald Reagan, ele pode ajudar uma carreira política individual. Mas ele não serve como determinante de lealdades e alianças políticas. Os rótulos clássicos de "identidade política", como raça ou nacionalidade, que é a principal invenção política da era moderna, têm mais utilidade, embora também estejam perdendo o seu poder.

Entrar e Sair do Caldeirão Racial

A política de identidade americana é instrutiva para outros países que também estão se tornando uma nação de imigrantes. Ela ilustra as agendas políticas básicas que surgem nas sociedades miscigenadas — assimilação, exclusão e pluralismo — e nos mostra como é uma sociedade de pós-identidade, quando as pessoas começam a perder a confiança em todos esses caminhos.

Nos primeiros anos do século XX, os americanos estavam obcecados com a metáfora assimilacionista do *melting pot*, ou caldeirão racial, que se originou da peça do mesmo nome de Israel Zangwill. Era uma bela amostra do simbolismo otimista que cai bem nos livros de textos da escola primária e nos discursos políticos. A idéia geral era de que a América era o "cadinho de Deus", no qual todas as raças e culturas seriam aperfeiçoadas pelo contato mútuo, fazendo do todo um metal mais forte, como aquele que estava sendo forjado nas grandes usinas fumarentas de Pittsburgh. A metáfora tinha um espírito igualitário, pelo menos na forma original, mas o que ela significava realmente para a maioria dos americanos era que os imigrantes deveriam livrar-se de seus costumes "estrangeiros" mais evidentes e tornarem-se mais angloprotestantes. Essa era a política *de facto* do governo dos Estados Unidos, que estabeleceu um plano-diretor de americanização no Departamento do Interior e criou vários programas educacionais para ajudar novos imigrantes a "renunciar à fidelidade ao antigo e preparar-se para viver ou morrer pela glória do novo — a América", conforme as palavras da publicação do Bureau of Americanization.[8]

Os programas de exclusão, bem mais inflexíveis e baseados na crença de que a assimilação não protegeria a sociedade americana da fatal poluição da influência estrangeira, teve muitos adeptos na época da imigração mais intensa. Eles adquiriram certa legitimidade intelectual dos movimentos de eugenia, com suas doutrinas alarmistas pseudocientíficas sobre como os estrangeiros corromperiam não apenas a sociedade americana como também seu banco nacional de genes. Os eugenistas igualavam a origem nacional com raça, e atribuíam todo tipo de criminalidade a várias "raças", como conseqüência de heranças genéticas. William Davenport, um dos principais eugenistas americanos, acreditava piamente, como se fossem fatos cientificamente comprovados, que os italianos tinham uma incurável predisposição para crimes passionais violentos, os judeus eram inclinados ao roubo e os húngaros eram dados a "furtos, seqüestros, assaltos, assassinatos, estupros e imoralidade sexual". Ele também era um tanto sexista — certa vez escreveu que o amor pelo mar era um traço recessivo ligado ao sexo, uma vez que só aparecia no lado masculino da família dos navegadores. Ele descartava o mito do "caldeirão racial" como uma relíquia não-científica da "era pré-mendeleiana", pois, segundo ele, as diversas características desagradáveis dos estrangeiros não seriam diluídas pela miscigenação, mas persistiriam na sociedade como genes recessivos.[9]

As idéias sobre as deficiências dos estrangeiros, originadas geneticamente, também tiveram influência na aprovação das novas leis federais para restringir a imigração, bem como as leis estaduais que permitem a esterilização dos criminosos e proíbem o casamento entre pessoas de raças diferentes.

A idéia do "pluralismo" surgiu primeiramente no começo do século XX, como uma alternativa mais cordial e gentil tanto para a assimilação quanto para a exclusão. Os escritores pluralistas defendiam uma América feita de diferentes grupos culturais, cada qual conservando seus costumes, língua, artes, música e religião, e não sacrificando-os em nome da respeitabilidade branca. Essa visão de culturas numa coexistência pacífica refletiu-se na mídia do entretenimento popular — em comédias românticas como *Abie's Irish Rose* e nos filmes sobre a Segunda Guerra, mostrando grupos de soldados americanos, com identidades étnicas notadamente diferentes, lutando lado a lado contra o inimigo.[10] Esse pluralismo idealista encontrou apoio entre alguns intelectuais e ativistas de esquerda, mas a maioria dos reformadores liberais preferia derrubar as barreiras entre grupos raciais e étnicos para celebrar as suas diferenças.

Em seguida surgiu uma nova atitude, que se iniciou nos anos 50 e teve o seu auge nos anos 60, entre explosões dos ativistas dos direitos civis que marcaram essa década tempestuosa. Indivíduos de todos os tipos que antes aceitavam sua identidade como marca de inferioridade agora a exibiam agressivamente. O modelo para essa nova atitude foram os radicais de cor, que falavam em poder negro, nacionalismo negro e que cunharam o poderoso lema *"Black is beautiful"*. Mas o mesmo estilo logo foi adotado por alguns asiáticos-americanos, latinos, nativos americanos, mulheres, *gays* e lésbicas, pessoas deficientes, pacientes mentais, idosos e até descendentes de imigrantes europeus. Conheço pessoas que voltaram a usar o antigo nome de família, os poloneses, por exemplo, que havia sido americanizado por seus pais ou avós. Se o nome fosse difícil de pronunciar, melhor ainda. Os rótulos anteriormente pejorativos, como "bicha", "aleijado" e "maluco" tornaram-se qualidades das quais se orgulhar, pelo menos quando usados pelas pessoas certas. Essa nova política da identidade era saudável até certo ponto, mas é claro que era divisiva. Ela dava a grupos oponentes de brancos, homens e outros uma justificativa para proclamar sua própria identidade e defender-se daquilo que eles viam como uma ameaça a seus direitos. E ela levava a uma nova polarização, conforme a descrição de Gary Peller: "Um intenso embate cultural entre nacionalistas negros, de um lado, e integracionistas, brancos e negros, de outro."[11]

A política da identidade ainda existe, mas já perdeu parte da força. O seu momento já passou; ela é vítima de suas próprias contradições internas. Não reconheceu que as identidades são resultado de construção e de escolha. Ela incentivou as pessoas a escolherem novas descrições de si mesmas e não previu que, uma vez que as pessoas soubessem que poderiam escolher, elas continuariam escolhendo, algumas vezes de formas que serviam melhor aos seus próprios propósitos do que às intenções de seus líderes.

Os Centros não se Mantêm

A política de identidade deu origem a uma série de teorias entre os intelectuais das universidades. Agora surgiu outro movimento intelectual, que se autodenominou "bolsas de estudo pós-identidade" Alguns de seus proponentes, num livro recente intitulado *After Identity*, afirmam que os discursos da política de identidade "obscurecia as diferenças entre mulheres, entre *gays*, entre negros e outros, e ignorava o significado das múltiplas fidelidades, comunidades e experiências…"[12]

A política de identidade presume que, uma vez que todos, natural e obviamente, pertencem a algum grupo que exige a sua lealdade e forma a sua identidade, então os rótulos raciais ou outros podem ser usados para marcar as entidades sociais reais e distintas, da mesma maneira que as fronteiras marcavam os Estados reais e distintos. A política da pós-identidade é baseada no reconhecimento de que o centro nem sempre se mantém dentro dos grupos rotulados. Essa é uma busca por uma visão diferente, menos inclinada a enfiar as pessoas dentro dos escaninhos que organizavam a nossa compreensão no passado, como a raça, por exemplo.

Embora a maioria das pessoas agora reconheça que a classe é construída socialmente, a raça ainda parece uma realidade *real*. Para os racistas conservadores, ela é a ordem estabelecida por Deus, como antes a classe também era. Para os "mocinhos" liberais, ela é o supremo mal social, a ser vencido pela tolerância e pelas leis dos direitos civis. Para muitos negros, ela é uma realidade que precisa ser transformada, passar a inspirar orgulho em vez de vergonha, e que, no entanto, ainda é mantida. Mas agora parece que, se superarmos o racismo, não será pelo triunfo das estratégias políticas anti-racistas, embora estas tenham feito muitos benefícios ao longo do caminho, mas sim devido à descoberta da verdade óbvia de que a raça também é uma construção social.

Muitos biólogos já estão dizendo que, do ponto de vista científico, a raça quase não existe. Jonathan Marks, de Yale, afirma: "A raça não tem realidade biológica básica. A espécie humana simplesmente não vem embalada assim." Luigi Cavalli-Sforza, de Stanford, um dos principais geneticistas do mundo, diz que: "As características que vemos a olho nu e que nos ajudam a distinguir os indivíduos de diferentes continentes, são, na realidade, superficiais. Quando olhamos por baixo da casca, vemos que as diferenças que nos parecem conspícuas são, na realidade, triviais."[13] Essas declarações são controvertidas — alguns estudiosos ainda insistem em ver diferenças raciais distintas na inteligência e em outras qualidades — mas elas agora representam a visão da maioria, que é precisamente o oposto da realidade oficial que aprendemos na escola.

Algumas pessoas de cor também estão ficando mais céticas quanto aos rótulos, inclusive aqueles que elas aplicaram em si mesmas. A idéia de uma "comunidade negra", à qual todos os afro-americanos magicamente pertencem, tem sido a base do discurso político há décadas, mas Regina Austin afirma que ela é "mais uma idéia ou um ideal do que uma realidade... A 'comunidade negra'... é em parte a manifestação de um anseio nostálgico por um tempo em que os negros eram claramente diferenciáveis dos brancos e a preocupação com o bem-estar dos pobres era mais natural do que o nosso penteado".[14]

Podemos verificar a falência do mito da comunidade negra na fragmentação do consenso dos afro-americanos a respeito da ação afirmativa. A maioria dos negros ainda apóia esses programas, mas a ausência de unanimidade é evidente na Califórnia, onde o principal cruzado contra eles é Ward Connerly, homem de negócios negro e republicano. Ainda existem comunidades negras, mas não uma comunidade negra.

A solidariedade racial diminui ainda mais quando as pessoas fazem aquilo que é de se esperar — raças diferentes que coexistem na mesma área geográfica se unem e se reproduzem. "A raça acabou", declarou Stanley Crouch no *The New York Times*, um tanto prematuramente, a meu ver, mas inegavelmente correto no sentido de que os limites se tornam cada vez menos definidos quando as pessoas se casam entre si. "No futuro, os americanos estarão rodeados por indivíduos que são uma mistura de asiáticos, latinos, africanos, europeus e nativos americanos. A aparência que eles terão está além da minha imaginação, mas a enxurrada de tipos físicos, combinações de traços faciais, texturas de cabelos, cor de olhos e tonalidades de pele que agora são inesperados serão bem mais comuns, principalmente porque a atual paranóia sobre casamentos inter-raciais será uma superstição do passado."[15] A sua afirmativa é corroborada pelas fotos que acompanham o artigo — rostos de crianças mestiças, como Katja Frazier, descendente de finlandeses e afro-americanos; Daniel Cohen-Cruz, mistura de russos, judeus poloneses e porto-riquenhos; Lauren Oti, afro-americano e holandês da Pensilvânia e Neri Edmond, afro-americano, filipino, índio americano e franco-canadense.

Quando as pessoas transcendem a identidade política, elas não abandonam necessariamente sua identidade étnica, racial ou cultural. Elas encaixam essas identidades num senso de eu mais complexo, cambiante e multicomunitário. Como descreveu o historiador cultural David Hollinger:

> Uma perspectiva pós-étnica reconhece que a maioria das pessoas vive simultaneamente em muitos círculos e que o decorrer da vida de qualquer pessoa impõe uma divisão mutante de trabalho entre os diversos "nós" dos quais so-

mos uma parte. Que importância tem ser, num determinado momento, um holandês da Pensilvânia ou um navajo, com relação a ser também um norte-americano, um advogado, uma mulher, um republicano, um batista ou um residente de Minneapolis?[16]

A maioria das escolhas diárias que as pessoas fazem, aquelas que expressam esse modo de vida "pós-étnico" ou de "pós-identidade", não têm um objetivo ideológico, nenhum desejo de ser "pós" qualquer coisa. As pessoas apenas querem ser mais étnicas em determinadas horas do que em outras, e algumas vezes elas nem querem ser particularmente étnicas. A socióloga Mary Waters, que fez um estudo sobre esse tipo de escolha, afirmou que: "A etnia tornou-se uma identidade subjetiva, invocada à vontade pelo indivíduo."[17] Ela mostrou que, ao longo do tempo, as pessoas podem dar respostas diferentes quando lhes perguntam qual é a sua identidade étnica. Num estágio da vida, elas enfatizam uma identidade, e mais tarde poderão enfatizar outra. Ou talvez isso dependa da época do ano — os irlandeses se tornam mais conscientes de sua nacionalidade por volta do dia de São Patrício. Ou então da comunidade na qual a pessoa se encontre no momento. Elas fazem escolhas. Se você for um afro-americano, filipino, índio americano e franco-canadense, você pode fazer isso. Você realmente não pode evitar fazer essas escolhas.

A etnia está estritamente ligada a uma outra grande construção social — a nacionalidade. Ainda aceitamos a nacionalidade étnica como uma descrição "real" de alguma característica verdadeira e profundamente pessoal, mas qual o significado do componente francês naquele garoto que é afro-americano, filipino, índio americano e franco-canadense? Aquele "francês" está lá como um sólido tijolo numa construção, mas ele se desintegra rapidamente quando examinado de perto. De qual das antigas raças gaulesas eram os ancestrais franceses? Bretões, burguinhões, bascos? E quanto ao segmento filipino? De quais filipinos ele descende — tribos montanhesas, chineses, espanhóis? E quanto aos espanhóis — aragoneses, galegos? Descendentes dos romanos que ocuparam a Espanha? Dos vândalos e visigodos que a ocuparam mais tarde, ou dos mouros, que vieram depois?

Se você acredita em nacionalidade, jamais a examine muito de perto.

A nacionalidade é o marcador de identidade mais fictício que existe, mas tem sido um dos mais importantes no mundo moderno. E talvez continue a sê-lo por mais algum tempo, embora de forma diferente. As histórias de nacionalismo e de nações-estado estão cheias de surpresas.

Surpresas do Nacionalismo

Como um estudante "realista" de política no ano de 1648, quando o sistema moderno de Estados estava sendo legitimado no Tratado de Vestfália, poderia adivinhar que levaria pouco mais de um século até que fossem proclamados, na França, os "Direitos do Homem"? Essa evolução teria sido repugnante e impensável para os monarcas, que construíam alegremente uma nova ordem, na qual só um direito contava, do ponto de vista deles — o direito divino dos reis.

De que maneira um sábio observador da História, contemplando a Europa no começo do século XX, aquela Europa da Linha Maginot, obcecada com fronteiras e preparando-se para jogar o mundo em duas enormes guerras por causa de suas vaidades nacionais, poderia imaginar que, no fim do mesmo século, a questão mais controvertida na Europa seria como criar uma moeda comum?

Quem teria adivinhado que as nações-estados evoluiram para sistemas abertos, como está acontecendo agora? As nações européias eram criadas como sistemas fechados — limitadas, defendidas umas contra as outras e contra a intromissão de influências externas, como a da Igreja Católica. Bem antes de Vestfália, o filósofo francês Jean Bodin havia articulado os princípios da soberania — um "poder absoluto e perpétuo", contido num estado e personificado pelo seu rei, cuja autoridade dentro das fronteiras nacionais não poderia ser limitada por nenhuma força, interna ou externa. No Estado, as pessoas estavam ligadas ao seu soberano, ao seu território nacional, à sua religião, de acordo com o princípio de "para cada região, sua própria religião", e umas às outras. Eles se uniam também pela sua história, que contava os feitos grandiosos dos seus heróis e as atrocidades cometidas contra eles pelas outras nações, os quais eram ensinados como registro de sua experiência comum. O nacionalismo criou um sentimento de *povo*, de um *eu* nacional, que jamais existiu nos dias da lealdade feudal. David Jacobson, em seu estudo sobre nacionalidade, notou que, conforme o *Oxford English Dictionary*, "o uso da palavra *auto* como prefixo, como em 'autodeterminação', 'auto-realização', aparece pela primeira vez em inglês no século XVI, e seu uso se multiplica rapidamente no século XVII. Autodeterminação, como termo específico, surge no século XVII".[18]

Uma das surpresas foi que o nacionalismo galvanizava tanto os povos que tinham um rei quanto aqueles que não tinham, ou seja, que o princípio da soberania poderia sobreviver sem soberanos. Isso foi demonstrado dramaticamente por países como a França e os Estados Unidos, que deram às pessoas um sentimento de orgulho de sua identidade nacional como *cidadãos* e não como súditos de um rei. Cidadania, patriotismo, história compartilhada, a noção de "nós" contra

A Política Global de "Não Ser Possuído"

"eles", tudo isso ajudou a fazer do nacionalismo uma ideologia tão vibrante e uma força política.

O nacionalismo foi um formidável projeto de identidade que chegou perto de reorganizar não apenas a Europa mas o mundo todo, uma vez que o modelo europeu era imitado pelos outros povos, e às vezes imposto a eles. Era a visão da realidade política que tornou possível a criação de mapas com linhas bem-definidas separando os países, imagens que todos nós já vimos e que carregamos na mente. A nacionalidade tornou-se o grande rótulo humano, a marca pela qual se podia atribuir todo tipo de característica psicológica aos cidadãos deste ou daquele país. Leon Tolstói, numa de suas clássicas expressões desse tipo de análise de caráter, escreveu em *Guerra e Paz* a respeito das gradações da presunção:

> O francês é presunçoso por supor que é irresistível, física e mentalmente, tanto para os homens quanto para as mulheres. O inglês é presunçoso porque se julga cidadão do Estado mais bem constituído do mundo, e também porque, como inglês, ele sempre sabe o que fazer... O italiano é presunçoso por ser emotivo e esquecer facilmente de si e dos outros. O russo é presunçoso precisamente porque não sabe nada e nem quer saber, uma vez que ele acha que não é possível saber algo completamente. O alemão presunçoso é o pior de todos... porque se imagina dono da verdade numa ciência de sua própria invenção, que para ele é a verdade absoluta.[19]

Hoje, seria arriscado atribuir essas características a pessoas de qualquer nacionalidade, especialmente um europeu, uma vez que os países europeus tornaram-se sociedades de imigrantes conforme o modelo americano. Na França, por exemplo, a imigração responde por quarenta por cento do crescimento da população desde a Segunda Guerra. Já não é mais possível fazer uma declaração genérica sobre o que torna presunçoso um francês — nem mesmo o que *seja* um francês.

Todavia, o nacionalismo étnico está profundamente arraigado na mente e no mundo modernos. Talvez desaprovemos os seus excessos, e alguns povos estão caminhando para estilos de vida pós-modernos e multifrênicos que permeiam suas estruturas rígidas, mas ele ainda é a realidade oficial. Israel existe devido ao nacionalismo étnico e a Palestina tenta existir também por causa dele. A limpeza étnica na antiga Iugoslávia é uma expressão dele. O Canadá poderá implodir por causa dele. O nacionalismo étnico é o sonho da comunidade, o anseio de estarmos rodeados por pessoas iguais a nós — e isso não é apenas um sonho, mas uma grande parte da lei e da política pública.

No fim da Segunda Guerra, os líderes políticos concordaram em um princípio — a autodeterminação dos povos, que prometia ser um dos fundamentos da ordem mundial permanente. Isso não aconteceu, por diversas razões. Uma delas é a suposição de que a nacionalidade é uma identidade que todas as pessoas tinham naturalmente, e isso era mais importante do que os demais rótulos. O problema com a idéia da autodeterminação é que ela camuflava a questão do eu. Nos lugares onde a identidade nacional ainda não fora assegurada, ela parecia ser o principal identificador. Em outros, como, por exemplo, as nações industrializadas do Ocidente, nas quais as pessoas avançavam no terreno inexplorado da política da pós-identidade, já não funcionava tão bem. Agora a questão é: Qual eu? Por que não a autodeterminação para os *gays*? E para as mulheres? E os seguidores de religiões alternativas? As tribos nativas canadenses da província de Quebec perguntam, com razão, por que não podem se separar de Quebec, se essa província se separar do resto do país.

Os líderes políticos da era moderna tentam desesperadamente criar um mundo que esteja de acordo com mapas existentes, mas o projeto não tem tido sucesso. Sempre surgem oportunistas que desejam mudar as linhas, minorias de um lado que prefeririam estar do outro e povos internacionais, como os judeus e ciganos, que não cabem no sistema. Lutamos em duas guerras mundiais para fazer esse mapa, matamos milhões de pessoas nesse ínterim e ainda não completamos o trabalho. E, pelo jeito, jamais completaremos. Ainda há lugares no mundo que tentam desesperadamente estabelecer sua nacionalidade e entrar na era moderna. Mas, enquanto isso, um crescente número de pessoas está se tornando pós-moderno, de muitas maneiras — imigrantes, legais ou ilegais; cidadãos do mundo; membros de comunidades globais por causa da profissão, do sexo, da orientação sexual, dos passatempos ou do grupo de *rock* favorito. São pessoas que *têm* identidades nacionais, por vezes duas ou três, mas não *pertencem* a elas.

Os Direitos do Homem (e da Mulher) Pós-Moderno

As questões de identidade freqüentemente transformam-se em questões de direitos, ou seja, assuntos a ser discutidos pelos teóricos políticos, julgados nas cortes e algumas vezes disputados em batalhas campais e nas ruas. Embora os direitos sejam uma invenção da era moderna, historicamente inseparáveis do eu individual e da nação-estado, na era pós-moderna eles estão sofrendo metamorfoses. De certa forma, eles parecem estar tomando direções opostas — sendo usados como instrumentos na criação de uma ordem mundial pós-nacional e também na defesa das culturas pré-modernas. No mundo contemporâneo, enquanto as pessoas lutam para escolher, definir e, em alguns casos, proteger sua identidade, está surgindo uma controvérsia entre direitos individuais e direitos grupais.

Os comunitários, os preservacionaistas culturais e os defensores dos povos indígenas acreditam que, ao pensar em direitos, foi dada muita ênfase a liberdades individuais que podem estar erodindo os valores e instituições das sociedades tradicionais. Eles sugerem, em vez disso, que haja uma "política do bem comum", uma ordem legal que reconheça o "direito do grupo de proteger a sua identidade", mesmo quando isso possa limitar alguns direitos individuais.[20] Essa proposição tem algumas vantagens e algumas falhas perigosas. Um sistema de direitos de grupos pode criar um determinado tipo de tolerância, um pluralismo ativo, mas quando diferentes comunidades têm o direito de se organizar como acharem melhor, elas podem acabar usando esse direito para impor a ortodoxia religiosa ou cultural e assim ignorar os direitos da escolha pessoal. O filósofo político Will Kymlicka cita como exemplo de uma ordem social desse tipo o sistema *millet* do Império Otomano:

> Sob o sistema *millet*, os cristãos, os judeus e os muçulmanos se autogovernavam e cada um impunha a ortodoxia religiosa a seus próprios membros. Assim, embora os muçulmanos não tentassem reprimir os judeus, ou vice-versa, reprimiam a heresia dentro de sua própria comunidade. A heresia, ou seja, o questionamento da interpretação ortodoxa da doutrina muçulmana, e a apostasia, isto é, o abandono da fé religiosa, eram crimes sujeitos a punição na comunidade muçulmana. Nas comunidades judia e cristã também existiam restrições da liberdade de consciência individual.
>
> O sistema *millet* era, na verdade, uma federação de teocracias. Era uma sociedade profundamente conservadora e patriarcal, oposta aos ideais de liberdade pessoal endossados pelos liberais desde Locke até Kant e Mill. Os otomanos aceitavam o princípio da tolerância religiosa, quando isso significava o desejo de uma religião dominante coexistir com outras, mas não aceitava o princípio isolado de liberdade individual de consciência.[21]

Alguns direitos grupais funcionam satisfatoriamente mesmo em países com sistemas legais baseados em direitos individuais, como os Estados Unidos. É uma questão de gradação. A maioria dos defensores dos direitos de grupos reconhece que os direitos pessoais "essenciais", como o *habeas corpus*, devem ser protegidos. Por outro lado, os americanos defensores das liberdades civis em geral concordam que alguns direitos grupais combinam com o autogoverno das tribos indígenas. Há lugar para um compromisso enquanto as pessoas compartilharem uma visão de mundo na qual um determinado grupo é "real" e legítimo. Essa é a parte difícil. Outra vez a questão da identidade. O sociólogo Todd Gitlin mostrou o ponto essencial:

> E o que vem a ser um "grupo"? Quem é que legitima uma identidade autêntica? Quem é que fornece as carteirinhas de associado? As fronteiras mudam, no tempo e no espaço. A semelhança é relativa à cultura e ao propósito da classificação. Para um estranho ou um recenceador, eu sou branco. Para um anti-semita eu sou simplesmente um judeu. Para um judeu alemão talvez eu seja um *Ostjuden*, judeu oriental; para os sefarditas eu sou um judeu *ashkenazi*; para um judeu israelense, sou americano; para um judeu religioso, sou secular; para um sionista de direita, sou um apóstata ou talvez nem mesmo um judeu. Os defensores da política da identidade insistirão que a questão não é simplesmente a simulação das categorias ou a tradição americana de autodesignação, mas de opressão e perseguição...
> Mas o que vem depois dessas categorias, uma vez que elas tenham sido impostas? A identidade não é um guia para a exatidão, bom juízo ou estratégia política. A raça (ou sexo, ou preferência sexual, ou incapacitação) está longe de ser um guia adequado, e ainda menos completo, para o mundo, uma vez que toda identidade é uma cegueira mas, ao mesmo tempo, uma forma de enxergar.[22]

Embora seja difícil chegar a um acordo sobre o que é um grupo, a causa dos direitos grupais promete continuar a fazer parte da política global ainda durante um certo tempo. Mas espera-se mais ação em torno dos direitos individuais, tanto para o progresso quanto para o conflito. Essa é a investida da atividade dos "direitos humanos" das organizações não-governamentais, inclusive grupos feministas, e é também a diretriz política na maioria das nações ocidentais. A nação-estado está tomando um outro rumo inesperado em sua história cheia de surpresas, desvinculando direitos de nacionalidade e estabelecendo os alicerces para uma verdadeira cidadania global. David Jacobson, da Arizona State University, em seu estudo sobre o desenvolvimento da política internacional da pós-identidade, escreveu:

> A migração transnacional está demolindo a base tradicional da associação a uma nação-estado, ou seja, a cidadania. À medida que os direitos passam a ser adquiridos pela residência e não mais pela situação de cidadania, a distinção entre "cidadão" e "estrangeiro" se desgastou. A desvalorização da ci-

dadania contribuiu para a crescente importância dos códigos internacionais de direitos humanos, com sua premissa de "pessoalidade" universal. A crescente capacidade de indivíduos e organizações não-governamentais (ONGs) de fazerem exigências com base em instrumentos internacionais de direitos humanos tem implicações bem além dos limites dos estados individuais, de tal forma que os contornos da ordem internacional, bem como doméstica, deverão mudar significativamente.[23]

O fundamento legal para essa mudança é a lei internacional de direitos humanos, que evoluiu bastante desde o fim da Segunda Guerra. A Declaração Universal dos Direitos Humanos, proclamada pelas Nações Unidas em 1948, confirmou algumas das liberdades pessoais, inclusive liberdade da escravidão, liberdade da prisão arbitrária, liberdade de religião e o direito de possuir propriedades. Foi apenas uma declaração, mas suas cláusulas tornaram-se lei nos anos 60 e 70, quando o Acordo Internacional sobre Direitos Civis e Políticos e o Acordo Internacional sobre Direitos Econômicos, Sociais e Culturais foram assinados e ratificados.

Isso marca uma importante mudança. Os direitos humanos não são, agora, para o cidadão, mas para a pessoa, independentemente da cidadania. Os direitos humanos são universais e não apenas o privilégio de qualquer nacionalidade ou grupo particular. O próximo passo, é claro, é colocar isso em prática, passo esse dado com mais vigor em alguns lugares do que em outros. Mas está sendo dado. As reivindicações de direitos humanos estão sendo feitas por pessoas e pelas ONGs, e a lei internacional está sendo aplicada por muitos governos nacionais, numa extensão bem maior do que a maioria das pessoas suspeita. Conforme define um estudioso, isso é "uma mudança no mar da lei internacional", pela qual as nações-estado adquirem um novo papel como executores dos direitos humanos internacionais.[24]

Outras mudanças estão acontecendo entre as nações, à medida que elas reconhecem os direitos das pessoas que não são cidadãs. Os países europeus, embora ainda se atenham às suas culturas nacionais e identidades étnicas, estão se encaminhando progressivamente rumo a um conceito de "residência" para a sua enorme população de trabalhadores e refugiados. A diferença entre cidadãos e residentes não-cidadãos se torna cada vez menos significativa. Na maior parte dos países, os residentes não-cidadãos têm plena proteção de direitos e liberdade, acesso aos serviços sociais e o direito legal de possuir propriedades. Em alguns países, eles podem votar em eleições locais, e alguns partidos políticos da Holanda e da Suécia defendem o direito de voto também em eleições nacionais.[25]

Depois das Nações

As instituições humanas, como as pessoas, são mutantes na forma — muitas vezes elas mudam por trás das palavras que usamos para descrevê-las. Esse foi o caso daquela venerável instituição chamada de Sacro Império Romano, que mudou tanto que Voltaire afirmou que, em sua época, ele nem era sagrado, nem romano e nem império. Algo semelhante parece estar acontecendo às nações-estados, uma vez que a maioria delas não é mais uma nação, ou seja, uniformemente povoada por pessoas que compartilham uma identidade étnica comum, nem estados, isto é, governos soberanos de territórios claramente definidos. Com freqüência se afirma que estamos entrando numa era "pós-nacional", mas não há um consenso geral sobre o que isso significa.

Francis Fukuyama, o citado escritor, em seus trabalhos sobre o "fim da História", afirma que todas as sociedades estão se tornando democracias liberais capitalistas, e que, quando isso estiver completo, será o "estado final" do processo histórico, o fim da ideologia e das aspirações nacionais, que são a base de quase toda História. Ele acredita que o nacionalismo esteja perdendo sua força na Europa, seu lugar de origem, e deixando de ser um grande perigo para a paz mundial: "A Europa Moderna está abandonando rapidamente a soberania e usufruindo a identidade nacional à luz suave da vida privada. Da mesma forma que a religião, o nacionalismo não corre o perigo de desaparecer mas, como a religião, ele parece ter perdido sua capacidade de estimular os europeus a arriscarem sua vida confortável em grandes atos de imperialismo."[26]

O cientista político Samuel Huntington, de Harvard, também especulou quanto ao futuro, que para ele parece bem mais perigoso. Ele acha que estamos agora avançando para um novo estágio da política mundial — novo em alguns aspectos, mas velho em outros. A novidade será a emergência do que ele chama de "civilizações" diferentes, como poderosas supercomunidades com as quais as pessoas se identificarão, e que dividirão o mundo perigosamente:

A minha hipótese é que a fonte fundamental de conflito nesse novo mundo não será primariamente ideológica nem econômica. As grandes divisões entre a espécie humana e fonte dominante do conflito serão culturais. As nações-estados serão os principais atores nos negócios mundiais, mas os principais conflitos da política global ocorrerão entre nações e grupos de civilizações diferentes. O embate de civilizações dominará a política global. A falha entre as civilizações será a linha de batalha do futuro.[27]

Ele vê um mundo dividido em sete ou oito civilizações — ocidental, oriental ortodoxa, latino-americana, islâmica, japonesa, chinesa, hindu e, possivelmente, africana. É um cenário interessante, mas se trata de mais política de identidade — essa é a parte antiga. Ele supõe que as pessoas serão e permanecerão profundamente ligadas a essas civilizações. Ele também acha, e talvez seja o ponto fraco da sua argumentação, que as civilizações terão alguma identidade *territorial* reconhecível.

O diplomata francês Jean-Marie Guehenno, atualmente embaixador da França na União Européia, escreveu um livro intitulado *The End of the Nation-State*, no qual comenta que a crescente mobilidade das pessoas, da economia e das informações torna a territorialidade cada vez mais irrelevante como princípio organizador. Ele prevê o fim, não apenas da nação-estado como a conhecemos, mas também da política que nos é familiar: "Desde o começo, desde a *polis* grega, a política tem sido a arte de governar uma coletividade de pessoas definida por seu arraigamento numa localidade, cidade ou nação. Se a solidariedade não pode mais ser contida pela geografia, se não existe mais uma cidade, se não existe mais uma nação, pode continuar existindo a política?"[28] No lugar da política, como a conhecemos, ou seja, grandes leviatãs globais brincando de jogos perigosos de interesse nacional, com partidos e grupos de pressão brincando de "capturar a bandeira" nas capitais dos países, teremos outros tipos de interação, que exigem habilidades e compreensões diferentes:

> Estamos entrando numa era de sistemas abertos, quer seja no nível de estados ou de empreendimentos, e os critérios de sucesso são totalmente diferentes daqueles da era institucional e seus sistemas fechados. O valor de uma organização não é mais medido pelo equilíbrio que ela tenta estabelecer entre suas diversas partes, ou pela clareza de suas fronteiras, mas está no número de aberturas, de pontos de articulação que ela consegue organizar com tudo que lhe é exterior.[29]

Essas visões são semelhantes em alguns aspectos e radicalmente diferentes em outros. Todos assumem que o nacionalismo está perdendo o gás, mas algumas pessoas ainda enxergam a continuidade de um papel para a nação-estado. Acho que o cenário de Guehenno é o mais perceptivo, embora ele não fale no novo papel da nação-estado como guardião dos direitos humanos transnacionais. E acho que veremos muita política em futuro próximo, inclusive os tipos que estão saindo de moda.

A Ausência de Forma das Coisas Que Estão por Vir

A forma da política de identidade nos próximos anos — na realidade, de toda política — será determinada, em grande parte, pelas decisões que as pessoas e sociedades tomarem quanto aos identificadores primários. "Identificador primário" não é um termo muito elegante, mas aponta para algo essencial em todo poder político, todo conflito político e todo progresso político. Isso significa que o poder do eu transcende todos os outros, que ele proclama, de forma definitiva e inquestionável, para você e para todo mundo, exatamente quem você é.

A nacionalidade ocupava esse lugar no mundo moderno, mas sua primazia foi questionada muitas vezes. Hoje, em nosso complexo mundo pré-moderno/moderno/pós-moderno, temos todo tipo de identificadores primários e candidatos a essa primazia. Para muitas pessoas, a identidade tribal é predominante, como tem sido para os hutus e tutsis na África e, provavelmente, para muitos grupos de povos indígenas no mundo todo, não muito ligados à sua nacionalidade. Alguns líderes do movimento feminista mundial esperam conseguir que as mulheres coloquem sua solidariedade com relação umas às outras acima da lealdade para com as culturas tradicionais, opressivamente dominadas pelos homens. Samuel Huntington assevera que as civilizações terão precedência no coração e na mente da humanidade do século XXI.

Para que uma identidade consiga e mantenha a primazia, ela realmente precisa ser encarada como primordial e não socialmente construída, nem fabricada por algum intelectual ou profeta, e que ela represente alguma realidade grande e eterna.

Não se pode ter um mundo ordenado — da maneira que os modernos imaginaram tal tipo de mundo, com fronteiras bem-definidas que possam ser mostradas num mapa em duas dimensões — sem identidades primárias. Todos têm que possuir uma. Ademais, todos têm que possuir o mesmo tipo de identidade. Enquanto as pessoas insistirem em colocar outros tipos de identidades — de tribos, civilizações, gênero, religião, classe, endereços eletrônicos etc. — acima de sua identidade nacional, o mundo não será facilmente colocado dentro de um mapa.

Todavia, acredito que, por algum tempo, a política de identidade continuará a ser uma força poderosa no mundo, tornando-se ainda mais forte ao se tornar obsoleta. Como acredita o historiador Eric Hobsbawm, é possível que parte da força do racismo, do nacionalismo e de outras atuais manifestações da política de identidade, seja uma reação contra as confusas condições do mundo pós-moderno:

Jovens judeus norte-americanos foram em busca de suas "raízes", quando as coisas que os marcavam indelevelmente como judeus deixaram de ser indicadores efetivos do seu judaísmo; entre eles a segregação e discriminação dos anos anteriores à Segunda Guerra. Embora os nacionalistas de Quebec insistissem na separação por serem uma "sociedade diferente", na realidade esse nacionalismo surgiu como força significativa precisamente quando Quebec deixou de ser uma "sociedade diferente". A própria fluidez da etnia nas sociedades urbanas tornou arbitrárias e artificiais essas escolhas como único critério de grupo. Nos Estados Unidos, exceto pelas negras, hispânicas e aquelas de origem inglesa e alemã, pelo menos sessenta por cento de todas as americanas natas, de *todas* as origens étnicas, casaram-se fora do seu grupo... Cada vez mais a nossa identidade deve ser construída na insistência da não-identidade dos outros. De outra forma, como poderiam os skinheads neonazistas na Alemanha, que ostentam o uniforme, penteado e gosto musical da cultura jovem cosmopolita, estabelecer a sua própria condição de alemães, a não ser surrando os turcos e albaneses locais? Como, exceto eliminando aqueles que não "pertencem", poderia ser estabelecido o caráter "essencialmente" croata ou sérvio de alguma região, uma vez que, durante a maior parte da História, diversas etnias e religiões conviveram na mesma região?[30]

A sedução de ter uma identidade bem clara — nacional, racial ou o que quer que seja — é mais forte para aqueles que não têm nenhuma outra coisa. Mas seria um erro desastroso supor que múltiplas identidades, identidades cambiantes e conceitos pós-modernos do eu estejam surgindo na vida dos cosmopolitas sofisticados apenas. Isso também acontece com os refugiados, trabalhadores migrantes, imigrantes em novas terras e pessoas que se casam em outras culturas. Pessoas comuns. Pessoas comuns pós-modernas, pós-nacionais e globais.

PARTE 4

Os Mapas de uma Terra Desconhecida

O universo é, no fundo, uma ilusão mágica e um jogo fabuloso e… não existe um "você" separado para tirar algo dele, como se a vida fosse um banco a ser assaltado.

ALAN WATTS[1]

Tome cuidado para não ser aquilo que você acredita que é. Lute com todas as forças contra a idéia de que você pode ser chamado por um nome e descrito.

SRI NISARGADATTA MAHARAJ[2]

13

A Libertação do Eu: O Oriente Encontra o Ocidente

Se juntarmos os pedaços espalhados, todos os discursos, diálogos e debates sobre o eu e a identidade atualmente em curso no mundo da psicologia, da ciência cognitiva, da medicina, das comunicações por computador, da economia, da política — toda crise de identidade global —, começaremos e ver algo absolutamente inédito. Nunca antes um tema tão fundamental da existência humana foi discutido em tal escala, dentro do contexto de uma civilização global. Todavia, existe um discurso mais antigo, que se estende pelo menos até o tempo de Heráclito e de seu contemporâneo asiático, conhecido como Buda, até eras bem anteriores à invenção desse tipo particular de consciência que chamamos de eu moderno. Esse discurso antigo também é global, no sentido de que apareceu em diferentes épocas e lugares e em várias línguas, mas a maioria dos povos no Ocidente o ignorou ou interpretou de maneira equivocada. De modo geral, ele tem sido classificado e colocado no escaninho do misticismo ou das religiões orientais e assim mantido separado do domínio da vida comum e prática.

Esse discurso alternativo gira em torno da proposta de que o eu é uma ilusão. Ele não tem existência, exceto como conceito abstrato e um ato descritivo progressivo. Ele é apenas um tipo de disfunção que pode ser corrigido, deixando a mente largamente expandida — para não falar aliviada. É um discurso subversivo e algumas vezes secreto, que solapa as verdades herdadas das sociedades antigas e modernas, com total imparcialidade.

Atualmente, sabemos que esse diálogo antigo é algo como um movimento literário, que, ao longo dos milênios, produziu uma montanha de livros — sutras e comentários budistas, contos sufis, obras de filósofos ocidentais como Meister Eckhardt, livros de intérpretes contemporâneos do pensamento oriental, como D. T. Suzuki e Alan Watts, boa parte da sempre crescente bibliografia sobre espiritualidade da Nova Era — e que muitos desses escritos são eloqüentes e úteis. Apesar disso, já é hora de examinar novamente o conceito de iluminação ou libertação, olhá-lo de uma forma nova. A situação atual, todas as coisas que analisamos nos capítulos anteriores, cria a necessidade de fazê-lo e também oferece uma excelente oportunidade para isso. A questão do eu está em pauta como nunca esteve antes e não creio que seja possível, a longo ou mesmo a curto prazo, alimentar conceitos como *eu múltiplo*, *eu proteiforme*, *eu descentrado* e *eu-em-relação*, sem passar daí para a idéia ainda mais assustadora de *nenhum eu*.

O Problema das Palavras

Chegou a hora de abordar a questão da libertação, que acredito ser a palavra mais adequada para aquilo de que estamos falando, e torná-la acessível e compreensível para as pessoas que não se sentem atraídas pelo misticismo, pela espiritualidade, pela cultura oriental ou por qualquer uma das muitas invenções da Nova Era. A condição chamada de libertação não é um desvio radical e raramente alcançado da consciência humana natural, mas *é*, sim, a consciência humana natural. Assim, qualquer pessoa pode compreender a libertação e chegar até ela, repensar o eu e reorganizar a consciência pessoal, de forma a levar à perspectiva do "não-eu" — mas isso decididamente não é fácil, pois envolve o uso da linguagem, e a nossa linguagem é a linguagem do eu. Não há como fugir disso, mas podemos tornar bem mais fácil o esforço de repensar se o reconhecermos.

Deparei com a expressão "linguagem do eu" pela primeira vez há uns trinta anos, num notável ensaio de Herbert Fingarette, da University of California, em Santa Barbara. Esse trabalho intitulava-se *The Ego and Mystic Selflessness*, e baseava-se num estudo de psicanálise e nas percepções adquiridas pelos pacientes. Fingarette descobriu uma semelhança surpreendente entre as experiências descritas pelas pessoas que completaram a psicoterapia com êxito e as obras dos místicos orientais. Eu não havia lido nada sobre a transposição do abismo entre a psicologia ocidental e as religiões orientais, e nem sabia muito sobre estas. O ensaio foi um grande choque, foi meu primeiro vislumbre daquele estado de espírito, minha primeira e doce amostra de como é estar lá. Ele também me levou a uma longa exploração do que havia em ambos os lados do abismo.

Antes eu achava que quase não havia semelhanças entre os dois, pois o pouco que eu sabia indicava que se tratava de coisas tão diferentes quanto um churrasco e uma tigela de arroz. Fingarette comentou:

> As grandes obras orientais e ocidentais sobre misticismo afirmam que a introvisão mística resulta, idealmente, da ausência de egoísmo; da ausência do eu; da ausência de desejo e de luta; da passividade em vez de controle; da suspensão da lógica, do pensamento e do discernimento; uma vida além da moralidade; além da sensação e da percepção. O psicanalista, todavia, visa (idealmente) usar a percepção para fortalecer o ego e desenvolver o eu — um eu com uma rica variedade de objetivos e com uma capacidade substancial de gratificar os desejos, com razoável autocontrole e domínio do ambiente, e com a capacidade de perceber realisticamente, discernir claramente e agir com algum senso dos valores apropriados.
>
> O caminho da terapia psicanalítica visa a uma ruptura mínima com a vida cotidiana. O caminho místico envolve notoriamente práticas e sintomas incomuns...[3]

Mas, apesar de iniciar com essa pressuposição de diferenças irreconciliáveis, Fingarette encontrou grandes congruências entre os resultados finais de ambos, e descobriu também que as semelhanças eram muito difíceis de se descrever em termos definitivos e precisos. A linguagem que ele e os sujeitos de sua pesquisa usavam parecia ter uma capacidade diabólica de dizer coisas bem diferentes com as mesmas palavras.

Uma das semelhanças mais espantosas entre os ex-pacientes e os místicos era um certo distanciamento. Isso já se constitui numa armadilha lingüística, pois a palavra "distanciamento" conota facilmente apatia, falta de emoção e comprometimento. Mas não foi uma indiferença assim que surgiu do depoimento que uma antiga paciente, Katherine, fez sobre seus sentimentos a respeito de outra mulher, Alice, com a qual ela tivera conflitos fortes o suficiente para representar um papel importante nas sessões com o psicanalista. Quando lhe perguntaram o que ela sentia agora em relação a Alice, ela afirmou: "Bem, agora eu não sinto nada. Antes eu queria que Alice se mostrasse como realmente é, para que as pessoas vissem o quanto ela estava errada. Agora eu não penso mais nisso. Eu apenas ajo. E sigo em frente." Ao indagarem se a relação dela com Alice era agora de total passividade e auto-abnegação, ela respondeu: "Bem, é claro que eu ainda acho que ela está errada às vezes, mas isso não importa muito, isto é, eu certamente me defenderia se ela me fizesse algo errado... mas, bem, eu não fico *remoendo* o que está errado. Eu apenas não me envolvo. Já não me importo *do mesmo jeito.*" Katherine mencionou também que já não ansiava tanto pelos elogios dos outros, mas ainda sentia satisfação quando era elogiada por algo que ela pessoalmente considerava bem-feito. Ela mencionou "não se esforçar tanto", embora sem a sensação de estar realizando menos. Referiu-se uma vez a uma ocasião em que "explodira" de raiva, embora, de alguma forma, não tivesse se envolvido muito, mesmo enquanto aquilo estava acontecendo. Questionada sobre isso, ela ficou um tanto confusa: "Não!... bem... sim, isto é... eu me zango com a coisa e não com tudo. É difícil explicar."[4]

Sim, é muito difícil explicar o que acontece quando o sentido da vida muda radicalmente, mas a vida continua sendo, bem, continua a ser a vida. Nós só podemos descrever isso com as palavras usuais, a linguagem do eu, a linguagem que se concentra nas declarações de um "eu" que presume estar no centro de todas as nossas experiências — e é por isso que o psicoterapeuta não pode simplesmente explicar a um paciente como parar de se sentir ansioso ou obsessivo, e também porque um mestre espiritual não pode simplesmente explicar a um discípulo como atingir a iluminação. Fingarette sugeriu que o místico "tenta distinguir entre dois tipos importantes mas diferentes de experiência, ambos expressos naturalmente pela mesma linguagem introspectiva do eu. Ele quer que nós passemos por um tipo de experiência e nos afasta de outro, que são expressados pelo mesmo tipo de linguagem".[5]

A qualidade de experiência que Fingarette descobriu entre as pessoas que pesquisou e comparou à libertação foi mais bem descrito como um tipo de ausência, mas não uma ausência de emoção, cognição, motivação ou consciência. Tampouco uma ausência da sensação de ser uma determinada pessoa, com nome e identidade social. Seria mais uma ausência da sensação consciente do *eu* — "uma inconsciência do eu semelhante à inconsciência que normalmente temos da respiração".[6] A ausência de um "eu" exigente, vaidoso, impulsivo, constantemente obscurecido pelo conflito intrapsíquico. Todas as percepções comuns estavam lá, mas, de alguma forma, tudo era diferente. E ele achou esse estado semelhante àquele descrito pelos místicos: "O desejo flui para a mente do clarividente, mas ele jamais é perturbado."[7] "Os ignorantes... imaginam que o Nirvana consiste na futura aniquilação dos sentidos e da mente sensível. Com a iluminação verdadeira, não é assim."[8]

Citando alguns comentários ocidentais ao misticismo, ele enfatiza que a libertação não envolve nenhum afastamento radical daquilo que, para os outros, pareceria a vida ou o funcionamento psicológico normais. Eles concordam em que o eu que está perdido — *"não é o eu essencial ao desempenho prático das atividades cotidianas comuns; nem é o ego no sentido psicanalítico*".[9] O que eles estavam tentando alcançar era uma forma compreensível de ser, que é tanto comum quanto extraordinária, acessível pelo menos por dois caminhos (terapia e prática espiritual), e capaz de ser descrita, com o problema adicional de que as mesmas palavras usadas para descrever a forma de ser iluminada poderiam também ser utilizadas para descrever o oposto:

> Não nos deveria surpreender o fato de que, em parte como resultado da ambigüidade da linguagem do eu, muitas pessoas deixam de distinguir, num ou em outro, essas duas formas diferentes de experiência subjetiva. Isso é verdade, mesmo que a diferença, uma vez percebida, seja muito profunda. Alguns sintomas da ansiedade são fáceis de perceber, como o "nervosismo" e a timidez. Mas em geral a motivação ansiosa do comportamento é mascarada, sendo que o comportamento muitas vezes é racionalizado. Assim, o homem que sempre trabalhou compulsivamente provavelmente não será capaz de distinguir o seu comportamento daquele de um trabalhador devotado e cheio de entusiasmo, mas livre da ansiedade. As tentativas alheias de usar a linguagem para sugerir-lhe a sutil mas profunda diferença que existe na "sensação" de ambas as experiências, provavelmente serão vistas por ele com incompreensão ou desprezo defensivo, ou ambos. Quando ele lhes pede que descrevam, em linguagem "comum", como eles encaram o seu trabalho, a vitória será dele, pois eles terão que usar a mesma forma de linguagem que ele usa. Se alguém disser que o trabalho livre de ansiedade tem caráter absorvente e devotado, o compulsivo responderá que essas são exatamente as palavras que descrevem o trabalho dele! E ele estará certo.[10]

Alan Watts e o Modelo dos Anos 60

Alan Watts, cujo trabalho conheci alguns anos depois, foi outro que tentou encurtar a distância entre o Ocidente e o Oriente. Ele chegou às mesmas conclusões sobre libertação, mas a sua mensagem vinha numa embalagem diferente e culturalmente bem mais vulgar. Enquanto Fingarette era apenas um professor de filosofia, anteriormente desconhecido para mim e cujo ensaio encontrei por acaso numa coletânea de escritos sobre psicologia, Watts era uma personalidade famosa, sobre a qual eu já ouvira falar há muito tempo. Nos anos 50, ele havia sido o sacerdote zen dos escritores *beat* — ele aparece como Arthur Whane no romance de Jack Kerouac *The Dharma Bums*. Em meados da década de 60, ele se tornou um dos papas do LSD. Fingarette tomava como base para seu principal ponto de referência psicológica a psicanálise de Freud, ao passo que Watts recorria a todo um panteão de pensadores cujas obras estavam ficando conhecidas na Costa Oeste — R. D. Laing, Norman O. Brown, Gregory Bateson e Fritz Perls, entre outros — para ajudá-lo a descobrir o que havia de comum entre a busca da libertação no Oriente e a busca do desenvolvimento psicológico no Ocidente.

Em seu livro *Psychotherapy East and West*, Watts argumenta que seria bom que os ocidentais tirassem alguns caminhos orientais, como o budismo, da categoria de filosofia ou religião e pensassem neles como algo mais próximo da psicoterapia:

> A principal semelhança entre esses modos de vida orientais e a psicoterapia ocidental está na preocupação de ambos em promover alterações de consciência, alterações no sentimento da nossa própria existência e na nossa relação com a sociedade humana e o mundo natural. A psicoterapia, de modo geral, está interessada em alterar a consciência de indivíduos peculiarmente perturbados. Os discípulos do budismo e do taoísmo, todavia, estão preocupados com a mudança de consciência das pessoas normais e socialmente ajustadas. Mas é cada vez mais evidente para os psicoterapeutas que o estado normal de consciência na nossa cultura é tanto o contexto quanto a sementeira da doença mental.[11]

Para Watts, o problema essencial mais profundo era o que ele chamava de consciência egocêntrica, uma "consciência limitada e empobrecida, sem base na realidade".[12] Essa consciência, ou seja, aquela que em geral encaramos como "eu" e acreditamos ser a nossa verdadeira identidade, está "confinada a uma pequena, e principalmente fictícia, parte do nosso ser".[13] O objetivo da libertação é acordar para uma visão maior daquilo que somos. Num trabalho posterior, *The Book: On the Taboo Against Knowing Who You Are*, ele afirma que "a sensação predominante de si mesmo como um ego separado, envolto num saco de pele, é uma alucinação que não concorda nem com a ciência ocidental nem com as religiões e filosofias experimentais do Oriente…"[14]

Dessa forma, a idéia que estamos analisando aqui — podemos chamá-la de "visão secular da libertação" — não é inteiramente nova. Não apenas Fingarette e Watts, como também Erich Fromm, Gardner Murphy e outros, descobriam, nos anos 60, as semelhanças e as diferenças entre misticismo e psicoterapia, e procuravam formas de tornar o conceito de libertação acessível às pessoas do mundo ocidental. Mas a contribuição pessoal de Watts nesse sentido foi muito significativa. Em primeiro lugar, ele era um estudioso de primeira. Estudou teologia e foi ordenado ministro anglicano, antes de tornar-se boêmio demais até mesmo para esse ramo liberal do Cristianismo. Em sua formação, ele estudou profundamente os diversos ensinamentos que depois utilizou em seu trabalho. Ele era também um escritor produtivo e orador eloqüente, cujas idéias influenciaram muitas pessoas. Ele provavelmente contribuiu mais do que qualquer outro para popularizar o budismo no Ocidente. E foi um entre um pequeno grupo, dos quais Aldous Huxley foi o primeiro, a trazer para os ocidentais a idéia audaciosa de que as drogas psicodélicas poderiam ser a abertura para a genuína experiência espiritual, para uma percepção mais verdadeira do mundo real.[15] Acredito que sua contribuição mais importante foi a insistência de que não é preciso algo como uma conversão religiosa para chegar à sabedoria do Oriente. As pessoas estavam fazendo exatamente isso, correndo para se tornar budistas, taoístas ou ioguis, seguindo os passos desse ou daquele guru. Ele acreditava que a maioria desses caminhos não levaria a nada, ou, na pior das hipóteses, daria origem a uma série de religiões institucionalizadas. Watts alertava contra a "reverência excessiva", que já havia causado, no Oriente, a petrificação dos próprios ensinamentos que estavam sendo entusiasticamente descobertos pelo Ocidente:

> Sempre que uma tradição se torna venerável com o passar do tempo, os antigos mestres e sábios são colocados em pedestais de santidade e sabedoria que os elevam muito acima do nível humano. O caminho da libertação se confunde com um culto popular; os antigos mestres se tornam deuses e super-homens e assim o ideal de libertação ou de atingir o estado de Buda se torna cada vez mais remoto. Ninguém acredita que isso possa ser alcançado, a não ser pelos excepcionalmente dotados e por meio de prodígios heróicos. Conseqüentemente, o remédio das disciplinas se torna uma dieta, a cura, uma dependência e a jangada, uma moradia. Assim, um caminho de libertação se transforma em apenas mais uma instituição social e morre de respeitabilidade.[16]

Watts lançou os fundamentos para duas questões centrais da minha argumentação: 1. que o estado mental chamado "iluminação espiritual" ou libertação, não é anormal, inacessível ou mesmo incomum; 2. que a compreensão dela não é propriedade exclusiva de nenhuma seita, escola, cultura, mestre ou região geográfica.

Mas muita coisa ocorreu desde os anos 60 e 70, quando Watts divulgou sua versão zen da contracultura. Vimos a evolução e disseminação da psicologia e da ciência cognitiva pós-modernas, a rápida globalização, o salto no espaço cibernético e vários outros desenvolvimentos que criara novas oportunidades para a compreensão da experiência do não-eu. Eles estabeleceram um contexto diferente, dentro do qual os ocidentais, mais ou menos seculares, podem refletir sobre essas questões. Voltaremos depois a esse contexto pós-moderno, mas primeiro analisaremos antigas formas de misticismo que, de certa forma, sempre foram pós-modernas.

A Alma (e a Não-Alma) das Religiões Orientais

Nas tradições espirituais orientais, dois pontos são particularmente úteis para chegar ao cerne daquilo que elas afirmam sobre o eu: primeiro, a diferença entre religiões exotéricas e esotéricas; segundo, a diferença entre as religiões que aceitam a existência da alma e aquelas que não aceitam.

As religiões exotéricas que nos vêm à mente quando pensamos em religião, ou seja, aquelas com templos, escrituras sagradas, hierarquias e tudo mais, não são iguais às tradições esotéricas, como o zen-budismo e o sufismo. No primeiro caso, a religião consiste em acreditar em Deus, geralmente um Deus, e os principais problemas enfrentados são a falta de fé nesse Deus e os pecados contra as Suas leis. No segundo caso, a religião consiste na libertação ou na iluminação e os principais problemas a serem vencidos são os apegos e as ilusões sobre a natureza do eu. No primeiro tipo de religião, conseguimos o progresso espiritual permanecendo fiel às nossas crenças; no segundo, fazemos progresso espiriri(tual examinando de perto as nossas crenças e, quando necessário, abandonando-as. Nas tradições esotéricas nada é mais valorizado do que deixar de lado os dogmas. Os mestres esotéricos alertam que, se não fizermos isso, estaremos na iminência de criar outra religião. Uma vez que as tradições esotéricas são tão diferentes daquilo que nós, ocidentais, geralmente consideramos religião, não é de admirar que pessoas como Watts achem melhor nem chamá-las de religião.

Toda religião oficial parece ter uma corrente esotérica subjacente. O zen é uma versão esotérica do budismo. Ele corre o perigo de tornar-se mais uma religião oficial, mas isso fica para outro livro. O sufismo é uma designação genérica para muitas escolas esotéricas do Islã. Existe um cristianismo esotérico, que afirma que o reino dos céus de que falava Cristo é um estado de consciência liberta nesta vida e não algum lugar para onde vamos depois de morrer. E assim por diante. Os movimentos esotéricos algumas vezes são rebeldes; outras vezes estão sujeitos à severa desaprovação das autoridades religiosas; e outros, ainda, deliberada-

A Libertação do Eu: O Oriente Encontra o Ocidente

mente irreverentes. Ouvi falar de monastérios zen nos quais as antigas escrituras budistas eram usadas como papel higiênico.

O segundo ponto fundamental que precisamos ter em mente é que o budismo trouxe ao Oriente uma mensagem radical sobre a alma. Agora, a idéia de uma alma pessoal e imortal, um "eu divino", como vimos no capítulo 1, é uma característica comum a muitas religiões tanto do Oriente quanto do Ocidente. Ela faz parte da fé da filosofia socrática, do cristianismo, do islamismo e do hinduísmo. E é uma das armadilhas teológicas de todos os tempos. Ela oferece uma garantia enganosa de conexão com o Divino, junto com uma mensagem paralela de distanciamento, pois a alma possui uma identidade e uma carreira pessoais — um potencial para obter grandes recompensas no Além ou se meter numa confusão cósmica por causa de pensamentos ou ações equivocados por parte do seu guardião humano. A versão hindu é o *atman*, a indestrutível alma pessoal que está no âmago da existência humana.

O Buda ensinou a doutrina radical do *anatman* — nenhum *atman*, nenhuma alma e nenhum "eu" fixo, nenhum eu a não ser a ilusão do eu. A consciência humana não tem um centro, mas é um fluxo de acontecimentos e atividades mentais, chamadas *dharmas* nos textos em sânscrito, e o objetivo da prática espiritual é acordar para essa realidade. Essa mensagem radical dos ensinamentos do Buda tende a se perder em grande parte do budismo, o qual, em muitos lugares do mundo, se transformou numa rotina meio enfadonha de estudar as antigas escrituras e pregar a versão budista dos Dez Mandamentos.

Assim, o estudioso da espiritualidade esotérica entra no caminho de uma prática radicalmente diferente, e em muitos casos oposta, àquela do crente preocupado com a salvação de sua alma imortal. Em vez disso, o objetivo é sentir-se à vontade por não ter alma nem eu, no sentido comum dessas palavras, é descobrir que essa compreensão, uma vez obtida e assimilada, parece ter estado sempre ali. O conselho do falecido Sri Nisargadatta Maharaj era: "Encontre aquilo que você jamais perdeu…"[17]

Existe, segundo ouvi falar, um exercício que os mestres espirituais orientais empregam muitas vezes como forma de guiar seus discípulos para uma sabedoria mais elevada. Consiste simplesmente em fazer a seguinte pergunta: "Quem é você?" não apenas uma vez, mas centenas. Cada vez que o discípulo responde, o mestre, em vez de dizer: "Ah, então é isso o que você é!", ele apenas repete a pergunta. Mais cedo ou mais tarde, se o exercício obtiver resultado, o discípulo percebe o vazio de todas as autodefinições, reconhece que todas elas são corretas, por um lado, e irrelevantes, por outro. A prática da meditação, na qual o praticante pacientemente observa a interminável agitação de seus diálogos interiores, está voltada para o mesmo tipo de revelação. E, da mesma forma, os koans zen para subjugar a mente que confrontam o discípulo com exigências do tipo: "Mostre-me a verdadeira face que era sua antes de sua mãe e seu pai terem nascido."

As pessoas ainda identificam esses ensinamentos com o Oriente, mas já faz muito tempo que não são encontrados só lá. Na verdade, uma vez que o budismo agora está espalhado por todo o mundo, os ensinamentos talvez sejam atualmente mais fortes na Europa e na América do que na Ásia. Todos eles se tornaram parte da mesma lagoa de *memes* global.

Uma vez que eles *existem*, parece sensato que ocasionalmente busquemos orientação neles — emprestando o que for interessante e não nos sentindo na obrigação de nos tornar budistas, taoístas, hindus, sufis, ou seja lá o que for, de carteirinha. Conheço muitos ocidentais que estão fazendo exatamente isso e não vejo problema, se o que você quer é acrescentar mais uma identidade à sua bagagem. Mas você não é obrigado. Todos esses ensinamentos e técnicas devem ser vistos como suficientes, mas não necessários.

A Lógica da Libertação

Vamos prosseguir, supondo que o estado de consciência geralmente descrito como iluminação ou libertação *faça sentido*, e, indo mais além, que faz mais sentido para os ocidentais do que há algumas décadas. Dizer que ele faz sentido não significa que a existência desse estado possa ser provada irrefutavelmente para um cético convicto. E tampouco que ele possa ser transmitido de uma pessoa para outra com uma explicação simples e direta, da mesma forma que o estado de felicidade não pode ser transmitido a alguém que esteja deprimido. Mas é possível chegar até ele por meio do pensamento racional, e dentro do domínio da realidade como a conhecemos.

Nada há de contrário à psicologia ocidental na idéia de que existem estados mentais diferentes daquilo que chamamos de consciência normal, mas que compreendemos apenas do exterior. A maioria de nós não *sabe* realmente o que sente uma pessoa esquizofrênica ou dissociada; sabemos apenas o que supomos com base em nossas crenças e preconceitos, e talvez no que nos é relatado pela pessoa que sofre o problema. Na ausência de uma informação objetiva sobre esses estados, é possível que alguns psiquiatras argumentem, e muitos realmente o fazem, que não existe nada parecido com esquizofrenia e que ninguém tem personalidades múltiplas. Eu, pessoalmente, não tenho dificuldade em acreditar que a consciência humana abrange um amplo espectro de possibilidades, além daquilo que chamamos de "normalidade" — o contrário me parece bem mais improvável — mas, em última análise, tudo o que sabemos sobre a experiência é aquilo que nós mesmos experimentamos. Assim, nestas páginas não há nada que possa acabrunhar alguém que se recuse a acreditar que exista qualquer coisa parecida com libertação, tanto nas variações orientais quanto ocidentais. Provavelmente, o melhor que posso fazer é persuadi-lo de que a idéia não é tão disparatada quanto se pode suspeitar, e que a nossa atual situação pós-moderna apresenta uma abordagem nova e interessante a esse tema.

O estado chamado de libertação é, num sentido bem real, a forma mais natural de sermos conscientes e humanos, mas é também o resultado de um processo de desenvolvimento cognitivo — uma espécie de aprendizado. É algo que as pessoas passam a compreender sobre si mesmas. Algumas tradições, como o zen, enfatizam os lampejos instantâneos nos quais a compreensão surge de repente, enquanto outras preferem um aprofundamento mais gradativo da compreensão, que se estende por toda a vida. Mas a compreensão é, qualquer que seja o seu cronograma, o produto de uma investigação. A matéria-prima é sempre a experiência pessoal, os acontecimentos da vida real à medida que se sucedem, os quais você continua *estudando*, questionando, e contra os quais você testa tudo o que ouviu falar sobre quem e o que você é e como tudo funciona. A investigação pode durar anos, e pode ou não envolver uma ou todas as técnicas normalmente empregadas nessa conexão — conversar com um mestre, ler livros, usar drogas psicodélicas — mas ainda assim é um processo cognitivo. É algo que a mente humana se inclina a fazer e está equipada para tal.

Acho que, quando Watts começou a falar com entusiasmo sobre o LSD, e escreveu um livro a respeito, *The Joyous Cosmology*, ele levou muitas pessoas a acreditar na ilusão de que essa ou qualquer outra droga poderiam ser um atalho para a libertação, um recurso rápido que não exigia mais reflexão do que a necessária para tomar algumas aspirinas. Não duvido que os produtos químicos certos possam oferecer um empurrão vigoroso na direção correta, sob determinadas condições, mas Watts nem sempre deixou bem claro que ele só empreendeu suas próprias expedições psicodélicas depois de uma considerável preparação. Ele fez essas explorações já na meia-idade, depois de estudar com afinco o misticismo oriental, ter publicado seu primeiro livro, *The Way of Zen*, aos 21 anos, e praticado meditação durante muitos anos. Watts absorveu uma enorme quantidade de informações que não estão à disposição da maioria das pessoas que se aventura no mundo das drogas, por mais espiritual que seja a sua intenção. Em suma, ele tinha uma história para contar a si mesmo e aos outros sobre a sua experiência.

A libertação pressupõe a compreensão, na verdade, pelo menos três tipos diferentes de compreensão — aquela referente à própria experiência da libertação, quer ela seja ocasional ou um processo em curso; a compreensão relativa à descrição da experiência, feita pela pessoa *a si mesma*; e a que *os outros* possam ter, toda a filosofia concernente a tais assuntos.

O primeiro tipo de compreensão é uma questão de descobrir a natureza equivocada daquilo que você vinha percebendo como o "eu" e que julgava ser a sua consciência completa, o que significa a reorganização da consciência, com determinadas características reconhecíveis. Uma delas é a sensação de que as coisas acontecem mas não acontecem necessariamente em algum processador central. Esse tipo de experiência é descrito em várias obras zen que falam de pensamentos sem que haja um ser pensante, coisas vistas e ouvidas sem que haja alguém que as veja e as ouça. Eu li a respeito de uma monja zen-budista que evita o uso de pronomes pessoais que expressem um eu. Em vez de dizer: "Eu estou com fome", ela diz: "Há fome aqui."[18] Essas locuções podem parecer estranhas, pois a linguagem do não-eu não é muito melhor do que a linguagem do eu, mas são apenas tentativas para descrever uma forma de estar consciente sem encaminhar todos os pensamentos e sensações por meio de um processador central cartesiano. Outra experiência comum é um enorme sentimento de ligação, ou, para colocar em termos negativos, a ausência do sentimento de estar separado do ambiente.

Para quase todas as pessoas que passam a compreender a si mesmas dessa maneira, o lado emocional da experiência pode ser uma maravilhosa sensação de descoberta, acompanhada por sentimentos de profunda paz e alegria. Mas outras se sentem muito perturbadas, com uma sensação desagradável de vazio, perda, vertigem. Esses sentimentos podem ser devidos à incapacidade de localizar a experiência em algum contexto, o que nos leva ao segundo tipo de compreensão.

Essa seria o que eu chamo de metacompreensão, a necessidade de imaginar o que é que você imaginou. Jamais estamos totalmente livres da descrição e a maioria daqueles que passaram pela experiência de libertação precisa de uma história para contar a si mesmos, uma forma de explicar as mudanças que estão ocorrendo, enquanto reorganizam a própria consciência. Os pacientes psicanalisados por Fingarette tendiam a descrever suas transformações como uma libertação das ligações e dos comportamentos neuróticos. Os discípulos zen as definem com palavras como "iluminação" ou "libertação", ou, em japonês, *satori* e *kensho*. Pessoas religiosas falam em perceber a unidade com Deus. Os bons racionalistas-científicos conhecem o sentimento de unidade com o universo ou com o processo evolucionário. O seguidor do pensamento pós-moderno vai além das restrições do eu moderno exclusivo, ou então se sente à vontade num mundo de realidades socialmente construídas. Você talvez descreva essa compreensão como uma questão de se tornar mais maduro e sábio e deixar de lado muitas bobagens autocentradas. Tenho a impressão de que esse tipo de libertação esteja acontecendo bastante por aí.

O terceiro tipo de compreensão é social ou cultural. O que os outros pensam de alguém que tenha passado por uma experiência libertadora? Será que pensam que ele é maluco? Ou supõem que ele tenha se transformado num sábio ou santo? Tudo isso é possível, mas não ajuda muito. São necessários recursos públicos bem melhores de compreensão e de assistência para a pessoa que está ou em vias de descobrir alguma coisa ou que já tenha descoberto e esteja procurando compreender o que aconteceu.

Notem que eu disse recursos *melhores* e não *mais* recursos. O inventário cultural é enorme, praticamente infinito, e essa riqueza pode ser um problema em si. A civilização global pós-moderna da virada do século é tão simbolicamente variada e complexa, tão cheia de idéias e realidades diferentes, algumas totalmente opostas entre si, outras dizendo a mesma coisa em outras palavras, que pode ser desnorteante para uma pessoa que esteja tentando seriamente descobrir algo sobre o crescimento psicológico.

Para a maioria daqueles que tiveram experiências de libertação, na verdade todos aqueles com quem falei e que as tiveram, a tarefa nunca está terminada. Sempre há muito mais a ser compreendido e sempre há a possibilidade de deixar escapar um momento de profunda percepção. A literatura zen fala em "grande mente" e "pequena mente" e da tendência humana de alternar as duas. Eu mesmo escorreguei algumas vezes, quando parecia estar tendo visões claras, pristinas e irreversíveis. A experiência foi semelhante àquela que temos ao olhar aqueles planos *gestalt* — os perfis frontais que se transformam em vasos, ou vice-versa — e descobrimos que é possível ziguezaguear entre essas duas formas de compreender aquilo que vemos. Mas acredito que, se Martin Marty pode oscilar entre o modo de pensar religioso e o secular, eu posso fazer o mesmo entre ego e libertação. Na realidade, é um pouco mais complicado. Uma metáfora melhor seria viver toda a vida dentro de uma casa e olhar o mundo através de uma única janela e um belo dia descobrir que estamos fora da casa. Isso talvez pareça uma libertação imensa e definitiva, mas, mais adiante, percebemos que estamos novamente dentro da casa, olhando através da mesma janela. Isso pode acontecer, mas sabemos que o exterior existe. E é uma grande ajuda quando os outros e a sociedade também sabem.

As escolas esotéricas tradicionais são sábias a esse respeito e compreendem tanto a necessidade de evolução quanto as possibilidades de regressão. Elas procuram cercar aquele que procura de pessoas que estão no mesmo caminho e falam a mesma linguagem. A tradição zen dá muita ênfase ao *sangha*, ou seja, comunidade espiritual, e à autoridade do mestre que confirmará as descobertas daquele que busca. São relativamente poucas as pessoas que vivem atualmente em contextos sociais desse tipo, e é necessário procurar reforços ao pescar no lago de *memes* global. Essa lagoa, essa cultura global pós-moderna, está mudando rapidamente e oferece um novo contexto cultural no qual as pessoas avançam no processo misterioso de entrar na maturidade.

O Eu Acontece

As diversas obras espirituais e psicológicas que tratam da libertação falam do eu, ou do ego, como se fosse um problema a ser superado. Temos a impressão de que ele é uma coisa, uma entidade, que precisamos encontrar, matar e enterrar. E nos convencemos de que o eu, uma vez morto e enterrado, permanecerá morto. Mas não é bem isso o que acontece.

É mais produtivo, e bem mais próximo da nossa atual noção de como funciona a mente humana, pensar no eu como um processo. O eu (ou ego, no sentido oriental do termo) consiste em vários padrões de pensamento que surgem em determinadas ocasiões e tem o efeito de nos "des-libertar". Alguns mestres espirituais falam nesses termos sobre as ligações — fixações doentias em coisas, pessoas ou idéias. Outros nos alertam para não fazermos julgamentos. Alguns sistemas afirmam que cada um de nós possui algumas paixões — vaidade, medo, preguiça, desejo de vingança — que avassalam a nossa vida, deturpam a nossa visão de mundo e nos levam a construir barricadas para não descobrir quem somos. Assim, a receita para quem está à procura da iluminação é bem parecida com a exortação cristã para evitar a tentação, com a diferença de que devemos tomar cuidado é com o ego.

Desenvolver certa sensibilidade para esses padrões de pensamento — tornar-se livre — definitivamente não é perder a identidade pessoal ou qualquer das manifestações exteriores do ego. Você continua sendo você.

Existem várias lendas sobre místicos que simplesmente abandonavam a própria identidade depois de obter a iluminação, perambulavam anonimamente pelo mundo ou se refugiavam numa caverna para meditar. Assim sendo, acho que todos podemos fazer a mesma coisa. Podemos também fazer o que muitos outros fazem, que é continuar sendo quem éramos, continuar a viver aquele "eu", sabendo que somos seres humanos, um pouco maiores, mais misteriosos e, em última análise, indefiníveis.

É assim que o Dalai Lama, que deve ter uma visão bem mais ampla do assunto, continua a ter uma identidade pública. Ele faz palestras, viaja pelo mundo, posa para fotos e, pelo que podemos ver, aprecia tudo isso. Eu li em algum lugar que ele adora fazer compras, principalmente aparelhos eletrônicos e ração para gatos. Alan Watts continua sendo Alan Watts e muitas pessoas, que considero libertas, ainda possuem cartões de crédito e, principalmente, ocasionais ataques de ego.

A Postura e as Possibilidades Pós-Modernas

"Pós-moderno" é a melhor expressão para descrever nossa atual situação, mas sabemos que a linguagem é um instrumento imperfeito e que um termo assim tem suas falhas. Certamente, não vale a pena perseguir qualquer coisa que seja classificada de pós-moderna. De bom grado, aconselho a evitar qualquer coisa sob o título de "desconstrução", as obras completas de Derrida e todos seus seguidores. Mas o termo "pós-moderno" tem um significado, e existem profundas diferenças entre o mundo de meados do século XX — o auge da modernidade — e a era atual. Hoje em dia nós, e aqui quero dizer todo mundo mesmo, estamos sendo projetados impetuosamente na direção de experiências e compreensões inusitadas. Algumas delas poderão nos levar a encontrar aquilo que tradicionalmente chamamos de libertação; outras podem nos levar a fazer uma profunda e radical reorganização da nossa percepção de quem e o que somos.

Usei aqui a palavra "algumas", com toda sua maravilhosa imprecisão, para indicar a minha incerteza quanto aos acontecimentos que se desdobram pelo mundo. Será que o crescente número de pessoas multifrênicas e proteiformes, descritas por psicólogos como Gergen e Lifton, estão destinadas a atingir uma libertação zen da ilusão do eu? Será que as pesquisas sobre o cérebro e as drogas psicoativas ajudarão a chegar a uma compreensão radicalmente nova da nossa maneira de pensar e sentir? Será que os avanços da medicina ajudarão a romper os limites tradicionais do eu físico? Será que o espaço cibernético é mesmo um meio totalmente novo, com infinitas possibilidades para a criação de novos eus sociais? Será que a evolução da economia e da política ajudará a criar percepções novas da identidade pessoal? O leitor que chegou até aqui deve ter percebido que eu acho que todas essas possibilidades devem ser levadas a sério — bem mais a sério do que a maioria das pessoas acredita, mas que também sou cauteloso quanto ao poder da reação, das armadilhas psicológicas, sociais e políticas desconhecidas que podem estar esperando lá na frente, à medida que ultrapassamos a era do eu moderno. Tenho dúvidas quanto a essas questões, mas estou bem certo em outro particular: ainda não chegamos a nada que possa ser descrito como uma cultura de libertação.

Mas, ao identificarmos aquilo que não é, identificamos também um objetivo, uma imagem daquilo que ainda deve ser alcançado e certamente vale a pena ser almejado. Uma cultura de libertação seria aquela em que o contínuo crescimento psicológico dos adultos fosse compreendido e apoiado, e na qual existissem os recursos necessários a esse apoio. A psicologia pós-moderna tem uma grande contribuição a fazer, mas certamente não é a palavra final. Grande parte do pensamento pós-moderno é aquilo que Robert Kegan denominou apropriadamente de "antimodernista", engajado em negar intelectualmente as falácias do modernismo, sem oferecer qualquer conceito construtivo sobre o progresso pessoal para além dessas ilusões.

A mera adoção da religião oriental pelo Ocidente também não é a resposta definitiva. Essas religiões já fazem parte da cultura mundial; já superamos o estágio do encurtamento das distâncias. O projeto modernista, de Fingarette e Watts, de fazer ligações entre o que se considerava duas categorias integrais e distintas, ou seja, a religião oriental e a psicologia ocidental, já cumpriu a sua tarefa. Precisamos agora reconhecer que essas categorias são construções sociais, que serviram a um propósito na sua época e agora estão prontas para serem descartadas, ou pelo menos drasticamente reformuladas. A questão agora não é Oriente ou Ocidente, religião ou psicologia, mas sim a consciência humana e suas possibilidades. Nós precisamos — e talvez já estejamos tendo — de uma cultura na qual toda a sabedoria oriental acumulada é apenas uma parte do domínio público, e cujos líderes dessas escolas estão preocupados não apenas em ensinar, mas também em aprender e a mudar.

A mente humana liberta não está sob a guarda de nenhuma religião, cultura, seita, escola ou guru. Ela não é propriedade ou segredo exclusivo de ninguém. Se é segredo, é porque as pessoas a escondem de si mesmas — e até isso está ficando cada vez mais difícil.

Imagine que não existam nações
Nem religiões.

JOHN LENNON[1]

Não é dado aos mortais conhecer o
futuro. Tudo o que podemos fazer
é analisar o presente, especialmente
aquilo que não está de acordo com o que
todo mundo sabe e dá como certo.

PETER DRUCKER[2]

14

Os Futuros do Eu

Eu costumava assistir às reprises de *Jornada nas Estrelas* com meu filho, e muitas vezes imaginei, enquanto acompanhava as emocionantes aventuras no espaço sideral, que, embora o homem tenha um incrível poder de imaginação quando se trata de mudanças tecnológicas e até mesmo políticas, ele deixa a desejar quando é o caso de inventar alguma mudança *psicológica* básica. Ali estavam na tela todos aqueles homens e mulheres valentes, num futuro muito distante, agindo de maneira bem parecida com a dos personagens dos filmes da Segunda Guerra. Todos presos a seus próprios papéis, a seus limites estreitos de pensamento e comportamento e seus lugares rigidamente definidos ao longo da cadeia de comando. A própria nave espacial parecia uma metáfora do eu moderno, com o Capitão Kirk no comando, como uma glândula pineal cartesiana uniformizada, observando tudo e traçando um curso firme na direção do grande desconhecido.

Mas mudanças psicológicas *de fato* aconteceram no decorrer da História, e ainda estão acontecendo. Não é muito difícil reconhecer o que está havendo; o mais complicado é saber a que isso nos levará. É bem mais fácil compreender os espantosos futuros imaginários criados pelos escritores de ficção científica — a criação de robôs humanóides, a conversão de Marte num planeta verde e fértil, a atividade da guerra moderna e a intriga política pré-moderna em enormes impérios galáticos — do que imaginar um mundo no qual as pessoas sejam muito diferentes de, digamos, Harry e Bess Truman. Podemos fazer isso? Somos capazes de conceber um futuro no qual as experiências do eu e as idéias sobre a identidade continuam a mudar, talvez ainda mais rápida e dramaticamente do que têm mudado nos últimos anos, e no qual essas transformações são largamente reconhecidas e compreendidas?

Neste capítulo final daremos alguns passos nessa direção, examinando alguns roteiros ou projeções, descrições de mundos possíveis no século XXI.

Os roteiros são uma invenção do século XX, nascidos tanto da nossa sabedoria quanto da nossa ignorância. Vivemos agora num universo bem maior do que aquele habitado pelos nossos antepassados, há alguns séculos. Ele se expandiu nas dimensões do tempo também, à medida que os cientistas escrutinam as origens do universo e especulam sobre o futuro distante. Ao contrário das pessoas que viveram em épocas mais estáveis, nós não podemos esperar que o futuro seja como o presente. Sabemos que ele será diferente, mas não exatamente como. Quanto mais eu penso no futuro, mais eu acho que ele é tão insondável quanto Deus. Na verdade, fiquei muito intrigado há algum tempo, quando deparei com uma obra de um teólogo inovador, que escreveu que o futuro *é* Deus — o misterioso espírito criador, sempre além de nós, conduzindo-nos e preparando surpresas.[3] Há uma tal complexidade na vida, tão pouca compreensão do motivo pelo qual as coisas acontecem como acontecem, que é loucura acreditar que sejamos capazes de saber o que está para vir.

Mesmo depois de reconhecer a nossa incapacidade de saber o que virá, temos que pensar no assunto, pois não podemos lidar com o presente sem ter alguma idéia do futuro. John Holland, o decano dos teóricos da complexidade, afirma que todos os organismos vivos, desde as criaturas unicelulares mais simples até você e eu, agem por meio da antecipação do futuro.[4]

Pensar no futuro é fundamental para a reprodução da vida. O que os seres humanos fazem agora, quando tentamos transformar a previsão do futuro numa ciência ou numa arte, ou ambos, é contar histórias. Nós as chamamos de roteiros, mas são apenas histórias, construídas de determinada maneira e com determinadas finalidades. Geralmente os roteiros vêm em série, e uma série enfoca uma matéria ou questão específica, como por exemplo o crescimento populacional, ou examina as possibilidades futuras de uma organização em particular. Esses panoramas globais possibilitam transcender as abordagens lineares de "previsão e controle", as quais os países e as companhias usavam para basear seu planejamento numa única série de expectativas sobre o futuro. Se surgisse alguma coisa radicalmente diferente do "futuro oficial", o que acontecia regularmente, eles eram apanhados de surpresa. Em geral, os roteiros corporativos se concentram em fatores externos — o mundo no qual a companhia deverá atuar, as possíveis mudanças na oferta e na procura, as condições políticas. Depois que um certo número de roteiros para o futuro foi desenvolvido, um grupo dentro da companhia que está desenvolvendo a estratégia, plano ou projeto de longo prazo, irá testá-lo em cada um desses cenários. A finalidade desse exercício não é decidir qual dos cenários é o "certo", mas saber como diferentes condições poderiam afetar o projeto e quais seriam as medidas necessárias. "Dessa forma", escreveu um especialista da área, "o primeiro objetivo do planejamento de cenários passa a ser a geração de projetos e decisões que resistiam mais a uma variedade de alternativas futuras."[5]

O planejamento de roteiros foi criado pelos militares e posteriormente aplicado às decisões corporativas pela Shell e outras companhias, depois da Segunda Guerra. Mais recentemente, ele passou a ser usado por todo tipo de pessoa que precise pensar séria e criativamente sobre o que está por vir. Num exercício de cenários, em 1991 e 1992, um grupo de pessoas da África do Sul, e de todas as orientações políticas, colaborou na criação de uma série de histórias sobre se o país se tornaria ou não uma democracia. Quatro roteiros foram elaborados e publicados, tornando-se um tema comum, uma espécie de ponto de referência no diálogo público. Na mesma década, um grupo de canadenses participou de um exercício parecido para analisar se o Canadá se tornaria um país unido — ou se se dividiria. Assim, os roteiros, fora das salas de reuniões corporativas, tornaram-se instrumentos da democracia, exercícios de pensamento que as pessoas comuns podem usar não apenas para imaginar o futuro, mas também, como querem os autores de *The Futures of Women*, para "iluminar o presente".

As histórias deste capítulo tratam de diversas formas de evolução que o mundo poderá tomar na atual crise de identidade da passagem do século.

Essa série de histórias inclui dois roteiros, nos quais o ser humano pós-moderno está começando a se encontrar — mundos imagináveis num futuro não muito distante, nos quais uma percepção diferente da identidade tornou-se parte integrante da nossa vida pessoal, política, social, econômica e espiritual. Isso inclui também dois roteiros nos quais a resistência a esse tipo de mudança psicológica se mostra tão ou mais forte do que os impulsos para ultrapassar os limites do eu moderno.

Aspectos Globais Inevitáveis e Imprevisíveis

Os roteiros, expedições criativas rumo ao futuro, começam com predições, não de acontecimentos específicos, mas de forças que tendem a ocorrer. Aqui estaremos lidando com duas dessas forças, uma relativa a indivíduos isolados e outra relacionada com o sistema global como um todo. A primeira é a erosão do eu moderno e sua substituição por um conceito de eu descrito como múltiplo, proteiforme, descentrado e relacional. A outra é um tipo de mudança sistêmica que caracterizou o mundo do final do século XX: crescimento econômico, progresso tecnológico e globalização. A primeira altera os limites e as identidades pessoais. A segunda transforma os limites e as identidades organizacionais — a autoridade das nações, o domínio dos negócios, o alcance da ação das organizações não-governamentais, a autonomia das comunidades. Ambas são facetas do mesmo processo, mas será interessante examiná-las separadamente.

A destruição do eu moderno, a crise global de identidade, não vai desaparecer tranqüilamente. Quando vemos pessoas mudarem de sexo e gênero, jogos de identidade na sociedade e no espaço cibernético, psicólogos questionando o eu, psiquiatras questionando as personalidades múltiplas, cientistas cognitivos questionando a memória, um novo diálogo sobre a ausência mística do eu — tudo isso e mais alguma coisa —, é sinal de que não haverá uma volta pacífica aos dias em que os limites do eu pareciam claros e evidentes. Talvez cheguemos a ter uma volta *forçada* a algumas dessas situações, pois estão sendo debatidos todos os desafios ao eu moderno, e não podemos subestimar a força dessas reações. Para usar a terminologia de Robert Kegan, o eu passou de sujeito a objeto. Ele agora está exposto, não mais como uma parte invisível do pano de fundo da consciência, e todos teremos que tomar uma decisão a respeito, na verdade várias decisões, enquanto prosseguimos na rotina da vida diária.

O crescimento da economia global, acompanhado pelas rápidas mudanças tecnológicas e um aumento nas conexões entre todas as culturas, governos e ecossistemas do mundo, é uma história moderna, mas também uma história que vem-se desenrolando por dezenas ou talvez centenas de milhares de anos. A globalização teve início quando nossos ancestrais começaram a imigrar da África. No decorrer daquela incrível diáspora, as pessoas se tornaram sistemas mais abertos, em alguns aspectos, e mais fechados, em outros. Elas revelaram uma capacidade espantosa para ultrapassar limites geográficos, para explorar, para adaptar-se a novos ambientes e também adaptar os ambientes a si mesmos. Elas mostraram uma grande capacidade criativa ao inventar ferramentas, culturas, linguagens, rituais, religiões e ordens sociais. Em muitos casos, elas também se fecharam, ao se estabelecerem nas diversas regiões que se tornaram seu lar, e decidirem que eram distintas e únicas. Muitas tribos e sociedades se intitularam como "o povo", em diversas línguas, com a noção implícita, e por vezes explícita, de que os outros povos eram profundamente diferentes e, de certa forma, menos humanos. Mas até mesmo as sociedades mais fechadas, mais cedo ou mais tarde, foram afetadas pelo movimento, pelo comércio, pelas mudanças tecnológicas e pelo crescimento populacional — forças que impeliram à globalização e que, no momento, atuam com um ímpeto jamais igualado na história humana. A economia global e suas novas tecnologias invadem e alteram culturas antigas, comunidades locais, economias regionais e estilos de vida tradicionais. Em alguns lugares, elas geram oposição, reações, tensões e conflitos. Estamos agora numa civilização verdadeiramente global, e a própria globalização é uma questão explosiva e divisiva. Nos próximos anos, ainda existirão sistemas locais e regionais de todos os tipos, isto é, comunidades, economias e subculturas. Mas elas operarão dentro de um contexto global e, por causa dele, se definirão de forma diferente. As pessoas envolvidas nelas questionarão como administrar a globalização. E o nosso próprio eu, ou não-eu, também será definido nesse contexto.

Essas predições não são particularmente arriscadas; são apenas declarações de que esses processos de larga escala continuarão a se desenrolar. Tais previsões não tratam das formas específicas que esses processos tomarão, nem calculam a força da resistência a elas. Para fazer isso, temos que recorrer aos cenários e lembrar que são fictícios.

Os Roteiros: Dois Tipos de Progresso

Um roteiro ou projeção, no jargão dos futuristas, é um futuro provável, uma história internamente consistente, que computa dados e acontecimentos para formar um quadro de um mundo que pode vir a ocorrer. Os quatro roteiros seguintes nos contam histórias de dois tipos diferentes de progresso.

O primeiro é o tipo de progresso que ocorre à maioria das pessoas quando utiliza o termo "expansão contínua da economia mundial", com crescente produção de bens e serviços, rápido desenvolvimento de todo tipo de milagres de alta tecnologia (produtos alimentícios e avanços na medicina devidos à biotecnologia; novos materiais para uso industrial; energia eficiente e não-poluente; sistemas de transporte rápidos e de baixo custo, entre outros) e alta mobilidade — inúmeras viagens de negócios, muito turismo, crescente imigração. Chamaremos isso de P-1. Os roteiros P-1 inferiores representam a rejeição a esse tipo de progresso ou o fracasso em obtê-lo.

O segundo tipo, que chamaremos P-2, é o progresso ao longo das questões psicológicas que estudamos neste livro — um movimento para além do eu moderno e na direção de identidades e personalidades mais multifacetadas, mutáveis ou descentralizadas, ou até mesmo para a consciência do não-eu, algumas vezes chamada de iluminação ou libertação. Nos roteiros P-2 superiores, os indivíduos têm poucas conexões com os identificadores pessoais como raça, nacionalidade, ideologia ou ocupação. As pessoas e organizações tendem a se tornar sistemas abertos. Nos roteiros P-2 inferiores, a maioria das pessoas mantém fortes estruturas de identidade, modernas ou tradicionais, e as organizações tanto refletem quanto encorajam isso.

Vejamos o que acontece quando examinamos as quatro combinações possíveis.

UM MUNDO E MUITOS UNIVERSOS: *Grande crescimento econômico, progresso tecnológico e globalização, combinados com grande desenvolvimento psicológico.*

Esse é, de certa forma, um mundo sem fronteiras. A maioria dos identificadores-padrão que as pessoas conheciam na era moderna e início da pós-moderna já não tem um papel importante na sua vida pessoal ou política. A maior parte delas tem muitas identidades e papéis sociais, mas nenhuma ligação especial com qualquer uma delas como identificador primário de quem ou o que elas sejam. Há uma civilização global e um sistema mundial de governo em contínua mudança, na verdade um sistema de sistemas, incluindo governos, organizações intergovernamentais e não-governamentais, e muitos tipos diferentes de rede, mercado e comunidade. As nações-estados são elementos importantes nesse sistema global, como defensores dos direitos humanos universais e como participantes das organizações intergovernamentais, mas o nacionalismo perde sua força emocional. Ser um cidadão de uma determinada nação significa quase a mesma coisa que ser um residente de um condado ou província; as velhas paixões nacionais ressuscitam apenas nas Olimpíadas e outros eventos esportivos internacionais. A liberdade de movimento das pessoas aumenta gradativamente, pois as leis de imigração passam a ser menos severas. Quase todos os países têm exigências relativamente simples para a obtenção da cidadania ou naturalização legal e direito de voto; alguns advogados dos direitos humanos propõem que as pessoas tenham, internacionalmente, a mesma liberdade de movimento que têm em seu próprio país.

Os limites de classe e casta, que antigamente formavam a maioria dos países, continuam a desaparecer na civilização global. O marxismo também está declinando, juntamente com outras ideologias rígidas, que antes serviam de escora da identidade pessoal. Todas as grandes religiões, inclusive o cristianismo, o judaísmo, o budismo, o hinduísmo e o islamismo, estão vivas e razoavelmente bem no século XXI, mas estão mudando de forma.

Todas estão se tornando verdadeiras "religiões mundiais", com membros em todas as partes da Terra, e não são mais identificadores claros e exclusivos de culturas e regiões geográficas específicas. Em todo lugar, as pessoas são livres para se converter a outras religiões e muitas se identificam com mais de uma delas.

Mas há uma enorme diversidade, à medida que as pessoas escolhem estilos de vida diferentes e criam continuamente novas formas culturais, algumas vezes improvisando a partir das antigas e outras vezes tomando uma direção totalmente nova. Governo, sociedade, religião e ecologia são agora reconhecidos como formas de arte. O tempo de vida humana ativa foi ampliado graças a avanços na medicina e na saúde, inclusive transplante de órgãos; isso permite que mais pessoas cheguem a uma maturidade psicológica maior.

Muitas pessoas passam a maior parte da vida no espaço cibernético, que se tornou um rico e realista domínio de experiências. Uma das atividades encontradas ali é a No-Self Network. Conhecida simplesmente como The Network pelos inúmeros usuários de todo o mundo que participam dos debates, seu tema principal é a antiga libertação do eu. The Network não tem semelhança com nenhuma escola ou movimento espiritual. Ela não tem estruturas organizacionais formais, líderes, obrigações nem discípulos. Trata-se mais de um projeto de educação de adultos, uma conversa em andamento. The Network começou como um diálogo interdisciplinar entre psicólogos e estudantes de filosofia oriental, intelectuais interessados em desenvolver uma compreensão da iluminação mais condizente com a vida das pessoas do século XXI. Mas era uma conversa aberta e o número de participantes cresceu, evoluiu para muitos outros bate-papos e logo conquistou milhares de participantes em todo mundo. Muitos organizaram reuniões locais, grupos, conferências científicas. Entre os seus membros, a libertação é encarada mais ou menos como uma conquista humana comum, comparável, digamos, a aprender a tocar piano, e não como algo divino ou sobrenatural.

A FAMÍLIA EM DESARMONIA: *Grande crescimento econômico, progresso tecnológico e globalização, mas pouco desenvolvimento psicológico.*

A globalização econômica avança rapidamente, com a disseminação do consumismo e da cultura popular baseados no cinema, na televisão, na música e em outras formas de entretenimento de massa. O progresso tecnológico torna possível às pessoas aumentar sua expectativa de vida, vencer doenças, mudar de aparência por meio da cirurgia plástica, controlar o humor por meio de fármacos psicoativos. Mas a maior parte desses benefícios tem um custo alto e só poucos podem usufruir deles; a desigualdade é gritante. O abismo entre ricos e pobres vem aumentando e com ele a desigualdade no que tange à saúde — os habitantes dos lugares mais ricos vivem mais, comem melhor e são mais bem protegidos contra as doenças. Com a possibilidade de se viver mais e a melhoria da qualidade de vida, esse abismo cresce ainda mais, a ponto de ricos e pobres quase não pertencerem mais à mesma espécie.

O mundo não está mais dividido entre dois grandes blocos de poder e duas grandes ideologias, como em meados do século XX. Agora é um mundo dividido entre inúmeras linhas de ruptura — econômicas, geográficas, culturais e religiosas. É um mundo de pessoas pós-modernas vivendo alegremente, de pessoas modernas ainda obcecadas com o progresso, ganho econômico e grandeza organizacional, e pessoas pré-modernas sendo pisoteadas e se enfurecendo.

A globalização da cultura popular, influenciada pelo Ocidente, é rejeitada pelos fundamentalistas e por outros grupos que preferem manter suas tradições, linguagens, rituais e estruturas de poder. Os permanentes conflitos sobre direitos humanos dificultam as relações entre as nações, que procuram estender o seu cumprimento, e os demais países, principalmente os do sudeste asiático e os muçulmanos, que encaram essas tentativas como uma violação da sua soberania e cultura. Forças não-governamentais poderosas, como grupos religiosos e organizações feministas, estão envolvidas nessa grande disputa global. No meio das religiões e outros grupos que ainda mantêm alguma identidade cultural, as "guerras culturais" se alastram, dividindo os tradicionalistas dos defensores de mudanças. Milhões de pessoas se mudam, e parte desse movimento é uma migração forçada, causada pelo caos ecológico e político. Os migrantes muitas vezes passam a ser refugiados, sem teto e sem pátria, sendo rejeitados pelas nações mais prósperas.

VIVER COM DESCONTRAÇÃO: *Altos níveis de desenvolvimento psicológico em todo o mundo; crescimento econômico, progresso tecnológico e globalização baixos.*

Uma depressão econômica mundial se instala no começo do século XXI, e uma série de desastres ecológicos, inclusive uma mudança climática global, maciça poluição do ar e da água, e pragas causadas por bactérias resistentes aos antibióticos, são encarados como consequências indesejáveis da tecnologia. Cresce gradualmente um novo consenso global de que a preocupação com o crescimento econômico e tecnológico do século XX foi uma ilusão de massa. A nova ética se baseia nos valores paralelos de viver com descontração no planeta e ponderar sobre os valores, crenças e instituições herdados do passado, respeitando-os e mesmo preservando-os de certa forma, mas sem se prender demasiado a eles. As distinções de nacionalidade, raça, tribo, etnia, classe e gênero deixam de ser significativas, e existe o desejo geral entre as pessoas de cooperar e administrar a riqueza ainda disponível. Embora as mudanças tecnológicas já não sejam muito rápidas, como no fim do século XX, o serviço telefônico se estendeu por todo o mundo e em todo lugar as pessoas podem se comunicar e trocar informações. Mas há bem menos migrações e viagens do que no passado, e o turismo já não é mais a maior indústria do mundo.

Em toda a Terra, há um enorme interesse pelas culturas tradicionais e pré-modernas, mas isso está ligado a uma compreensão generalizada de que não existe uma verdadeira volta ao passado, e que todas as culturas mudam com o tempo. As pessoas se divertem recriando antigos rituais e artes, e as adotam como parte integrante de sua vida. Há muita pesquisa espiritual, a maior parte por meio da perpetuação de práticas e ensinamentos das tradições clássicas, como o budismo.

DE VOLTA AO BÁSICO: Crescimento econômico, progresso tecnológico e globalização pequenos; pequeno desenvolvimento psicológico.

Esse processo histórico, que se desdobra rapidamente numa série de conflitos em todo o mundo, é um exemplo clássico da dialética de Hegel — uma força histórica que dá origem a outra exatamente oposta. Nesse caso, é a globalização que cria condições que muitos acham repugnantes e ao mesmo tempo cria as condições para uma reação contrária. As comunicações e a mobilidade possibilitam um ambiente no qual pode surgir um movimento antiglobalista que se espalha e acaba se tornando uma força mais poderosa e, em última análise, mais bem-sucedida do que o marxismo foi no século XX.

A ideologia global da involução, ou "des-evolução", dispara através da cultura popular internacional no início do século XXI. Ela é adotada por Hollywood, com filmes milionários e com astros importantes que dramatizam as revoluções contra as grandes instituições e a criação de idílicas comunidades independentes. Web-sites "sobre questões religiosas e filosóficas" são muito populares e tornam possível a discussão das crenças e a disseminação da literatura involucionista, de uma tal maneira como jamais qualquer movimento político alcançou no passado. E, quando o movimento involucionista se torna violento, o mercado global de armas está aí mesmo para isso.

Os teóricos originais da involução eram principalmente intelectuais ocidentais de tendência neo-romântica, os quais pintavam, em suas obras, um retorno utópico às comunidades, antigas identidades étnicas, economias locais e à espiritualidade tradicional. Essa visão foi recebida com entusiasmo pelos partidos Verdes e por outros grupos ecológicos radicais, que acreditavam que as comunidades "biorregionais" seriam os defensores mais seguros da responsabilidade com o meio ambiente.

Então, para surpresa e decepção dos involucionistas idealistas, a sua ideologia é adotada, com entusiasmo ainda maior, pelos fundamentalistas religiosos, políticos conservadores, nacionalistas étnicos, racistas e grupos paramilitares neofascistas. Jovens em todo mundo, presas da pobreza e do desemprego crônico, decidem lutar pela causa da independência e do autogoverno.

A involução revela-se altamente contagiosa. Na Espanha, por exemplo, os separatistas bascos conseguiram se desligar, depois de uma guerra tão debilitante para Madri quanto a guerra separatista dos chechenos havia sido para o governo de Moscou, e estabelecer o novo país de Euscadi. Os vizinhos catalães conseguem declarar a independência da Catalunha. O restante da Espanha desmorona e se divide em vários estados — Aragão, Castela, Galícia e Ilhas Baleares. Um processo semelhante tem lugar na Itália, depois que as regiões do norte proclamam a república independente de Padania. Outros movimentos armados criam novas nações de escoceses, tamiles, curdos e palestinos. Alguns desses movimentos conseguem estabelecer nações-estados viáveis, mas outros se vêem constantemente atormentados por seus próprios movimentos separatistas internos, baseados em identidades tribais ou regionais. Regiões diferentes tornam-se bastiões de um cristianismo e islamismo fundamentalistas. Outras tornam-se comunidades marxistas. Cada grupo mantém suas tradições e estilos de vida, com mínimas mudanças, diluições e interferências externas. As estruturas de autoridade são fortes — direitos de grupos prevalecem sobre os direitos individuais em todo lugar, e mostram-se capazes de resistir a divergências, como os movimentos feministas. A intrusão dos sistemas de comunicação de massa e da cultura popular global são rejeitados em muitas áreas. Ainda existe algum comércio internacional, mas a maioria dos países decreta tarifas altas e políticas de substituição de importações; algumas economias locais são ferozmente independentes e desconfiam de qualquer coisa fabricada por estrangeiros. O colapso dos sistemas globais de comunicação retardam drasticamente o progresso da pesquisa científica e a difusão das tecnologias.

Que Futuro?

Alguns profissionais que ajudam a elaborar os roteiros para empresas e governos insistem que, para que um conjunto desses cenários possa funcionar, todos eles devem ser encarados como igualmente prováveis. Nada de favoritos. Só assim, dizem eles, os planejadores abrem sua mente para outras possibilidades além do futuro oficial. Essa é indubitavelmente uma boa regra — e nós *não* precisamos segui-la. Os roteiros acima são mais exercícios de pensamento do que dispositivos de planejamento de estratégias, e temos liberdade para usá-los para iluminar as nossas próprias visões e programações, esperanças e temores. Algumas vezes, quando os cenários são idealizados por um grupo de pessoas que trabalham juntas durante um certo tempo, apenas um dos resultados parece desejável, e dois ou mais não. Ou talvez vários roteiros possuam características atraentes e as pessoas tomarão partido sobre qual parece ser o melhor.

Para mim, os dois mais desejáveis seriam "Viver com descontração" e "Um mundo e muitos universos". Alguns leitores talvez optem por "Viver com descontração", que tem o maior número de características de utopias — e "ecotopias" — apreciados pelas pessoas comprometidas com o ambientalismo, com a simplicidade voluntária e que demonstram reverência por sociedades tradicionais. Todavia, um aspecto não incluído nesse roteiro é o tipo de conexão profunda com um único lugar, defendido pelos biorregionalistas. A lealdade biorregionalista é encarada, por muitas pessoas, como o ápice da sabedoria humilde, mas para mim parece apenas mais uma ligação do ego; eu não posso, realmente, igualá-la com o crescimento psicológico. Eu não considero esse roteiro muito provável, uma vez que se baseia na premissa de uma diminuição ou quase uma interrupção tanto do crescimento econômico quanto do avanço tecnológico. É fácil prever um colapso econômico global, mas acredito que uma mudança científica e tecnológica, contínua e rápida, é quase uma certeza.

"Um mundo e muitos universos" é, para mim, a mistura mais convincente de idealismo e realismo. Alguns leitores talvez achem alguma semelhança com o futuro descrito por Francis Fukuyama, em seu famoso ensaio, depois transformado em livro, *The End of History?*[26] Mas eu, pessoamente, não espero ver o fim de nada. Na verdade, esse futuro em particular é provavelmente o que muda mais depressa, evoluindo rapidamente para além do que descrevi aqui.

"A família em desarmonia" é o que tem mais semelhança com o mundo no qual vivemos agora, com suas enormes disparidades de riquezas e oportunidades, as tensões globais entre forças pós-modernas e os guardiães das visões de mundo modernas e tradicionais. Ele tem muito em comum com as distopias descritas por Samuel Huntington e Ben Barber, e por Robert Kaplan em suas visões de grandes regiões do mundo descambando para a anarquia.[7] Há uma grande possibilidade de que esse seja o nosso futuro mais provável, e há muita gente ocupada em torná-lo realidade. Não é um pensamento muito animador, mas lembrem-se de que os roteiros pretendem ser instantâneos rápidos da História que passa, e não retratos posados de um mundo em repouso. Este mundo, explosivo e instável, poderia mudar dramaticamente; poderia, na verdade, evoluir facilmente para algo que se assemelha a qualquer um dos outros três cenários.

"De volta ao básico" me parece um mundo derrotado, mas ele é, certamente, o objetivo de muitas pessoas, algumas das quais estão dispostas até a morrer para atingi-lo. Como foi descrito aqui, não é simplesmente um mundo de comunidades, mas também um mundo no qual essas comunidades estão, na maior parte, organizadas em torno de fortes estruturas de autoridade. Ele se aproxima do futuro ideal do sociólogo conservador Robert Nisbet, que insistia, para consternação dos idealistas de coração mais mole, que as comunidades reais, se quiserem preservar sua identidade e seus valores culturais exclusivos, teriam que ser baseadas na hieraquia e na autoridade. Nesse cenário, as guerras culturais acabaram e os revisionistas pós-modernos foram subjugados.

O Progresso da Evolução e a Evolução do Progresso

Toda essa conversa de progresso parece fora de lugar num livro sobre o mundo pós-moderno. Afinal, uma das definições mais citadas da era pós-moderna é a visão de David Harvey de que estamos vivendo as conseqüências do colapso do "Projeto do Iluminismo", que se iniciou no século XVIII. Esse projeto, conforme descreve Harvey, foi uma tentativa de fazer com que as pessoas pensassem juntas racionalmente, que reconhecessem que só havia uma resposta correta possível para cada pergunta. Sua crença era de que, se em toda parte as pessoas se tornassem mais adeptas do pensamento científico e matemático, elas seriam mais capazes de administrar tudo com mais eficiência, desde a natureza e a sociedade até a vida pessoal. Sob essa visão, o Iluminismo não era apenas um movimento filosófico, mas também uma ideologia e um plano, com base na crença no "progresso linear, nas verdades absolutas e no planejamento racional de ordens sociais ideais".[8] Para alguns, era praticamente uma religião, com sua fé expressa por profetas como o jovem filósofo francês Turgot, que fez uma palestra memorável na Sorbonne, declarando que a humanidade "avança sempre, embora lentamente, na direção de uma perfeição maior".[9] Muitos intelectuais adotaram essa idéia com grande entusiasmo e, em geral, ignoravam o termo "lentamente". Era uma força poderosa por trás das grandes revoluções, as quais muitas pessoas consideravam como saltos de progresso, precipitando-se para dentro de civilizações baseadas nos ideais de direito, igualdade e justiça para todos.

Sempre houve inimigos ferrenhos dessas visões deslumbrantes e "para frente e para o alto" do progresso, mas as visões tinham um apelo poderoso e muitas possoas ainda se apegam a elas. Hoje em dia, todavia, não há muito consenso social quanto ao progresso, nem mesmo como um "futuro oficial". A nossa visão do progresso (ou da ausência dele), é provavelmente uma função do nosso estilo de vida e papel social. Os ambientalistas acham que tudo vai por água abaixo; os economistas defendem o crescimento econômico; os técnicos acreditam que a ciência resolverá todos os problemas; os adeptos da Nova Era esperam uma transformação espiritual; e assim por diante, em todas as direções. A disposição predominante, tanto nos círculos intelectuais quanto nas ruas, parece-me agora mais duvidosa quanto à perspectiva humana do que há algumas décadas. Esse era o tema de um livro recente, chamado *The Idea of Decline in Western History*, que argumenta que o pessimismo agora está na moda.[10]

Ainda podemos falar em progresso, e na verdade o fazemos, mas é preciso ter mais cuidado do que quando, por exemplo, falamos de desenvolvimento sustentável em vez de simplesmente em desenvolvimento. Houve uma época em que apenas o desenvolvimento já bastava; era o progresso. Mas agora temos que pensar com mais consciência em questões tão perturbadoras quanto poluição, esgotamento de recursos naturais não-renováveis, destruição de ecossistemas, impactos globais no clima e a destruição de culturas e economias locais.

O melhor quadro que temos para falar de progresso é a evolução — progresso na direção de níveis mais complexos de organização. Na evolução da vida na Terra, podemos ver o progresso desde as formas de vida unicelulares até à reprodução sexual, e outros avanços tais como o surgimento da fala e depois da escrita; a emergência de tecnologias e instituições sofisticadas; a globalização da cultura, política, finanças e comércio; a invenção do eu individual, empreendedor e moderno.

É moda entre os pensadores pós-modernos falar da morte do eu, mas isso é colocar a questão em termos negativos, simplesmente antimodernos. Não se trata apenas da morte do eu, mas da mudança dos nossos conceitos do cérebro humano, que estão se tornando mais complexos e multidimensionais. Algo mais está nascendo, ou sendo inventado.

Viajando Rumo ao Futuro

Embora eu não defenda com ardor todas as coisas que carregam a bandeira do pós-modernismo, essa e outras palavras que começam com "pós" — como pósidentidade — são fundamentais no vocabulário deste livro. E o fiz deliberadamente, pois "pós" significa "depois". Significa que algo acabou e que não há retorno, mesmo que não saibamos o que está lá na frente, ou mesmo o que nos cerca agora. Usamos a expressão "pós-moderno", como Stephen Toulmin empregou tão adequadamente, para descrever um mundo que "ainda não descobriu como definir a si mesmo, em termos do que é, mas apenas em termos daquilo que agora-mesmo-deixou-de-ser.[11]

Agora, quando o prefixo "pós" é usado dessa forma, como quando Peter Drucker fala da sociedade pós-industrial, ele não significa que alguma coisa tenha desaparecido completamente. A indústria ainda está conosco. Mas significa que os critérios de pensamento e organização que acompanham o período industrial dominante agora são obsoletos, que a produção industrial foi superada por uma economia de conhecimento, que exige novos modos de pensar e organizar. A indústria existe num contexto inteiramente novo, e não retornaremos ao contexto anterior mesmo que continuemos a ter fábricas, mesmo que transformemos as fábricas em marcos históricos, mesmo que sintamos saudades da grandeza primitiva da Era Industrial e façamos periodicamente festivais nos quais nos fantasiemos com roupas de trabalho engorduradas e cozinhemos em panelas de ferro fundido. Da mesma forma, quando os teóricos políticos falam da era atual como "pós-nacional", eles não querem dizer que as nações tenham acabado, apenas que, novamente, as nações existem num contexto diferente e não podem mais exigir o monopólio do governo. Definitivamente, entramos num contexto político de "pós-soberania", mesmo que essa expressão ainda faça ferver o sangue dos nacionalistas antiquados.

Na era pós-moderna, as instituições e visões de mundo da modernidade ainda sobrevivem, da mesma forma que o eu moderno; em todo lugar podemos encontrar pessoas profundamente ligadas à sua identidade, aos seus limites, à sua continuidade pessoal, à sua percepção de si mesmas como entidades únicas que contemplam o mundo a partir de algum lugar atrás dos olhos. Também encontramos muitas pessoas que não sentem a vida dessa maneira, mas acreditam que *deveriam*, pois acham que isso significa a normalidade e a sanidade. Mas o contexto está mudando, e a mudança é um passo, um passo gigantesco e difícil, na evolução humana.

Um dos mais espantosos desenvolvimentos da evolução da espécie humana foi a invenção da linguagem. Deve ter levado muito tempo; deve ter exigido o aprendizado do uso de determinados órgãos de uma forma nova, para finalidades diferentes daquelas para as quais foram criados originalmente, e foi necessário um cérebro maior, com capacidade para processar a linguagem. Depois de inventada a linguagem, a espécie humana se voltou para si e reinventou-se a si mesma, na verdade muitas vezes. As pessoas criaram a cultura, criaram ordens sociais com complicadas estruturas de crença e criaram eus. A linguagem, segundo Lewis Mumford, foi a primeira tecnologia e, como outras tecnologias, não foi totalmente compreendida. Pensou-se que ela era apenas um instrumento para descrever o mundo, e não sabiam que era um instrumento para criá-lo.

A grande descoberta da era pós-moderna, na realidade aquela que define a pós-modernidade, foi a descoberta dessa outra função da linguagem. É a descoberta de que a linguagem não apenas representa a realidade, mas constitui a mesma. Nossas ordens sociais, por exemplo, aquelas com as quais nos identificamos, tais como as nações-estados, os grupos étnicos, as raças e tribos, não poderiam existir sem suas palavras e sistemas visuais. Nossa identidade pessoal dificilmente seria localizada sem a rede de símbolos dentro da qual somos definidos e o monólogo interior por meio do qual continuamente lembramos a nós mesmos quem pensamos que somos.

Essa descoberta pode ser terrivelmente assustadora, mas, em última análise, é libertadora. Ela é libertadora porque as pessoas começam a usar seus instrumentos simbólicos em vez de serem usados por eles, começam a ter identidades, sem serem "possuídas" por elas. Não estamos mais em poder daquilo que William Blake adequadamente denominou "grilhões forjados pela mente".

Assim, as identidades continuam a existir na sociedade da pós-identidade, como as indústrias e as nações — mas num contexto diferente.

Seria ótimo poder dizer, ao terminar estas páginas, que estamos fazendo uma transição para além do eu, mas não é bem o caso, pelo menos não ainda. O que estamos fazendo é dar uma espiada no eu, reconhecer que ele é uma ficção, mas mesmo assim continuar a ter eus, identidades, *personas* públicas, narrativas do "eu" interior e, é claro, egos. Notem que passei do singular para o plural, pois isso é o que acontece conosco, quando nos tornamos seres multilocais, multicomunitários, flexíveis e mutáveis. Entramos e saímos de diferentes universos simbólicos, definindo a nós mesmos e sentindo-nos de forma diferente do que somos.

Uma pessoa pós-moderna está sendo inventada, mas não a partir de um desenho claro, nem em um único lugar, nem por um único gênio criativo. O eu moderno também não foi inventado por um único indivíduo, nem mesmo Descartes em seu bangalô na Baváris. A pessoa pós-moderna é, em parte, o produto de outras invenções — como por exemplo o computador pessoal —, que não foram concebidas como agentes de mudanças psicológicas. Em parte, ela é o produto de pesquisas em campos como a ciência cognitiva, que nos proporciona um novo entendimento dos nossos próprios processos de pensamento. Em parte, ela é o resultado de ajustamentos, improvisados e por vezes difíceis, às novas condições, quando ela acha que não é mais possível ser como era antes.

A pessoa pós-moderna não é, de modo algum, um produto acabado; somos um trabalho evolutivo em andamento. Todos nós estamos sendo obrigados, pelas mudanças no mundo à nossa volta, a sermos sistemas mais abertos — recebendo mais informações, fazendo novas conexões, alterando as nossas fronteiras e até mesmo reexaminando nossas idéias do que seja um ser humano. À medida que o fazemos, nos tornamos, de algumas maneiras, um pouco menos um eu moderno — menos permanente, menos concentrado, menos separado — e, de outras maneiras, muito mais do que somos. Cada um de nós é mais do que um eu, e também mais do que uma progressão pós-moderna de múltiplos eus; cada um de nós é também uma aparato maravilhosamente complexo, altamente evoluído e um tanto confuso, por intermédio do qual o universo se torna consciente de si mesmo, se admira e tenta imaginar o que ele é.

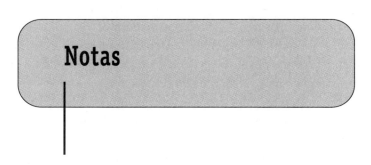

Notas

Introdução

1. W. R. Ashby, "Self-Regulation and Requisite Variety", *in* F. E. Emery (org.), *Systems Thinking* (NovaYork: Penguin, 1983).

Capítulo 1

1. Charles Taylor, *Sources of the Self: The Making of the Modern Identity* (Cambridge, MA: Harvard University Press, 1989), p.112.
2. Clifford Geertz, *Local Knowledge: Further Essays in Interpretative Anthropology* (Nova York: Basic Books, 1983), p. 59.
3. Saul Bellow, *Mr. Sammler's Planet* (Nova York: Viking, 1969), p. 111.
4. Geertz, p. 59.
5. Taylor, pp. 112-13.
6. Bruno Snell, *The Discovery of the Mind* (Cambridge, MA: Harvard University Press, 1953), cap. 1.
7. Julian Jaynes, *The Origins of Consciousness in the Breakdown of the Bicameral Mind* (Boston: Houghton Mifflin, 1976), p. 72.
8. *Ibid.*, p. 73.
9. William Ernest Henley, *Echoes*. IV (1888), *In Memoriam R. T. Hamilton Bruce* ("Invictus"), estrofe 4.

Notas

10. Milton C. Nahm (org.), *Selections from Early Greek Philosophy* (Nova York: Appleton-Century-Crofts, 1947), p. 93.
11. Edward Hussey, *The Presocratics* (Nova York: Scribner's, 1972), p. 55. A anedota sobre Crátilo é mencionada em *Metafísica* de Aristóteles (1010: 10-15).
12. Richard Tarnas, *The Passion of the Western Mind* (Nova York: Harmony Books, 1991), p. 33.
13. A. J. Lyon, "Problems of Personal Identity", *in* G. H. R. Parkinson (org.), *The Handbook of Western Philosophy* (Nova York: Macmillan, 1988), p. 442.
14. Isaiah Berlin, *The Crooked Timber of Humanity: Chapters in the History of Ideas* (Nova York: Knopf, 1991), p. 53.
15. Marcel Mauss, "A Category of the Human Mind: The Notion of Person, the Notion of 'Self'", *in Sociology and Psycology: Essays*, trad. Ben Brewster (Londres: Routledge & Kegan Paul, 1979), p. 81.
16. Santo Agostinho, *De Vera Religione*, XXXIX, 72, citado em Taylor, p. 129.
17. Roy F. Baumeister, *Identity: Cultural Change and the Struggle for Self* (Nova York: Oxford University Press, 1986), p. 30.
18. Georges Duby, "Solitude: Eleventh to Thirteenth Century", *in* Philippe Aries e George Duby (orgs.), *A History of Private Life*, vol. 2, *Revelations of the Medieval World* (Cambridge, MA: Harvard University Press, 1987-1991), p. 509.
19. Philippe Aries, *Centuries of Childhood: A Social History of Family Life*, trad. R. Baldick (Nova York: Random House, 1962).
20. L. Stone, *The Family, Sex and Marriage in England 1500-1800* (Nova York: Harper & Row, 1977).
21. K. J. Weintraub, *The Value of the Individual: Self and Circumstance in Autobiography* (Chicago: University of Chicago Press, 1978).
22. Theodore Zeldin, *An Intimate History of Humanity* (Nova York: Harper Collins, 1994), p. 65.
23. Baumeister, p. 36.
24. Lionel Trilling, *Sincerity and Authenticity* (Cambridge, MA: Harvard University Press, 1971), p. 13.
25. Tarnas, p. 280.
26. David Hume, *A Treatise of Human Nature* (1738), citado em Baumeister, p. 12.

Capítulo 2

1. Anthony Giddens, *Modernity and Self-Identity: Self and Society in the Late Modern Age* (Stanford, CA: Stanford University Press, 1991), p. 14.
2. David Reisman, em colaboração com Reuel Denney e Nathan Glazer, *The Lonely Crowd: A Study of the Changing American Character* (New Haven: Yale University Press, 1950), p. 26.
3. *Ibid.*, p. 22 (itálico no original).

4. *Ibid.*, p. 26.

5. *Ibid.*

6. Rollo May, *The Meaning of Anxiety* (Nova York: Ronald Press, 1950), p. *v.*

7. *In* T. S. Eliot, *Selected Poems* (Nova York, 1951), pp. 9-14.

8. Ver o meu ensaio "Four Different Ways to Be Absolutely Right", *in The Truth About the Truth* (Nova York: Tarcher/Putnam, 1995).

9. Bruce Wilshire, *Romanticism and Evolution: The Nineteenth Century* (Nova York: Putnam, 1968), p. 11.

10. Abraham H. Maslow, *Toward a Psychology of Being* (Nova York: Van Nostrand, 1962), p. 3.

11. Phyllis Schlafly, *The Power of the Positive Woman* (New Rochelle, NY: Arlington House, 1977), p. 49.

12. Sheila McNamee, "Therapy and Identity Construction in a Postmodern World", *in* Debra Grodin e Thomas R. Lindlof (orgs.), *Constructing the Self in a Mediated World* (Thousand Oaks, CA: Sage, 1996), p. 145.

Capítulo 3

1. Kenneth J. Gergen, *The Saturated Self: Dilemmas of Identity in Contemporary Life* (Nova York: Basic Books, 1990), p. 228.

2. Robert Jay Lifton, *The Protean Self: Human Resilience in an Age of Fragmentation* (Nova York: Basic Books, 1993), p. 2.

3. Paul Kugler, "The 'Subject' of Dreams", *Dreaming 3*, nº 2 (1993): 125.

4. C. G. Jung, *Tavistock Lectures, Lecture 3* (Londres: Routledge & Kegan Paul, 1935), p. 81.

5. Roberto Assagioli, *Psychosynthesis: A Manual of Principles and Techniques* (Nova York: Hobbs, Dorman, 1965), p. 26. [*Psicossíntese*, publicado pela Editora Cultrix, São Paulo, 1982.]

6. Kenneth J. Gergen, "The Healthy, Happy Human Being Wears Many Masks", *Psychology Today* (1972). Reeditado por Walter Truett Anderson (org.) *The Truth About the Truth* (Nova York: Archer/Putnam, 1976).

7. Steinar Kvale, "From the Archaeology of the Psyche to the Architecture of Cultural Landscapes", introdução por Kvale (org.), *Psychology and Postmodernism* (Newbury Park, CA: Sage, 1992), p. 1.

8. Peter Berger, Brigitte Berger e Hansfried Kellner, *The Homeless Mind: Modernization and Consciousness* (Nova York: Vintage, 1974), p. 63.

9. *The New Yorker Twenty-Fifth Anniversary Album* (Nova York: Harper, 1951).

10. Resumo de um estudo apresentado em dois trabalhos anteriores: *Reality Isn't What It Used to Be* (Nova York: HarperCollins, 1990), e *The Truth About the Truth* (Nova York: Tarcher/Putnam, 1995). O leitor talvez deseje consultar as diversas obras sobre o pós-modernismo e temas correlatos citados nesses livros.

Notas

11. Gergen, *The Saturated Self*, p. 69.
12. Karl Mannheim, *Ideology and Utopia* (Nova York: Harcourt, Brace, 1936), p. 7.
13. Gergen, *The Saturated Self*, p. 46.
14. *Ibid.*, p. 151, que cita, entre outros, Mark L. Snyder, "Self-Monitoring Processes", *in* Leonard Berkowitz (org.), *Advances in Experimental Social Psychology*, vol. 12 (Nova York: Academic Press, 1979).
15. Robert J. Lifton, *Thought Reform and the Psychology of Totalism: A Study of "Brainwashing" in China* (Nova York: W. W. Norton, 1963.)
16. Robert J. Lifton, *Boundaries: Psychological Man in Revolution* (Nova York: Vintage, 1970).
17. Lifton, *The Protean Self*, p. 8.
18. *Ibid.*, pp. 8-9.
19. Kugler, p. 125.
20. Ernest Becker, *The Denial of Death* (Nova York: The Free Press, 1973), p. *ix*.
21. Brewster Smith, "Selfhood at Risk: Postmodern Perils and the Perils of Postmodernism", *American Psychologist*, maio de 1994, p. 405.
22. Kenneth J. Gergen, "Exploring the Postmodern: Perils or Potentials", *American Psychologist*, maio de 1994, p. 414.
23. Robert N. Bellah *et al.*, *Habits of the Heart: Individualism and Commitment in American Life* (Berkeley: University of California Press, 1985).
24. Amitai Etzioni, *Spirit of Community: Rights, Responsibilities, and the Communitarian Agenda* (Nova York: Crown, 1993).
25. Gergen, *The Saturated Self*, p. 150.

Capítulo 4

1. Jean Baker Miller, "The Development of Women's Sense of Self", *in* Judith V. Jordan *et al.* (orgs.), *Women's Growth in Connection: Writings from the Stone Center* (Nova York: The Guilford Press, 1991), p. 11.
2. Pamela McCorduck e Nancy Ramsey, *The Futures of Women: Scenarios for the 21st Century* (Reading, MA: Addison-Wesley, 1996), pp. 3-4.
3. Mary Catherine Bateson, *Composing a Life* (Nova York: Atlantic Monthly Press, 1989), p. 13.
4. Daniel Levinson, *The Seasons of a Man's Life* (Nova York: Alfred A. Knopf, 1978).
5. Janet L. Surrey, "The Self-in-Relation: A Theory of Women's Development", *in* Judith V. Jordan *et al.* (orgs.), *Women's Growth in Connection.*
6. Harry Stack Sullivan, *The Interpersonal Theory of Psychiatry* (Nova York: W. W. Norton, 1953), p. 10.
7. Dorinne Kondo, *Crafting Selves: Power, Gender and Discourses of Identity in a Japanese Workplace* (Chicago: University of Chicago Press, 1990), p. 14.
8. Thomas Alan Parry, "Without a Net: Preparations for Postmodern Living", *in* Steven

Friedman (org.), *The New Language of Change: Constructive Collaboration in Psychotherapy* (Nova York: The Guilford Press, 1993), p. 429.

9. Bateson, *Composing a Life*, p. 9.
10. Mary Field Belenky, Blythe McVicker Clincy, Nancy Rule Goldberger e Jill Mattuck Tarule, *Women's Ways of Knowing: The Development of Self, Voice and Mind* (Nova York: Basic Books, 1986), p. 15. O esquema conceitual é baseado na pesquisa de William Perry, ver sua obra *Forms of Intellectual and Ethical Development in the College Years* (Nova York: Holt, Rinehart & Winston, 1970).
11. R. Klatch, "Coalition and Conflict Among Women of the New Right", *Signs: Journal of Women in Culture and Society* 13 (1988): 676-77.
12. Anne Fausto-Sterling, *Myths of Gender: Biological Theories About Women and Men* (Nova York: Basic Books, 1992).

Capítulo 5

1. Michael S. Gazzaniga, *The Social Brain: Discovering the Networks of the Mind* (Nova York: Basic Books, 1985), p. *x*.
2. Francis Crick, *The Astonishing Hypothesis: The Scientific Search for the Soul* (Nova York: Scribner's, 1994), p. 3.
3. Alan Watts, *The Book: On the Taboo Against Knowing Who You Are* (Nova York: Random House, 1966), p. *ix*.
4. Sigmund Freud, *An Outline of Psychoanalysis* (1940), trad. James Strachey (Nova York: Norton, 1949), p. 14.
5. *Ibid.*, p. 110.
6. Sigmund Freud, *Moses and Monotheism,* trad. Katherine Jones (Nova York: Knopf, 1939), p. 152.
7. Sigmund Freud, *Introductory Lectures to Psychoanalysis* (1915-1917), trad. James Strachey, *in* Strachey (org.), *The Standard Edition of the Complete Works of Sigmund Freud*, vol. 16 (Londres: Hogarth Press, 1953-1974), pp. 284-85.
8. Sigmund Freud, *New Introductory Lectures on Psycho-Analysis* (Nova York: Norton, 1933), p. 112.
9. Sigmund Freud (com Josef Breuer), *Studies on Hysteria* (1893), trad. James Strachey (Londres: Hogarth Press, 1961), p. 305.
10. Sigmund Freud, *Civilization and Its Discontents* (1930), trad. James Strachey (Nova York: W. W. Norton, 1951), p. 80.
11. Israel Rosenfield, *The Invention of Memory: A New View of the Brain* (Nova York: Basic Books, 1988), p. 13.
12. Howard Gardner, *The Mind's New Science: A History of the Cognitive Revolution* (Nova York: Basic Books, 1987), p. 271.
13. Robert E. Ornstein, *The Psychology of Consciousness* (San Francisco: W. H. Freeman, 1972), p. 50.

Notas

14. Gazzaniga, p. 48.
15. Gardner, p. 11.
16. Daniel C. Dennett, *Consciousness Explained* (Boston: Little, Brown, 1991), p. 106.
17. Francis H. C. Crick, "Thinking About the Brain", *Scientific American*, setembro de 1979.
18. Marvin Minsky, *The Society of Mind* (Nova York: Simon & Schuster, 1985), p. 51.
19. Gazzaniga, p. 4.
20. Dennett, p. 113.
21. Citado em Douglas R. Hofstadter e Daniel C. Dennett, *The Mind's I: Fantasies and Reflections on Self & Soul* (Nova York: Basic Books, 1981), p. 13.
22. Rosenfield, p. 5.

Capítulo 6

1. Lewis Thomas, *The Lives of a Cell: Notes of a Biology Watcher* (Nova York: Bantam, 1974), pp. 84-85.
2. Charles Siebert, "The Cuts That Go Deeper", *The New York Times Magazine*, 7 de julho de 1996, p. 40.
3. Thomas, pp. 85-86.
4. Walter Truett Anderson, *Evolution Isn't What It Used to Be: The Augmented Animal and the Whole Wired World* (Nova York: W. H. Freeman, 1996), p. 95.
5. Dr. Donald Laub, citado em Amy Bloom, "A Reporter at Large: The Body Lies", *The New Yorker*, 18 de julho de 1994, p. 47.
6. Philip Reilly, *Genetics, Law and Social Policy* (Cambridge, MA: Harvard University Press, 1977), p. 199. Para discussões adicionais a respeito deste assunto, ver Walter Truett Anderson, *To Govern Evolution: Further Adventures of the Political Animal* (Boston: Harcourt Brace Jovanovich, 1987).
7. Youssef M. Ibrahim, "Ethical Furor Erupts in Britain: Should Unclaimed Embryos Die?" *The New York Times*, 1º de agosto de 1996, p. 1.
8. "British Clinics, Obeying Law, End Embryos by Thousands" (AP), *The New York Times*, 2 de agosto de 1996, p. A3.
9. Barbara Koenig e Sara Tobin, "Should Cloning Be Banned? Think about what we know", *San Francisco Chronicle*, 21 de março de 1997, p. A29.
10. Siebert, pp. 20-22.
11. "Surgeon Is Convicted of Disguising a Fugitive", *The New York Times*, 28 de fevereiro de 1997, p. A9.
12. Michael Murphy, *The Future of the Body: Explorations Into the Further Evolution of Human Nature* (Los Angeles: Jeremy P. Tarcher, Inc., 1992).
13. Siebert, p. 25.
14. B. D. Cohen, "Organ Concert", *Time*, outono de 1996, pp. 70-74.
15. Yumiko Ono e Craig S. Smith, "Mane Attraction: When It Comes to Hair, Exten-

sions Stretch Clear Across the Globe", *The Wall Street Journal*, 4 de outubro de 1996, p. 1.

Capítulo 7

1. Michael Ryan, *Secret Life: An Autobiography* (Nova York: Pantheon, 1995), p. 4.
2. Frank Putnam, *Diagnosis and Treatment of Multiple Personality Disorder* (Nova York: The Guilford Press, 1989), p. 53.
3. Theodore Zeldin, *An Intimate History of Humanity* (Nova York: Harper Collins, 1994), p.. 311.
4. Citado em Egon Larsen, *The Deceivers: Lives of the Great Impostors* (Nova York: Roy Publishers, 1966), p. 16.
5. *Ibid.*, p. 70.
6. *Ibid.*, p. 119.
7. Ryan, pp. 6-7.
8. Allan Janik e Stephen Toulmin, *Wittgenstein's Vienna* (Nova York: Simon & Schuster, 1973), p. 61.
9. Amity Pierce Buxton, *The Other Side of the Closet: The Coming-Out Crisis for Straight Spouses and Families* (Nova York: Wiley, 1991).
10. M. Boor, "The Multiple Personality Epidemic: Additional Cases and Inferences Regarding Diagnosis, Dynamics and Cure", *Journal of Nervous and Mental Disease* 170 (1982): 302-4.
11. Ian Hacking, *Rewriting the Soul: Multiple Personality and the Sciences of Memory* (Princeton, NJ: Princeton University Press, 1995), p. 8.
12. *Ibid.*, p. 79.
13. Stanley Krippner, "Cross-Cultural Treatment Perspectives on Dissociative Disorders", *in* Steven Jay Lynn e Judith W. Rhue (orgs.), *Dissociation: Clinical and Theoretical Perspectives* (Nova York: Guilford, 1994), p. 351.

Capítulo 8

1. William James, *The Varieties of Religious Experince* (Nova York: Mentor, 1958), p. 298.
2. Jerome Kagan, citado em David Concar, "Design your own personality", *New Scientist*, 12 de março de 1994, p. 22.
3. Geoffrey Cowley *et al.*, "The Promise of Prozac", *Newsweek*, 26 de março de 1990, pp. 38-41.
4. Peter D. Kramer, *Listening to Prozac: A Psychiatrist Explores Antidepressant Drugs and the Remaking of the Self* (Nova York: Penguin, 1993), p. *xvi*.
5. *Ibid.*, p. 15.

Notas

6. Gerald L. Klerman, "Psychotropic Hedonism vs. Pharmacological Calvinism", *Hastings Center Report* 2 (4): 1-3.

7. Kramer, p. 10.

8. *Ibid.*, p. 14.

9. *Ibid.*, p. 29.

10. Walker Percy, *The Thanatos Syndrome* (Nova York: Farrar, Straus & Giroux, 1987), p. 21.

11. Kramer, p. 299.

12. Humphry Osmond, citado em Bernard Aaronson e Humphrey Osmond, *Psychedelics: The Uses and Implications of Hallucinogenic Drugs* (Nova York: Anchor, 1970), p. 478.

13. Sidney Cohen, *The Beyond Within: The LSD Story* (Nova York: Athaneum, 1964).

14. Walter N. Pahnke, "Drugs and Mysticism", *in* Aaronson e Osmond, p. 148.

15. Ver Pahnke e William A. Richards, "Implications of LSD and Experimental Mysticism", *in* Charles T. Tart (org.), *Altered States of Conciousness: A Book of Readings* (Nova York: John Wiley & Sons, 1969), pp. 399-428.

16. Concar, p. 22.

17. Christopher S. Wren, "Keeping Cocaine Resilient: Low Cost and High Profit", *The New York Times*, 4 de março de 1997, p. 1.

Capítulo 9

1. Elizabeth M. Reid, "Electropolis: Communication and Community on Internet Relay Chat" (adaptado de tese da Universidade de Melbourne, Austrália, 1991), p. 8.

2. Robert Rossney, "America Online's Multi-Identity Crisis", *San Francisco Chronicle*, 21 de setembro de 1995, p. E7.

3. Victor Grey, *Web Without a Weaver: The meaning of the Internet* (manuscrito não publicado), p. 1.

4. David Thomas, "Old Rituals for New Space: Rites de Passage and William Gibson's Cultural Model of Cyberspace", in Michael Benedikt, *Cyberspace: First Steps* (Cambridge, MA: MIT Press, 1991), pp. 45-46.

5. Sherry Turkle, *Life of the Screen: Identity in the Age of the Internet* (Nova York: Simon & Schuster, 1995), pp. 12-13.

6. Howard Rheingold, *The Virtual Community: Homesteading on the Electronic Frontier* (Reading, MA: Addison-Wesley, 1993), p. 10.

7. Turkle, p. 13.

8. *Ibid.*, p. 14.

9. Amy Bruckman, "Identity Workshops: Emergent Social and Psychological Phenomena in Text-Based Virtual Reality" (Tese de mestrado, Massachusetts Institute of Technology Media Laboratory, 1992).

10. Rheingold, p. 164.

11. Allucquere Rosanne Stone, "Will the Real Body Please Stand Up?: Boundary Stories

about Virtual Cultures", *in* Michael Benedikt (org.), *Cyberspace: First Steps* (Cambridge, MA: MIT Press, 1991), p. 84.

12. Turkle, p. 191.

13. Lindsay Van Gelder, "The Strange Case of the Electronic Lover", *Ms*, outubro de 1985, pp. 94-134. Stone oferece uma versão um pouco diferente no artigo acima citado. Ver também Turkle, pp. 228-30.

14. Van Gelder, p. 99.

15. Barbara Fitzsimmons, "Dangerous Liaisons: Encounters on-line prove hot enough to melt some marriages", *San Diego Union Tribune*, 23 de março de 1996, p. E-1.

16. James Gleick, "Big Brother Is Us", *The New York Times Magazine*, 29 de setembro de 1996, pp. 131-32.

17. Emerald Yeh e Christine McMurry, "Having Your Identity Stolen Out from Under You", *San Francisco Chronicle*, 26 de maio de 1996, p. 6.

18. Amitai Etzioni, "Why fear data rape?: As computers peer deeper into our lives, we can live better with less privacy", *USA Today*, 20 de maio de 1996, p. 14A.

19. Neal Stephenson, *Snow Crash* (Nova York: Bantam, 1992).

20. Robert Rossney, "Metalworlds", *Wired*, junho de 1996, p. 212.

Capítulo 10

1. Robert Wright, *The Moral Animal, Evolutionary Psychology and Everyday Life* (Nova York: Pantheon, 1994), p. 328.

2. Robert Kegan, *In Over Our Heads: The Mental Demands of Modern Life* (Cambridge, MA: Harvard University Press, 1994), p. 34.

3. Kevin Fagan, "Condemned Killer a Different Man, Lawyers Say", *San Francisco Chronicle*, 1º de maio de 1996, p.1.

4. Alasdair MacIntyre, *After Virtue* (Notre Dame, IN: University of Notre Dame Press, 1981), p. 38.

5. *Ibid.*, p. 12.

6. *Ibid.*, p. 31.

7. *Ibid.*, p. 33.

8. James Davison Hunter, *Culture Wars: The Struggle to Define America* (Nova York: Basic Books, 1991), p. 44 (itálico no original).

9. Martin Marty,"Religio-Secular Society", *New Perspectives Quarterly* 10 (3): 57.

10. William Perry, citado em Kegan, p. 29.

11. Lawrence Kohlberg, *Essays on Moral Development*, vol. 1, *The Philosophy of Moral Development* (Nova York: Harper & Row, 1981), p. 18.

12. Carol Gilligan, *In a Different Voice: Psychological Theory and Women's Development* (Cambridge, MA: Harvard University Press, 1982).

13. Kegan, p. 32.

14. *Ibid.*, pp. 198-99.

15. *Ibid.*, p. 112.
16. *Ibid.*, p. 130.
17. *Ibid.*, p. 270.
18. *Ibid.*, p. 345.
19. *Ibid.*, p. 320.
20. *Ibid.*, p. 313.
21. *Ibid.*, p. 350.
22. *Ibid.*, p. 344.
23. Steve Jones, "Our Genetic Future: The Evolution of Utopia", *The (London) Independent,* 19 de dezembro de 1991, p. 12.

Capítulo 11

1. Paul Leinberger e Bruce Tucker, *The New Individualists: The Generation After the Organization Man* (Nova York: HarperCollins, 1991), p. 418.
2. Ernest Sternberg, *The Economy of Icons*, trabalho em andamento.
3. William Bridges, *JobShift: How to Prosper in a Workplace Without Jobs* (Reading, MA: Addison-Wesley, 1994.)
4. Arthur M. Louis, "No Place to Call Home: Verifone is a 'virtual workplace'", *San Francisco Chronicle*, 22 de outubro de 1996, p. C1.
5. Charles Perrottet (The Futures Group, Glastonbury, CT), "Traditional Firm's Death Means Change for Consumers", *San Francisco Chronicle*, 24 de janeiro de 1994, p. C3.
6. Steven L. Goldman, "Agile Competition and Virtual Corporations: The Next 'American Century'?", *Phi Kappa Phi Journal,* primavera de 1994, pp. 43-47.
7. International Commission on Peace and Food, *Uncommon Opportunities: An Agenda for Peace and Equitable Development* (Londres: Zed Books, 1994).
8. Don Smyth, "Achievements, new directions from 1994 ILO conference", *Monthly Labor Review,* setembro de 1994, pp.46-51.
9. William H. Whyte, Jr., *The Organization Man* (Nova York: Simon & Schuster, 1956), p. 3.
10. Leinberger e Tucker, pp. 11-12.
11. *Ibid.*, p. 15.
12. *Ibid.*, p. 16.
13. *Ibid.*, p. 17.
14. Richard Rorty, *Contingency, Irony, and Solidarity* (Cambridge e Nova York: Cambridge University Press, 1989), pp. 73-74.
15. Gerald F. Seib, "Capital Journal", *The Wall Street Journal,* 24 de julho de 1996, p. A20.
16. Leinberger e Tucker, p. 196.
17. *Ibid.*, p. 419.
18. Charles Mackay, *Extraordinary Popular Delusions and the Madness of Crowds* (Nova York: Farrar, Straus & Giroux, 1932, 1841).

19. Thomas F. Mandel, "American Social and Consumer Trends in the 1990s", Values and Lifestyles Program, SRI International, Menlo Park, Califórnia.
20. Jim Collins, *Uncommon Cultures: Popular Culture and Post-Modernism* (Nova York: Routledge, 1989), p. *xiii*.
21. Shawn Tully, "Teens: The Most Global Market of All", *Fortune*, 16 de maio de 1994, p. 90.

Capítulo 12

1. Eric Hobsbawm, *Age of Extremes: The Short Twentieth Century, 1914-1991* (Nova York: Viking Penguin, 1994).
2. Leon Wieseltier, "Against Identity", *The New Republic*, 28 de novembro de 1994, p. 30.
3. Jean Baudrillard, *America*, trad. Chris Turner (Londres e Nova York: Verso, 1988).
4. Wieseltier, p. 30.
5. Alastair Roderick Ewins, *Tradition, Politics, and Change in Contemporary Fiji and Tonga* (Tese de doutorado, The Australian National University, 1995), p. 148.
6. *Ibid.*, pp. 239-40.
7. Charles Dickens, *The Chimes, Second Quarter.*
8. F. C. Butler, *Community Americanization* (Washington, DC: Government Printing Office, 1920), p. 14.
9. Citado em Daniel Kevles, *In the Name of Eugenics* (Nova York: Knopf, 1985), pp. 102-4.
10. David A. Hollinger, *Postethnic America: Beyond Multiculturalism* (Nova York: Basic Books, 1995), p. 95.
11. Gary Peller, "Race Consciousness", em Dan Danielsen e Karen Engle (orgs.), *After Identity: A Reader in Law and Culture* (Nova York: Routledge, 1995), p. 67.
12. Introdução a Danielsen e Engle, p. *xiii*.
13. Robert S. Boyd, "Race has no basic biologic reality", *The Buffalo News*, 27 de outubro de 1966, p. H-6.
14. Regina Austin, "'The Black Community', Its Lawbreakers, and a Politics of Identification", *in* Danielsen e Engle, p. 143.
15. Stanley Crouch, "Race is Over", *The New York Times Magazine*, 29 de setembro de 1996, p. 170.
16. Hollinger, p. 106.
17. Mary C. Waters, *Ethnic Options: Choosing Identities in America* (Berkeley: University of California Press 1990), p. 7.
18. David Jacobson, *Rights Across Borders: Immigration and the Decline of Citizenship* (Baltimore: Johns Hopkins University Press, 1996), p. 128.
19. Leon Tolstói, *War and Peace,* parte IX, capítulo 10, trad. Constance Garnett (Nova York: Modern Library, 1994), p. 932.
20. Ver, por exemplo, Charles Taylor, "The Politics of Recognition", *in* Amy Gutmann (org.), *Multiculturalism and the Politics of Recognition* (Princeton: Princeton University Press, 1992).

Notas

21. Will Kymlicka, "Interpreting Group Rights", *The Good Society* 6 (2):9.
22. Todd Gitlin, *The Twilight of Common Dreams: Why America Is Wracked by Culture Wars* (Nova York: Metropolitan, 1995), pp. 37-38.
23. Jacobson, pp. 8-9.
24. Thomas M. Franck, "The Emerging Right to Democratic Governance", *American Journal of International Law* 86 (46): 50.
25. Jacobson, pp. 38-39.
26. Francis Fukuyama, *The End of History and the Last Man* (Nova York: The Free Press, 1992), p. 272.
27. Samuel P. Huntington, "The Clash of Civilizations?" *Foreign Affairs*, verão de 1993, p. 22.
28. Jean-Marie Guehenno, *The End of the Nation-State*, trad. Victoria Elliott (Minneapolis: University of Minnesota Press, 1995), p. 17.
29. *Ibid.*, p. 49.
30. Hobsbawm, p. 429.

Capítulo 13

1. Alan Watts, *The Book: On the Taboo Against Knowing Who You Are* (Nova York: Vintage, 1989), p. 130.
2. Sri Nisargadatta Maharaj, *I Am That*, trad. Maurice Frydman (Durham, NC: The Acorn Press, 1973), p. 204.
3. Herbert Fingarette, "The Ego and Mystic Selflessness", *in* Maurice Stein, Arthur J. Vidich e David Manning White (orgs.) *Identity and Anxiety: Survival of the Person in Mass Society* (Glencoe, IL: The Free Press, 1960), p. 553.
4. *Ibid.*, pp. 554-55.
5. *Ibid.*, p. 557.
6. *Ibid.*, p. 581.
7. *The Bhagavad-Gita*, trad. Prabhavananda e Christopher Isherwood (Nova York: New American Library, 1954), p. 84.
8. D. Goddard, *A Buddhist Bible* (Nova York: E. P. Dutton, 1938), pp. 352-54.
9. Fingarette, p. 560 (itálico no original).
10. *Ibid.*, pp. 563-64.
11. Alan W. Watts, *Psychotherapy East and West* (Nova York: Mentor, 1963), p. 11.
12. *Ibid.*, p. 53.
13. *Ibid.*, p. 77.
14. Watts, *The Book*, p. ix.
15. Ver Aldous Huxley, *The Doors of Perception* (Nova York: Harper, 1954).
16. Watts, *Psychotherapy East and West*, p. 73.
17. Nisargadatta, p. 96.
18. S. E. Braude, *First Person Plural: Multiple Personality and the Philosophy of Mind* (Lanham, MD: Rowman and Littlefield, 1995.)

Capítulo 14

1. John Lennon, "Imagine".
2. Peter Drucker, citado em "A cantankerous interview with Peter Schwartz and Kevin Kelly", *Wired*, agosto de 1996, p. 182.
3. Wolfhart Pannenberg, *The Kingdom of God and Theology* (Filadélfia: The Westminster Press, 1969).
4. Ver John H. Holland, *Hidden Order: How Adaptation Builds Complexity* (Reading, MA: Addison-Wesley, 1995), pp. 31-34.
5. Kees van der Heijden, *Scenarios: The Art of Strategic Conversation* (Nova York: Wiley, 1996), p. 17.
6. Publicado primeiro como Francis Fukuyama, "The End of History?" *The National Interest* nº16 (verão de 1989), pp. 3-18; posteriormente ampliado no formato de livro como *The End of History and The Last Man* (Nova York: Free Press, 1992).
7. Ver Robert D. Kaplan, *The Ends of the Earth: A Journey at the Dawn of the 21ª Century* (Nova York: Random House, 1996).
8. David Harvey, *The Condition of Postmodernity: An Enquiry into the Origins of Cultural Change* (Cambridge, MA: Basil Blackwell, 1989), p. 27.
9. Ver Robert Nisbet, *History of the Idea of Progress* (Nova York: Basic Books, 1980).
10. Arthur Herman, *The Idea of Decline in Western History* (Nova York: The Free Press, 1997).
11. Stephen Toulmin, *The Return to Cosmology: Postmodern Science and the Theology of Nature* (Berkeley: University of California Press, 1982), p. 254.